HISTOIRE CHRONOLOGIQUE

DE LA

Nouvelle France

OU CANADA

DEPUIS SA DÉCOUVERTE (MIL CINQ CENTS QUATRE)
JUQUES EN L'AN MIL SIX CENTS TRENTE DEUX

PAR LE PÈRE SIXTE LE TAC, Recollect

Publiée pour la première fois d'après le manuscrit original de 1689
et accompagnée de Notes
et d'un Appendice tout compofé de documents originaux et inédits

PAR Eug. RÉVEILLAUD

AUTEUR DE

L'HISTOIRE DU CANADA ET DES CANADIENS FRANÇAIS

PARIS

Chez les Libraires G. FISCHBACHER, 33, rue de Seine,
GRASSART, 2, rue de la Paix,
MAISONNEUVE FRÈRES, 25, quai Voltaire,
et chez M. Eugène RÉVEILLAUD, à Versailles.

1888

HISTOIRE CHRONOLOGIQUE

DE LA

NOUVELLE FRANCE

OU CANADA

STRASBOURG, TYPOGRAPHIE DE G. FISCHBACH

HISTOIRE CHRONOLOGIQUE
DE LA
Nouvelle France
OU CANADA

DEPUIS SA DÉCOUVERTE (MIL CINQ CENTS QUATRE)
JUQUES EN L'AN MIL SIX CENTS TRENTE DEUX

PAR LE PÈRE SIXTE LE TAC, RECOLLECT

---

*Publiée pour la première fois d'après le manuscrit original de 1689
et accompagnée de Notes
et d'un Appendice tout composé de documents originaux et inédits*

Par Eug. RÉVEILLAUD

AUTEUR DE

L'HISTOIRE DU CANADA ET DES CANADIENS FRANÇAIS

PARIS

Chez les Libraires G. Fischbacher, *33, rue de Seine,*
Grassart, *2, rue de la Paix,*
Maisonneuve Frères, *25, quai Voltaire,*
et chez M. Eugène Réveillaud, *à Versailles.*

1888

OUVRAGE TIRÉ A 300 EXEMPLAIRES

N° 299

M.

PRÉFACE

DE CETTE PREMIÈRE ÉDITION D'UN OUVRAGE
DÉJA VIEUX DE DEUX SIÈCLES

N a dit : l'Histoire est une résurrection. C'est vrai ; mais n'a pas qui veut, comme un Augustin Thierry ou un Michelet, le secret de faire revivre les siècles, les sociétés, les hommes des âges évanouis. Le meilleur moyen de reconstituer par la pensée les générations disparues, avec leurs idées, leurs passions, leurs préjugés, leurs traits distinctifs, c'est encore de lire les annales ou les mémoires que nous ont légués les contemporains de ces générations d'autrefois. Mais le nombre est relativement restreint, du moins pour certains siècles et pour certains pays, de ceux qui nous ont laissé des documents écrits sur les choses de leur temps, et on ne peut ici faire parler que ceux qui ont bien voulu prendre la parole,

Imaginez cependant un homme du XVIIe siècle, un de ceux qui ont vu grandir et se développer sous l'impulsion de Colbert, — non pas autant qu'elle l'eût pu faire cependant, — cette « Nouvelle France » d'Amérique dont les destinées, contraires aux vœux des Français, n'ont pourtant pas entièrement trompé nos patriotiques espérances; — imaginez cet homme mêlé au vif des querelles qui divisèrent alors maintes fois le pouvoir civil et le pouvoir ecclésiastique et mirent aux prises les deux grandes congrégations missionnaires du temps, les Jésuites et les Récollets; imaginez cet homme, lui-même portant la robe de bure du moine mendiant, jaloux des prérogatives de son ordre, étouffant mal la colère qui remplit son cœur contre les audacieuses menées de l'ordre rival, de l'ordre qu'a flétri Pascal, et se promettant de parler, de déchirer les voiles, de dénoncer les intrigues et les complicités... Il parle en effet, il entreprend de conter, depuis ses origines, — devançant en cela le Père jésuite Charlevoix, — l'histoire du pays qu'il habite, où son ordre a planté la croix des premières missions, où il a tenu école, prêché, évangélisé, porté le viatique aux mourants. Il écrit son livre tout chaud du feu intérieur qui couve en son cœur, et parfois, — quand il touche au sujet scabreux des Jésuites et de leurs trames secrètes pour supplanter les Récollets, — tout bouillant de lave, tout frémissant des grondements d'une colère mal contenue. Il dira à son supérieur général à qui son livre est d'abord soumis, il dira à ses frères les Récollets de France, il fera savoir au grand public, à la postérité, les services que les Récollets voulaient rendre au Canada et comment ils en ont été empêchés par les mines que les Jésuites ont creusées et fait éclater sous leurs pas. Il dira... Mais il en a déjà trop dit. Il a parlé trop haut et trop clair; son livre ferait scandale; et quoique le brave P. Sixte Le Tac, — c'est le nom de notre historien, que l'écriture de son manuscrit, rapprochée d'autres documents, nous a permis de retrouver, — se fût couvert du voile de l'anonyme, quoiqu'il se fût prêté à la petite supercherie de mettre son récit sur le compte de quelque officier « faisant profession des affaires de guerre » et parlant en témoin désintéressé de ces querelles de moines, — il dut, le pauvre historien du Canada, digérer « le bœuf », comme disaient les Grecs, que son supérieur « mit sur sa langue ». En d'autres termes il dut ronger son frein et prendre son parti de voir son manuscrit, rapporté en Europe, s'engouffrer, sans espoir de revoir jamais le jour, dans les archives du couvent de Saint-Germain-en-Laye, avec les autres papiers des Récollets de la province de Saint-Denys en France... Mais c'est bien le cas de dire: *Habent sua fata libelli*. A la Révolution, les papiers des couvents que les Récollets avaient à Saint-Germain et à Versailles sont saisis et transportés aux archives du département de Seine-et-Oise, où ils sont classés, numérotés, puis déposés dans un carton qui les protège de la poussière (1). M. P. Margry remue pour la première fois ces papiers, il y a une vingtaine d'années, et en tire quelques documents originaux sur Cavelier de la Salle, mais il passe à

---

(1) Je saisis cette occasion pour remercier M. Bertrandy-Lacabane, archiviste de Seine-et-Oise, et les employés de son service, notamment leur doyen, M. Dupaisay, de la bienveillante obligeance que j'ai toujours rencontrée auprès d'eux et qui a singulièrement facilité mes recherches.

côté de l'*Histoire chronologique de la Nouvelle France* sans s'aviser de la publier. Il était réservé au signataire de ces lignes, au modeste auteur de *l'Histoire du Canada et des Canadiens Français*, de remettre au jour cet écrit d'un ancien confrère en historiographie et de le présenter au public de cette fin du XIXe siècle.

Imaginez maintenant notre P. Le Tac sortant de son tombeau deux fois séculaire, et, par quelque procédé semblable à celui que décrit Edmond About dans son amusante nouvelle de *L'Homme à l'Oreille cassée*, apparaissant, avec sa robe de bure grise, au bras d'un de ces « hérétiques », d'un de ces « huguenots » qu'il n'a guère plus ménagés que les Jésuites en son livre. Ou bien imaginez, ce qui n'est guère moins merveilleux, son manuscrit jauni se couvrant de lettres d'imprimerie et prenant la forme d'un beau volume, imprimé en caractères antiques sur papier de Hollande, pour se présenter sous cette forme et sous sa couverture de parchemin à tous les amis des lettres en France et en Amérique, à tous ceux qui recherchent la vérité historique et aiment les ouvrages originaux qui permettent de la reconstituer. Je ne sais quel sera auprès d'eux l'effet de cette résurrection du vieil historien; mais j'ai idée que le P. Le Tac, du haut du ciel où j'espère pour lui qu'il est enfin entré, après les années de son purgatoire, a dû tressaillir d'aise en voyant remuées, copiées et reproduites par la presse les pages qu'il a écrites avec tant d'amour, et je suis convaincu qu'il sait le meilleur gré du monde à l'hérétique qui l'a exhumé et qui l'introduit aujourd'hui devant cette postérité à qui il a voulu apporter le témoignage de ce qu'il a vu, su et ressenti.

Un appendice fort riche, comme on le verra, et dont j'ai emprunté les documents tous inédits aux papiers des Récollets, — reproduisant de ce dossier, déposé aux archives de la préfecture de Versailles, tout ce qui me paraissait avoir quelque intérêt pour l'histoire, — complète l'œuvre du P. Sixte Le Tac, et conduit le lecteur jusqu'au delà de l'année 1689, époque où le P. Sixte (qui repassa cette même année en France par Terre-Neuve) s'appliqua à l'œuvre, malheureusement inachevée, de son Histoire.

Je ne réclame en toute cette publication d'autre honneur que celui d'un éditeur, mais j'ai tâché d'être un éditeur aussi scrupuleux et aussi consciencieux que possible, et j'espère, avec le concours de l'habile imprimeur de Strasbourg à qui j'ai confié le soin de cette impression, avoir mis au jour un ouvrage qui mérite de prendre place dans la bibliothèque des érudits, des hommes de goût et des esprits curieux des choses de l'histoire et particulièrement de l'histoire du Canada.

Eug. RÉVEILLAUD.

NOTICE BIOGRAPHIQUE

SUR

SIXTE LE TAC

AUTEUR DE CETTE «HISTOIRE CHRONOLOGIQUE»

C'EST, avons-nous dit plus haut, l'écriture du manuscrit de cette histoire confrontée avec d'autres documents écrits ou signés de la main du P. Sixte Le Tac, qui nous a permis de retrouver le nom de l'auteur de cet ouvrage. Les derniers doutes que nous aurions pu garder devaient tomber devant cette note de M. Benjamin Sulte, le sympathique auteur de l'*Histoire des Canadiens français* publiée naguère à Montréal, à qui nous avions communiqué un *fac-simile* d'une page de l'écriture du manuscrit et qui a bien voulu nous répondre en ces termes :

« L'écriture du Fr. Le Tac, aux registres des Trois-Ri-
« vières, ressemble beaucoup à celle du *fac-simile* que vous
« m'avez envoyé. L'un des prêtres qui ont comparé ces

« écritures m'assure qu'il ne doute pas le moindrement de
« l'identité. »

Si l'indication du recensement de 1681 est exacte, Sixte
Le Tac, qui avait alors 32 ans, dut naître en 1649. Il devait
être d'origine normande ou bretonne; du moins ce nom de
Le Tac est encore porté par mainte famille de Normandie
ou de Bretagne. D'après le *Répertoire du Clergé canadien*
publié par l'abbé Cyprien Tanguay, Sixte Le Tac, Récollet,
vint au Canada le 9 juillet 1676. Il desservit Charlesbourg,
dans la banlieue de Québec, en 1677. En 1678, le 6 février, il
faisait deux baptêmes à la rivière Cressé, qui dépend aujourd'hui du comté de Nicolet, près des Trois-Rivières. Du
reste, à partir du commencement de cette année 1678
jusqu'à la date du 13 mai 1683, nous le trouvons chargé de
la mission des Trois-Rivières et tenant le registre de tous
les baptêmes ou mariages qui se célèbrent tant dans cette
ville que dans les postes environnants de la Rivière-du-Loup, de la Rivière-Saint-Michel-de-Bécancour, de la Rivière-Saint-François-du-Lac, de Portneuf, du Cap de la
Madeleine, etc.

Au recensement de 1681, il est compté parmi les Récollets
avec le titre de « missionnaire », ce qui indique qu'il était
alors absent du couvent de Notre-Dame-des-Anges.

En 1684, dans une pièce qu'on trouvera à l'Appendice et
qui porte, entre autres signatures de religieux Récollets,
celle de Fr. Sixte Le Tac, il est qualifié de « directeur du
tiers ordre et maître des novices ». Il résidait donc à ce moment au couvent de Notre-Dame-des-Anges, proche de
Québec.

En 1689, il est, en compagnie du P. Joseph Denys, Récollet,
envoyé à Plaisance (Terre-Neuve) pour y fonder une mis-

sion de son ordre et y remplir les fonctions de curé. Il y séjourne un moment, fait faire par Pastour de Costebelle, lieutenant-commandant du fort de Plaisance, agissant comme syndic des Récollets (qui, comme ordre mendiant, n'avaient, en théorie, le droit de rien posséder), l'acquisition d'un établissement sis à la Grand'Grave ou Grève ; puis, se plaignant de difficultés que lui suscite M. Parat, gouverneur de Terre-Neuve à Plaisance, il s'embarque, en septembre 1689, pour venir en France, apportant sans doute avec lui le manuscrit de son histoire, dont une partie du moins a été rédigée à Plaisance. Dès lors nous perdons sa trace. Il dut cependant retourner au Canada dans le courant de l'année 1690 ou de l'année 1691. L'abbé Tanguay, dans son *Répertoire*, fixe la date de sa mort au 6 juillet 1699.

LETTRE DE L'AUTHEUR

A UN DE SES AMYS

Monsieur,

epuis que j'ay l'honneur d'être connu de vous, je ne doubte pas que sachant que je suis dans le Canada, vous n'ayés jugé que je ne pouvois m'y tenir à rien faire. En effect l'employ m'est agreable & je vous avoue que j'ay embrassé avec joye touts ceux qui se sont presentés, mais comme le Pays est sterile en affaires de guerre dont je fais profession (1) &

---

(1) La phrase est ingénieusement calculée pour faire croire que l'auteur de l'Histoire était un officier de l'armée sans cependant charger d'un mensonge la conscience du

que je me suis vû cet hyver dans un assés grand loisir, je l'ay passé tranquillement dans ma chambre à considerer de près ce qui s'est passé & ce qui se passe encore touts les jours dans le Canada parmy nos François, donnant touts les jours quelques heures à la lecture de trois ou quatre historiens qui se sont trouvés dans mon cabinet, tels que sont Lescarbot avocat, Fr. Gabriel Sagard, Recollect, le Sr Samuel de Champlain, Capitaine de Roy & 1er gouverneur du Canada, le P. Lecreux, jesuitte (1). J'ay trouvé ces autheurs si obscurs que j'ay pensé que je rendrois quelque service au public si je developpois ce qui s'est passé juques (2) à ce

---

P. Le Tac, car si le véritable auteur était découvert, il pouvait répondre que lui aussi faisait profession d'affaires de guerre, de « sainte guerre ».

(1) C'étaient les seuls ouvrages sur l'histoire du Canada jusque-là publiés (celui du P. Du Creux [*Creuxius*] en latin). Notre historien, dont l'œuvre, si elle n'eût pas été mise sous le boisseau, eût vu le jour en même temps que l'ouvrage du P. Chrestien Le Clercq, *Relation de la Gaspésie*, etc., publiée en 1691, est antérieur d'environ trente ans au P. Charlevoix, dont l'Histoire parut en 1720.

(2) L'auteur écrit par tout son manuscrit : *juques* (jusques) et *preque* (presque). C'était ainsi qu'on prononçait de son temps, au moins dans la plupart des provinces du nord de la France. D'après Chifflet (cité par Littré, au mot *jusque*) «il était indifférent de prononcer ou de ne pas prononcer l'*s*

temps. Ils font remplis d'hiſtoires de voyages, de rivières, de lacs, de caps, d'anſes. J'ay negligé toutes ces choſes qui ne font qu'embrouiller & n'en fais mention que de quelques uns dont je ne puis me diſpenſer de parler, afin de les faire connoitre, renvoyant le lecteur aux cartes fidelles du Canada. De parler des richeſſes du Canada, je n'en connois point que la pelleterie. Les terres qui font toutes couvertes de bois n'y font bonnes qu'à certains endroits, & le bois n'y eſt pas de confequence vû qu'il n'eſt pas aſſez cuit par le ſoleil ce qui fait qu'il n'eſt pas fort propre à batir des navires (1). Les poiſſons, oyſeaux, animaux, dont quelques uns empliſſent leur livres bien inutilement font les memes que ceux de France excepté l'orignac (2), le caſtor & le rat muſqué. Les Sauvages font ſi meſpriſables par

---

de *jusque;* pour le XVIᵉ siècle, Palsgrave dit qu'on prononçait *juque.* »

Également d'après Chifflet, *Gramm.*, p. 236, on prononçait *presque* indifféremment *prê-ke* et *près-ke*.

(1) C'est une opinion dont il faut laisser la responsabilité à l'auteur, car on sait que les magnifiques troncs d'arbres des forêts canadiennes sont au contraire souvent utilisés aujourd'hui dans les constructions de navires, et spécialement pour faire des mâts de vaisseaux.

(2) Appelé plus généralement « orignal », d'un mot basque, assure-t-on.

leur manière d'agir, de fe nourrir, de fe vetir, de fe pârer & de converfer, ils entrent meme fi peu dans la connoiffance de noftre Religion que je ne fcaurois m'empefcher de me facher lorfque je vois les livres farcis des contes que l'on fait d'eux pour tromper le public (1), & ainfy mefprifant toutes ces chofes je me fuis arrefté à examiner le pays dés fon origine, à connoitre comment il f'eft formé & augmenté, par qui & comment il a été gouverné & fervi. Je l'ay mis par ecrit & y ay ajouté l'experience que quelques années m'en ont donné, & meme celles de quelques perfonnes de ma connoiffance qui en raifonnoient pertinemment & fans paffion. Je vous fais part de mon petit travail dans l'efperance que j'ay que vous le corrigerés & l'augmenterés par les connoiffances & les memoires que vous en avés. Le fujet me femble trop fterile pour en faire une longue hiftoire, l'expreffion meme me manque fouvent. C'eft pourquoy je me fuis contenté d'en faire un abbregé & de paffer quantité de

(1) C'est une pointe dirigée contre les *Relations* des Pères Jésuites qui contaient des conversions de sauvages si nombreuses et si étonnantes et répondant si peu à la réalité des faits, qu'à la fin la fable et le scandale en devinrent publics et que les Jésuites reçurent ordre de supprimer leurs *Relations*.

choses que je n'ay pas crû devoir estre marquées. Je me suis proposé de reduire cette histoire en trois parties. La premiere traitte de ce qui s'est passé depuis que les François ont commencé de hanter le Canada, juques à ce que les Anglois les en ayent chassé qui fut l'an 1629, & meme je la pousse juques en 1632, que les François y sont rentrés (1). La seconde depuis 1632 juques en 1670, que les PP. Recollects y sont revenus, & la troisieme depuis 1670 juques à cette presente année (2).

Je n'ay pû achever que la première partie que j'ay reduit en seize chapitres. Je remets les autres parties à un autre temps plus favorable ou à ceux qui les voudront entreprendre.

[Au reste (3) pour ce qu'en parlant des PP. Recol-

---

(1) Le traité de Saint-Germain-en-Laye, qui restitua au roi de France «tous les lieux occupés par les Anglais en la Nouvelle-France, l'Acadie et le Canada», fut signé le 29 mars 1632. Emery de Caën en reprit officiellement possession la même année, le 13 juillet.

(2) Il s'agit de l'année 1689, qui fut celle où, comme nous le montrons ailleurs, le P. Le Tac écrivit cette histoire.

(3) Le passage que nous avons mis entre crochets est barré dans le manuscrit, mais en marge se trouvent ces lignes: «Lisez si vous voulés ce qui est rayé» et cette autre mention: «J'ay rayé ces lignes par un remords de conscience croyant qu'elles blessoient la charité. Cependant,

lects & des PP. Jesuittes vous pourriez juger que je le fais trop avantageusement des premiers & des autres avec trop de bile & peut-être trop d'emportement, je crois qu'il est necessaire que je vous avertisse que je ne pretends point blesser ny ma conscience ny un Ordre de l'Eglise que je reconnois pour ma mere; mon but n'est que de faire connoitre les injustices que quelques politiques Jesuittes font par la voye de la puissance seculiere qu'ils tournent de la maniere la plus adroite, mais la plus injuste du monde. Je le fais sans passion & seulement pour faire connoitre leur passion qui se dechaine en Canada contre un petit nombre de Recollects. Je sçay que c'est une chose inconcevable en France que des Jesuittes, que des Seminaristes, que des Communautés religieuses meme passent la mer pour bander tout leur zelle à perdre une petite Communauté de Religieux de Saint-François. C'est neantmoins ce qui se fait avec les plus belles apparances d'amitié du monde. Un Eveque, un Gouverneur, un

comme il n'y a rien que de vray, vous les pouvez lire si vous voulés. » Nous avons cru devoir les rétablir à notre tour, par un scrupule d'exactitude, tout en les séparant du texte courant par ces crochets [ ] qui indiquent les suppressions que l'auteur, en le publiant, aurait probablement fait subir à son écrit.

Intendant agissent unanimement, & travaillent sans cesse à renverser & terrasser ces pauvres Religieux. C'est ce qu'ils ont fait depuis 20 ans que les PP. Recollects sont de retour (1) & c'est ce qu'ils continuent de faire encore tous les jours au grand scandalle de tout le peuple de Canada qui ne peut s'empescher de respecter & d'assister ces pauvres opprimés (2). Et ce qui est d'admirable en eux, c'est qu'ils sont attaqués & ne se deffendent point, ils reçoivent des injustices & ne s'en plaignent point. Ce long silence m'a semblé une insensibilité et je serois encore à connoitre qu'ils sont capables de souffrir si à force de les hanter je ne les avois quelquefois entendus souspirer sans se plaindre & si à force de les presser ils ne m'avoient témoigné avec une moderation toute religieuse une partie de leur

(1) L'ouvrage a été écrit, comme on le verra par la suite, en l'an 1689. Les Pères Récollets, partis du Canada en 1629, y étaient revenus en 1670, mais l'ordre donné par Louis XIV en vue de leur retour l'avait été au printemps de 1669, et quatre de ces Pères avaient été embarqués pour se rendre au Canada (ils ne purent d'ailleurs aborder par des accidents de mer) en cette même année 1669; ce qui justifie bien le chiffre de vingt ans indiqué ici.

(2) Il est acquis en effet à l'histoire que les habitants étaient généralement du côté des Récollets dans leur querelle contre les Jésuites.

peines. J'ay tafché d'imiter cette meme moderation pour exprimer une partie de ce que j'ay reconnu en ceux qui les font tant gemir & je me pique d'eftre fincere en ce que je diray. Mais parce que la vérité engendre la haine, je ne crois pas qu'il foit expedient que je me faffe connoitre au Public (1), furtout ayant à parler quelquefois de certaines gens qui ne fcavent ce que c'eft que d'epargner ceux qui les veulent redreffer. Il fuffit que vous me connoiffiés & que je foumette cet ecrit à voftre cenfure; vous en ferés ce qu'il vous plaira.

(1) Voir ce que nous disons, dans la préface, de l'auteur de cette histoire. On comprend de reste les raisons pour lesquelles il désirait garder l'anonyme.

TABLE

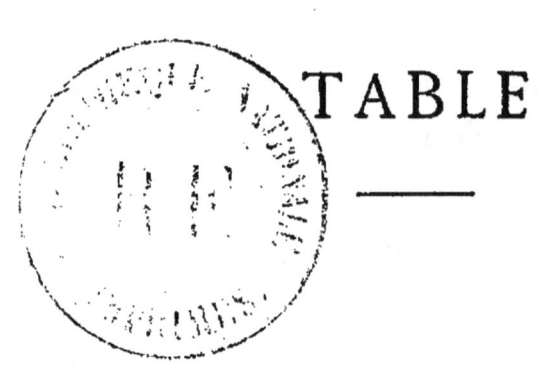

Pages

Chapitre Ier — *Idée generalle de l'Amerique & de la Nouvelle France* 11

Chapitre IIe — *Des principales Ifles qui font dans le Golphe Saint-Laurents*. . . 29

Chapitre IIIe — *Des Voyages de Jaques Quartier & du Sr de Roberval en la Nouvelle France depuis l'an 1534 juques en l'an 1542.* 41

Chapitre IVe — *Des voyages de Jean Ribaus, de Laudonniere, du Sr de Gourgues en la Floride depuis l'an 1562 juques en l'an 1567* 47

Chapitre Ve — *Des entreprifes du Marquis de la Roche, de Chauvin & du Commandeur de la Chate en la Nouvelle France depuis l'an 1598 juques en l'an 1601.* 57

Chapitre VIe — *Premiere entreprife du Sr de Mons en la Cadie l'an 1604.* 65

Chapitre VIIe — *Seconde entreprife du Sr de Mons dans le fleuve Saint-Laurens l'an 1608.* 72

Chapitre VIIIe — *Du Sr de Pointrincourt & des PP. Jefuittes en la Cadie l'an 1611* 78

	Pages
CHAPITRE IXᵉ — *Du Cinquieme voyage du Sʳ de Champlain & de la miſſion des PP. Recollects dans le grand fleuve Saint-Laurens l'an 1615*	*88*
CHAPITRE Xᵉ — *De ce qui ſe paſſa ès années 1617, 18 & 19*	*101*
CHAPITRE XIᵉ — *De ce qui ſe paſſa en la Nouvelle France ès années 1620, 21, 22, 23 & 24*	*110*
CHAPITRE XIIᵉ — *De l'arrivée des PP. Jeſuittes en la Nouvelle France ſeptemtrionalle l'an 1625*	*121*
CHAPITRE XIIIᵉ — *De ce qui s'y paſſa ès années 1626 & 27*	*131*
CHAPITRE XIVᵉ — *Les Anglois envoyent ſommer le Sʳ de Champlain de rendre le fort de Quebec, & de ce qu'ils firent dans ces deux expeditions de 1628 & 29*	*140*
CHAPITRE XVᵉ — *L'avanture des navires françois envoyés en la Nouvelle France cette année 1629*	*151*
CHAPITRE XVIᵉ — *Ce que les François ont fait pour le Canada ès années 1630, 31 & 32*	*158*

CHRONOLOGIE
DE LA NOUVELLE FRANCE

PREMIERE PARTIE

CHAPITRE PREMIER

Idée generalle de l'Amerique & de la Nouvelle France.

CETTE quatrieme partie du monde, appelée Indes Occidentales, Nouveau Monde, & communement Amerique; dans laquelle la Nouvelle France eſt fituée, a été decouverte par Chriſtophle Colomb. Cet illuſtre Pilote Genois, né d'un petit Village nommé Arbiſola, près de la ville de Savone dans cette partie de

Chriſtoph. Colomb decouvre l'Amerique

la Riviere de Genes que l'on appelle la Riviere du Ponant, quitta l'Italie pour s'etablir dans l'ifle de Madere située au feptemtrion des Canaries. Là s'appliquant à faire des Cartes Marines pour l'ufage des Pilotes qui navigeoient vers les coftes d'Afrique fort peu connües en ce temps-là, il apprift d'un Pilote Bafque qui relacha à Madere pour maladie que fon vaiffeau avoit été pouffé par le gros temps fur la Route d'oueft vers des terres très eloignées qu'il ne pût aborder tant pour le vent contraire qui l'obligea de prendre le large, & de quitter fa route, que pour les maladies & la faim que fouffroit fon equipage. Les avis de ce capitaine qui ne tarda pas à mourir fortifierent Colomb dans les conjectures qu'il avoit que les frequents Vents d'oueft qui regnoient à Madere, venoient de quelques terres occidentales. Il fe mit en tête le deffein de cette grande decouverte. Il en ecrivit au Senat de Genes. Il envoya fon frere Barthelmy Colomb à Henry 7ᵉ Roy d'Angleterre. Il paffa luy meme en Portugal & en parla au Roy Alphonfe qui le fit conferer de fon deffein avec deux Cofmographes, mais les uns & les autres le prirent pour un hableur & un chimerique. Colomb ne fe rebuta point. Il vint en Efpagne où il f'entretint de fes projets avec le P. Jean Pierez, Religieux de l'ordre de Saint-François de la province d'Arragon, Geographe; ce Père l'adreffa à Henry Gufman Duc de Medina-Sidonia, & à Louys de Cerda Duc de Medina-Celi qui n'en firent aucun etat. Il retourna vers ce Religieux qui luy donna des lettres de recommandation pour le P. Ferdinand Folabrisca, confesseur de Ferdinand Roy des Espagnes; celuy-cy en confera avec le P. François Cisneros son confident, du meme ordre de Saint-François, confesseur aussy de la Reine Isabelle, & depuis Cardinal & Archeveque de Tolede. Ce dernier presenta Colomb au Roy qui le receut assés benignement mais qui le remist toutefois à un autre temps, qu'il ne fust pas embarassé de guerres comme il etoit apres celles de Grenade. Il fallut qu'il attendit huit ans entiers qu'elles fussent terminées. Alors le conseil du Roy resolut qu'on tenteroit fortune. On luy donna un vaisseau & 2 brigantins avec seize mille ducats pour s'equipper. Il fit voile du port de Cadis le 3 aoust 1492. Il alla mouiller aux Canaries d'où il prist sa course vers l'occident le 8e septembre & au bout de 33 jours il decouvrit six Isles, la plus considerable desquelles il nomma Hispaniola, où il laissa 38 personnes dans un fort qu'il fit faire & s'en revint après faire son rapport au Roy qui fut ravy de l'entendre; il le renvoya une seconde fois l'an 1494 avec 17 vaisseaux dont il etoit Amiral. Il retourna une troisieme fois d'où il ne revint que les fers aux pieds avec ses freres, mais enfin après s'estre justifié des calomnies que luy avoient imposé ses envieux, il fust renvoyé pour une quatrieme fois en 1502 & retourna ensuitte en Espagne jouir du fruit de ses travaux où il mourut fort avancé en aage & fort consideré l'an 1506.

<small>Amerique, d'ou elle tire son nom.</small> Americ Vespuce, marchand florentin, ne voyagea en ce continent qu'en 1497, mais les quatre voyages qu'il fit sous les auspices des Roys Ferdinand de Castille, & Emmanuel de Portugal, firent tant d'eclat, decouvrant le Bresil & autres terres de la ligne equinoctialle, que le nouveau monde en a retenu son nom.

<small>Sa division.</small> L'Amerique qui au dela de la Ligne s'etend juques au 53ᵉ degré, & qui en deça va autant long qu'on peut penetrer vers le nord se peut diviser selon qu'elle est possedée par les Roys de l'Europe. <small>La nouvelle Espagne.</small> Comme le Roy d'Espagne y a envoyé le premier, & qu'il a trouvé ces terres d'un grand profit, il y a fait passer tant de monde que ses etats s'en sont affoiblis & que la pluspart de ses provinces en sont deventies preque desertes; aussy est-ce luy qui occupe plus de pays en ces Indes occidentales puis qu'il possede preque tout ce qui est depuis la Floride juques au detroit de Magellan, excepté le Bresil qui appartient au Roy de Portugal. L'on conte (1) dans cette nouvelle Espagne 10 ou 12 très belles pro-

---

(1) Notre auteur écrit constamment *conter* pour *compter*. Nous avons respecté son orthographe, qui d'ailleurs peut se justifier, le mot *conter* dans son acception ordinaire venant du latin *computare* aussi bien que le mot *compter*. « On trouve souvent, dit Littré, dans les textes anciens *conter* et *compter* confondus. »

vinces qui ont chacune leur (1) Gouverneurs generaux, meme quatre Evechés & quatre Archevefchés, des villes fans nombre très riches & peuplées. Le trafiq d'or, d'argent, d'indigo, & autres marchandifes pretieufes y eft grand, & le peuple à fon aife.

Les Anglois f'attribuent les Terres qui font depuis la Floride juques à Quinebequy, 44ᵉ degré de latitude. Ils ont bien quatre cents lieuës de coftes le long de la mer, quantité de provinces en icelles, dont les plus connües font : la Caroline nouvellement commencée (2) & peu etablie accaufe que les habitants f'y portent mal pour les trop grandes chaleurs ; — la Virginie, ainfy appellée pour honorer Elizabeth leur Reine qui eft morte fans f'etre mariée apres avoir porté 40 ans la couronne ; cette pro-

La nouvelle Angleterre.

---

(1) Nous retrouvons à chaque page dans le manuscrit de notre auteur cette forme de l'adjectif possessif *leur* écrit sans s, alors même que *leur* est joint à un substantif au pluriel. Nous conservons cette orthographe, qui s'appuie sur l'étymologie du mot *leur* venant d'*illorum*. Voir Littré, au mot *Leur*, adj. poss. « *Leur*, représentant *illorum*, était toujours invariable ; on n'a commencé à le faire varier que dans le XVᵉ et le XVIᵉ siècle, encore sans uniformité ; dans leurs manuscrits autographes, Brantôme et Malherbe écrivent toujours : *leur amitiés, leur guerres.* »

(2) Les établissements anglais de la Caroline datent de 1622. Ce sont les Français, lors de l'expédition de Jean Ribaud, qu'on trouvera racontée plus loin, qui avaient donné à cette province le nom de *Caroline* qu'elle a gardé depuis, en l'honneur du roi Charles IX alors régnant.

vince eſt belle (1) ; — la baye de Merlande (2) où eſt l'egliſe de Sainte-Marie qui a bien cinq cents communiants catholiques. La Peſſilvanie (3) où eſt la Riviere de Deloire (4) ſur laquelle ſont baties quatre villes, ſcavoir Philadelphie, Nieucaſſel, Sainte-Jove, Brelincton. Philadelphie contient bien 400 maiſons, les autres ſont plus petites. La Nouvelle Gerſay ; dans la mer Statneland eſt Ambois (5) petite ville à ſept lieuës de la Menade. La Menade (6) eſt une ville conſiderable pour ſon trafiq ; la Riviere qui y deſcend a deux Villes, ſcavoir Orange (7) à 60 lieuës, & Hyſſope (8) tres petite ville à 30 lieuës ſeulement. Coſtoyant vers le Nort à 10 lieuës de la Menade ſe

---

(1) La *Virginie* fut la première province de l'Amérique colonisée par les Anglais. Leurs établissements sur ce point datent de 1607.

(2) C'est le *Maryland*, colonisé, comme on sait, tout d'abord par les Anglais catholiques et partisans de Mary Tudor, appelée « Marie la sanglante » par les protestants du Royaume-Uni.

(3) La Pennsylvanie, ainsi nommée de William Penn, le fondateur de cette colonie de *Quakers*.

(4) C'est la rivière *Delaware*, sur laquelle sont les villes de Newcastle et Burlington. Quant à Sainte-Jove, nous ne savons quelle ville l'auteur a voulu ainsi désigner.

(5) Amboy (ancien nom de New-Brunswick) près de l'Ile-des-États (Staatsland), d'où le nom donné à la mer avoisinante. Amboy dépend aujourd'hui de l'État de New-Jersey.

(6) C'est *Manhatte*, le nom « indien » de la ville qui devait s'appeler ensuite New-Amsterdam, puis New-York.

(7) Aujourd'hui *Albany*.

(8) Est-ce Hudson ?

void la Nouvelle Rochelle (1) formée par les huguenots qui font fortis de France depuis 2 ou 3 ans que leur prefches y ont été renverfés. A 50 lieuës eft la ville de Rodeland (2) & à cent lieuës eft Bafton (3) qui eft une ville groffe comme la Rochelle.

Il y a en toutes ces provinces 4 Gouverneurs generaux. Ils y content cent mille hommes portants armes; leur trafiq vers la Virginie eft de tabac, vers Bafton de farines, de chairs de bœuf falé qu'ils portent à la Virginie & aux Ifles Barboude (4) & Bermudes qui appartiennent aux Anglois. Leur travail aidé de la fertilité de la terre fait qu'ils font riches. Chacun vit dans quelle Religion il luy plaift.

La Nouvelle France f'etend depuis Quinebequi (5) exclufivement juques à la baye du Nord (6) 63ᵉ degré de latitude. Sa fituation fous les memes degrés que la France, jointe à la poffeffion qu'en a le Roy Tres Chretien, luy donne à jufte tiltre le nom de Nouvelle France. Elle f'appelle encore Canada, d'une nation

La nouvelle France.

---

(1) Aujourd'hui encore New-Rochelle.
(2) Rhode-Island.
(3) Boston. Les Canadiens français d'aujourd'hui prononcent encore souvent *Baston,* comme écrivaient les anciens auteurs français.
(4) Les Iles Barbades.
(5) Ou *Kennebek,* nom du fleuve qui faisait autrefois la limite des possessions françaises et anglaises entre la Nouvelle-Angleterre et l'Acadie.
(6) Nom français de la Baie d'Hudson.

de Sauvages qui habitoient vers Gaſpey nommés Canadoqoua(1). Comme ils ont eté hantés les premiers, leur nom eſt reſté & devenu commun à toutes les terres qu'occupent les François. La Profondeur de la Nouvelle France du coſté de l'oueſt eſt encore inconnüe; on la croit devoir aboutir vers la Califournie, ou Indes Orientales. Mʳ de la Sale (2), par les foings de Monſieur le Comte de Frontenac, Gouverneur general de ce pays, a decouvert en 1681 ſa profondeur du coſté du ſud-oueſt; il l'a trouvée finir au golphe du Mexique eloigné par dans les terres de plus de douze cents lieuës du golphe de Saint-Laurent.

La Cadie. Le Canada peut etre conſideré comme ſeptemtrionnal, & comme meridionnal. Au midi eſt la Cadie (3) qui commence depuis Pemtagouet juques à Gaſpey, 48ᵉ degré. Le tour de la coſte eſt bien de

---

(1) Cette explication du nom de Canada est contestable. Jacques Cartier dans sa relation fait commencer la terre de « Canada » en amont de l'embouchure du Saguenay, à la Grosse-Isle ou à peu près. Le mot *Canada*, dans la langue des sauvages, désignait un village, une réunion de cabanes.

(2) Cavelier de la Salle.

(3) Notre auteur écrit ainsi le plus souvent ce nom qu'il orthographie pourtant aussi quelquefois l'Acadie. L'origine de ce nom reste obscure. On a supposé avec vraisemblance que cette appellation de *Cadie* ou *Cady* qui se retrouve dans plusieurs noms de lieux ou de rivières indigènes de cette partie de l'Amérique : Tracadie, Passamacadie, etc., a dû être considérée par les premiers colons français comme étant le terme général des indigènes pour désigner un pays.

300 lieuës. Cette province a fon gouverneur particulier qui releve de celui de Quebec. Il fait ordinairement fon fejour au Port Royal qui eft une petite ville de 30 maifons environ. Touts les habitants de la Cadie ne font pas nombre de plus de fix ou fept cents perfonnes, repandus en diverfes coftes; leur occupation eft de travailler à la terre, & à quelques endroits à la pefche; leur trafiq eft de pelleteries & de bœufs dans les lieux où il y a des prairies.

La Nouvelle France feptemtrionnalle f'etend depuis Gafpey juques à la baye du Nord. A Gafpey commence l'embouchure du grand fleuve de Saint-Laurents, large de 25 lieuës. Les vaiffeaux qui montent ce fleuve juques à Quebec le trouveroient toujours large de cinq à fix lieuës f'il n'étoit feparé par quelques ifles qui luy donnent deux chenaux. Depuis Quebec juques au faut Saint-Louys, il a preque toujours fa lieuë; au deffus de ce fault ce ne font que rapides, chûtes d'eau, grands courants qui ne fe peuvent monter qu'avec des canots d'ecorces qu'il faut fouvent porter (1) par terre. Ces eaux qui feroient une très belle Riviere de quatre ou cinq cents lieuës de long juques à la mer fi elles ne trouvoient les Roches qui brifent leur cours, viennent des lacs Ontario, Erié, des Hurons, du lac Superieur qui a

Le grand fleuve St.-Laurents le long duquel la colonie françoife eft etablie.

---

(1) D'où le nom de *portage* donné à ces endroits, et qui est très commun dans la géographie du Canada.

plus de quatre cents lieuës de circuit. Comme ce fleuve ne fe peut naviguer que cent quatre vingt lieuës, avec les navires & les barques, c'eft aux quatre vingt dernieres lieuës & au dela que les François ont etabli la colonie, 25 ou 30 lieuës au deffous de Quebec & foixante & dix lieuës au deffus. Ils fe font arreftés là parce que les terres fe font trouvées propres à faire du bled & autres grains. Des deux coftés de la grande Riviere fe voyent les habitations des François, dont les maifons ne font point affemblées en village ou bourg comme en France, mais font difperfées le long de la Riviere par les endroits où la terre f'eft trouvée bonne (1). Il y a quantité de feigneuries, dont quelques unes meme font erigées en comtés & en baronies, mais comme il y en a beaucoup de petites, Monfieur l'Eveque de Quebec a reduit toutes les habitations françoifes à

---

(1) C'est en effet l'un des caractères qui frappent le plus les Européens voyageant en Amérique et spécialement au Canada que cette absence de villages, les maisons et fermes n'étant pas groupées, comme elles le sont d'ordinaire chez nous, en bourgades ou hameaux, mais éparses ou pour mieux dire alignées de distance en distance le long soit du Saint-Laurent, soit des autres artères fluviales, soit des routes qui ont été percées plus tard à une certaine distance de ces premières voies naturelles de communication. Plusieurs fois les gouverneurs ou intendants du Canada ont tenté, pour des raisons tirées de la sécurité des habitants, de leur faire adopter une autre disposition, mais ils se sont presque toujours heurtés contre les mœurs et les goûts des propriétaires agricoles et ont finalement échoué.

36 Paroiſſes, aux Curés deſquelles le Roy fait un ſuppleement de trois cent livres pour chacun, afin qu'elles ſoient deſſervies, mais ſon intention eſt fruſtrée, & les Paroiſſes ne ſont qu'en idée parce que l'on employe ſon argent à toutes autres choſes (1).

Il ne laiſſe pas d'y avoir trois villes dans l'eſtendue de la colonie dont la principale eſt Quebec où demeure le Gouverneur general & l'Intendant du Pays. Cette ville eſt erigée en eveſché qui eſt le ſeul du Canada. Elle a un Conſeil ſouverain compoſé de ſept conſeillers & d'un procureur general, auquel preſide l'intendant, une Juſtice Royalle ſubalterne qui eſt adminiſtrée par un Lieutenant general ou un Procureur du Roy; elle a encore un Major (2) & un grand Prevoſt. *Quebec.*

La ville de Quebec eſt haute & baſſe. La ville baſſe eſt la plus peuplée & la plus belle; elle eſt *Ville baſſe.*

---

(1) Ce grief de l'auteur est appuyé par la description que M. de Saint-Valier faisait, dans la relation de son premier voyage au Canada (1685), de l'état de dénûment où il trouva la plupart des églises qu'il visita. Sauf celle des Trois-Rivières, « toutes les autres, dit-il, étoient ou si prêtes à tomber en ruines, ou si dépourvues des choses les plus nécessaires, que la pauvreté où je les vis m'affligea sensiblement. » — M. Benj. Sulte dit dans une note : « La majeure partie des revenus ou dîmes des paroisses passait au séminaire de Québec » (patronné par M. de Laval, l'évêque ami des jésuites).

(2) Ou maire.

batie tout à neuf depuis l'an 1682 qu'elle bruſla preque entierement. Elle ſ'eſt formée petit à petit le long du Rivage que l'on a etendu par les terres & les decombres que l'on a jetté pour ecarter la marée; elle contient bien près de cent cinquante maiſons, dont les plus belles ſont occupées par l'Agent de la Compagnie, les marchands & les auſbergiſtes; dans le reſte demeurent les ouvriers & les gens de mer. L'on y fait une egliſe qui ſervira d'annexe à la Paroiſſe. Les navires qui trouvent bon mouillage vis à vis rendent grandement marchande cette baſſe ville.

ille haute. En montant de la ville baſſe à la ville haute l'on paſſe par une Rue où il y a une vingtaine de maiſons. Au haut de cette rue, à coſté droit, eſt le Palais epiſcopal, enſuitte le Seminaire qui eſt le plus beau & le plus grand logis du pays; la paroiſſe eſt à coſté qui tient lieu de cathedrale qui devroit avoir ſeize chanoines, mais ils n'y ſont pas. Les jardins & les autres clos du Seminaire occupent le tiers de la ville; tout cela appartenoit à Mme Couillard ou plutot à ſes enfans, elle ne laiſſa pas neantmoins de le vendre huit mille francs aux Meſſieurs du Seminaire. Cette place eſtoit donnée plutot que vendue; les enfans euſſent pû rentrer dans leur bien, ſ'ils euſſent trouvé de la juſtice, & ſ'ils n'euſſent eu à dos de ſi puiſſantes teſtes (1). Le

---

(1) On sent l'animosité de l'auteur contre le Séminaire de

College des Reverends PP. Jefuittes eft tout proche la Paroiffe; le monaſtere des RR. Mères Urſulines n'eft pas eloigné des Jeſuittes.

A cofté gauche, en montant de la baffe ville à la haute, paroift le Fort fur la croupe de la montaigne. Monfieur le Gouverneur loge dedans, & une douzaine de foldats qui y font la fentinelle y ont leur corps de garde. Vis à vis du fort eft l'hofpice des RR. PP. Recollects qu'ils ont bati dans une place que le Roy leur a accordé. L'envie a été fi grande fur cet hofpice que toutes les puiffances, furtout les Ecclefiaftiques, f'y font oppofées & f'y oppofent encore touts les jours de toutes leur forces (1). La chofe a fait tant de bruit dans le pays que je feray obligé d'en parler dans la fuitte des temps. Le vuide eft grand en la ville haute; il n'y a qu'une rue un peu confiderable où demeurent les officiers de juftice. Le refte des maifons eft affés ecarté & le tout ne fait pas un nombre de plus de cinquante. L'Hotel Dieu deffervy par un monaftere de Religieufes hofpitalieres eft fur le penchant de la côte vers la Rivière Saint-Charles, & au pied eft le Palais, où Monfieur l'Intendant loge & où le Confeil

---

Québec, que l'évêque, M. de Laval, favorisait de tout son pouvoir, en même temps qu'il faisait grise mine aux Récollets.

(1) Voir à l'Appendice les pièces relatives à cet hospice et à son clocher, que l'évêque de Québec, M. de Laval, voulait à toute force faire abattre.

s'affemble. Le couvent des PP. Recollects (1) eft à une demie lieuë de Quebec dans une affés belle prairie fi quelques arpents de bois etoient abattus.

<small>Les trois Rivieres.</small> La petite Ville des trois Rivieres eft à trente lieuës au deffus de Quebec; elle prend fon nom d'une riviere qui en eft proche, qui entrant dans le fleuve fe fepare par quelques Ifles en trois chenaux que l'on a appellé trois Rivieres. Quelques Sauvages defcendent par cette Riviere & apportent leurs pelleteries aux habitants. Cette Ville eft clofe d'une paliffade, elle a fon gouverneur qui repond à celuy de Quebec, une Juftice royalle tenüe par un lieutenant general, & n'a pas plus de 25 ou 30 maifons & une eglife.

<small>Ville Marie.</small> La Ville Marie (2) dans l'ifle du Montreal eft plus confiderable; le trafiq des pelleteries qui viennent des nations fauvages d'en haut (3) l'a rendüe plus

---

(1) Il s'agit de leur couvent dit de Notre-Dame-des-Anges. Il en sera plusieurs fois parlé dans les pièces de l'Appendice.

(2) C'était le nom que M. de Maisonneuve, M. Olier et les autres fondateurs de Montréal avaient d'abord donné à leur ville. Mais le nom de Montréal, donné par Jacques Cartier à la montagne qui dominait l'emplacement de la bourgade d'Hochelaga et donné ensuite par extension à l'île sur laquelle Ville-Marie fut bâtie, s'est imposé aussi à cette ville.

(3) On appelait au Canada « pays d'En Haut » toute la région avoisinant les grands lacs d'Amérique et qui se trouvait en effet en haut, en amont, pour les Canadiens habitant les bords du Saint-Laurent.

peuplée. Elle eſt environnée d'une paliſſade & contient au moins cent cinquante maiſons, dont il y en a quelques unes aſſés belles. Le Seminaire qui eſt formé par les Eccleſiaſtiques de celuy de Saint-Sulpice de Paris, eſt nouvellement baty auſſy bien que leur grande egliſe qui ſert de paroiſſe. Il y a un Gouverneur & un Major. Les Meſſieurs du Seminaire ſont ſeigneurs de toute l'Iſle, leur juſtice eſt un baillage qui a ſon appel immediat au Conſeil. Ils y ont etably deux communautés de filles, l'une de Religieuſes hoſpitalieres & l'autre de Sœurs de la congregation. L'on conte dans toute la Colonie du fleuve Saint-Laurents treize mille perſonnes, y comprenant les ſoldats qui ont été envoyés depuis 1683. Juques à preſent, l'occupation de l'habitant eſt d'abbatre du bois pendant l'hyver qu'il bruſle ſur le lieu quand il commence à defricher une terre; quand ſon deſſart (1) eſt avancé, il le meine pour chauffer ou vendre, ſ'il eſt proche de quelque ville; pendant l'été il laboure la terre. Il eſt heureux quand il en trouve une avantageuſe & qu'il travaille, ſi non il eſt toujours miſerable & pauvre. Le nombre de ces derniers eſt grand, car encore bien qu'ils ne payent pas de taille (2), neantmoins toute l'eſperance de leur profit n'etant que ſur le bled qu'ils peuvent

<small>L'occupation des habitants</small>

---

(1) Défrichement, du verbe *dessarter*, essarter, défricher.

(2) Les habitants de la Nouvelle-France avaient été exemptés de cet impôt.

amaſſer, ils ont de la peine à ſe vetir & à fournir aux autres petites neceſſités de leur famille, parce qu'ils n'en amaſſent pas ordinairement plus qu'il leur en faut; leur nourriture eſt aſſés ſimple : ils vivent pendant l'hyver de lard & pendant l'eſté de laict & de quelques œufs. La chaſſe eſt rare. Il n'y a pas d'autres fruits que des fraiſes & framboiſes & prunes ſauvages. Il y auroit des pommiers en aſſés bon nombre ſi on ſe donnoit la peine de les eſlever & de les conſerver.

Quels ſont les heureux et les malheureux. Les ouvriers qui ne ſont pas débauchés vivent aiſement & peuvent amaſſer du bien. Les marchands ſ'enrichiſſent en peu de temps. Le profit qu'il y a à faire ſur les marchandiſes fait que les Communautés rentées en font venir de France & ont chacune leur magazin. Les Seminariſtes & les PP. Jeſuittes ſont les heureux & les plus riches. Ils partagent enſemble le profit qui ſe peut faire tant parmy les François que parmy les Sauvages. Les premiers, outre la penſion que le Roy fait au Seminaire, ſont encore pour la pluſpart chanoines & curés dans les meilleures paroiſſes du pays, deſquelles ils ne laiſſent pas de recevoir un ſuppleement de trois cents francs que la Cour donne; ainſy un preſtre qui eſt ſeminariſte, chanoine, curé, reçoit trois revenus tout à coup & fait un grand profit pour le Seminaire. Les PP. Jesuittes qui abandonnent le soing des paroiſſes aux eccleſiaſtiques ſe reſervent celuy des Sauvages qui leur apporte un plus grand profit temporel veu que en donnant quelques denrées à ces barbares, ils amaſſent quantité de Caſtor. Ils ſont aiſement ce petit trafiq veu qu'ils ſont ſeuls parmy eux & qu'ils permettent rarement & difficilement que les François les aillent trouver, à moins qu'ils n'y ayent leur part (1). L'authorité qu'ils ſe ſont donnée dans le pays fait que les puiſſances qui ſont leur creatures & qui partagent avec eux le butin, ſuivent volontiers leur volontés. Il n'y a ny officiers de guerre & de juſtice ny gentilſhommes qui oſe raiſonner ſur ce qu'ils font ſ'il ne veut perdre ſon office & ſe voir reduit à la mendicité luy & ſa famille. Auſſy eſt-ce la politique du Canada de les tenir tous miſerables afin de les rendre ſujets & ſoumis; ils ne ſont avancés qu'autant que les PP. Jeſuittes les avancent, & l'on peut dire ſans bleſſer la verité qu'ils tiennent tout le païs en ſervitude & en eſclavage. Une ſi grande ſujettion fait que tout

Entre les mains de qui eſt l'authorité

(1) Le tableau n'est pas flatteur pour les jésuites; mais, malgré l'aigreur qu'on sent entre les lignes de notre historien, on ne saurait le révoquer en doute après tant de témoignages concordants de tous les chroniqueurs du temps. Voir Benj. Sulte, t. VII de son *Histoire*, ch. V. Il n'y a que La Hontan qui feigne d'en douter dans ce passage: « Plusieurs personnes m'ont assuré que les jésuites faisoient un grand commerce de marchandises d'Europe et des pelleteries du Canada; mais j'ai de la peine à le croire, ou si cela est, il faut qu'ils aient des correspondants, des commis et des facteurs aussi secrets et aussi fins qu'eux-mêmes, ce qui ne sauroit être. » Mais on sent l'intention ironique de ces lignes.

le monde fait paroiftre à l'exterieur beaucoup de devotion : pourvü qu'un homme foit de la Congregation, qui eft une confrairie etablie chés les PP. Jefuittes, il eft dans les bonnes graces & à couvert de toutes miferes; une femme de meme, fi elle veut être eftimée, doit être de la Sainte famille qui eft une autre confrairie etablie pour les femmes & filles dans la paroiffe.

La Religion. [Il (1) n'y a perfonne qui ne se faffe une neceffité d'etre devot au moins en apparence, mais après tout jugés quelle peut etre la devotion d'un peuple dont les directeurs fpirituels font une profeffion ouverte d'empire, de politique, d'intrigues, de fourberie, d'équivoques continuelles, pour ne pas dire de menfonges, de chicanes, de calomnies, de vengeance ouverte, de vexations manifeftes, de procès intentés malicieufement & gagnés injuftement, d'un trafiq accompagné d'une avarice infatiable; qui flattent & adorent les vices de ceux qui entrent dans leur intereft & qui perfecutent eternellement les perfonnes innocentes qui trouvent à redire à une conduitte fi peu chretienne & raifonnable. C'eft là neantmoins l'efprit principal & dominant de la Nouvelle France, qui fans ceffe fait gemir en fecret un petit nombre de confciences droittes & inflexibles à ces perverfes maximes, mais qui gafte generalement tout un

---

(1) Ce passage est barré dans le texte avec cette mention à la marge : «Lisés si vous voulés ce qui est rayé cy-dessous».

peuple qui fe voit dans une neceffité indifpenfable de f'y accomoder.] Cette idée generale de l'Amerique & surtout du Canada m'a mené plus loing que je ne penfois; defcendons plus dans le particulier & confiderons les ifles qui se prefentent avant que d'y entrer.

CHAPITRE DEUXIEME

Des principales Ifles qui font dans le Golphe Saint-Laurent.

VANT que d'entrer dans l'embouchure du fleuve de Saint-Laurent l'on paffe un nombre d'ifles qui font un efpèce d'Archipel. Les plus grandes font l'Ifle Terre- neuve, du Cap Breton, d'Anticoftie. L'Ifle Terreneuve eft la plus confidérable foit pour la grandeur qui eft de plus de 300 lieuës de circuit, foit pour la pefche de morüe qui f'y fait tout autour en grande abondance. Comme elle eft la plus avancée vers la France, elle eft auffy celle dont les nations de l'Europe fe difputent la decouverte.

Les Anglois fe l'attribuent en montrant des cartes de Jean et de Sebaftien Cabot qui navigeoient fous les aufpices de Henry 7ᵉ Roy d'Angleterre, où font ecrits ces mots: *L'an du Seigneur 1497*

L'isle Terreneuve

1497.

Jean Cabot Venitien & Sebastien son fils ont montré le chemin à cette terre à laquelle personne n'avoit osé aller auparauant & y ont abordé le 24 juillet environ cinq heures du matin. Ils se vantent encore d'estre venus en ces quartiers l'an 1499 pour chercher un nouveau chemin pour les Indes orientales, plus court que celui que l'on prend par le Cap de Bonne Esperance ou par le detroit de Magellan.

1499.

Les Portugais disent aussy que Gaspar Corterealis, l'an 1500, par ordre de leur fameux Roy Emmanuel, est arrivé à l'Isle Terreneuve & l'a visitée du costé de l'ouest.

1500.

Les François montrent plus certainement & veritablement par l'histoire de Niflet & d'Antoine Magin imprimée à Douay que cet honneur leur est deu. Ce sont les Bretons & Normands qui les premiers ont consideré de prés le sud de l'Isle Terreneuve, qui ont remarqué ses ports, havres & rades & ont visité ensuitte le costé du Nord & les autres isles du Golphe dès l'an 1504.

1504.

«vide Cartam.»

[Quoyqu'il (1) en soit de la primauté de cette decouverte, il est constant que toutes les nations de l'Europe y viennent librement à la Pesche. Les

---

(1) Tout le passage entre crochets a été rayé dans le manuscrit par l'auteur, probablement sur la réflexion que ces détails contemporains, et qui pour nous sont d'autant plus intéressants, ne venaient pas à leur date dans cette première partie de son histoire et seraient mieux à leur place dans la troisième partie qu'il se proposait d'écrire.

François hantent principalement le cofté du fud, où ils ont trois ou quatre endroits fort commodes pour fecher la morüe qu'ils pefchent fur des bancs qui font le long de Terreneuve, fcavoir Plaifance, la baye des Trépaffés, celle de tous les Saincts, les Ifles Saint-Pierre. Plaifance qui eft dans un detroit eft le plus confiderable; il y vient touts les ans 50 ou 60 navires qui f'en retournent chargés de Poiffon; une cinquantaine d'habitants qui f'y font établis l'hyver (1) le préparent autant qu'ils peuvent & le vendent aifément. L'ifle n'est point propre à faire du grain, les vaiffeaux pefcheurs leur apportent des farines, du bifcuit & touts leur befoins. Le Roy y entretient un Gouverneur, un lieutenant (2) & une compagnie de 25 foldats. Les Anglois ont pareillement tranfporté des Colonies qu'ils ont etably du cofté du Nordeft. En un mot les Efpagnols & autres nations fe placent où bon leur femble quand les lieux ne font pas occupés par d'autres.

Plaisance

Les Anglois ont effayé autrefois de f'approprier cette Ifle, & de tirer le dixieme poiffon de ceux qui y venoient faire pefche, mais le chevalier Humfret Gilbert qui agiffoit en 1583 pour le Roy de la Grande

---

(1) Nous ne sommes pas très sûr d'avoir bien lu ce mot du manuscrit qui a été ajouté par l'auteur dans l'interligne.

(2) Pastour de Costebelle était alors le lieutenant commandant des troupes de Plaisance, tandis que Parat était le gouverneur.

Bretagne, s'etant noyé, touts les pescheurs y ont eu comme auparavant un accès egal, les 1ers arrivés se plaçant aux endroits les plus avantageux sans qu'aucun dans la suitte puisse luy disputer la place qu'il a choisie.

Cette isle est presque toute couverte de montagnes, les arbres qui y croissent sont Pins, Sapins, Bouleaux & autres de peu de valeur, mais la plupart des terres se trouvent sans bois, couvertes seulement de mousse. Il s'y trouve beaucoup de cerfs, lapins, gelinottes que l'on appelle improprement perdrix, beaucoup de loups dans les bois et de loups marins dans la mer, dont les habitants vivent l'hyver. L'hyver y est long de quatre à cinq mois.

<small>Sauvages Esquimaux.</small> Il ne se trouve point de Sauvages en cette isle que les Esquimaux qui traversent de La Brador. Ce trajet n'est que de 8 ou 10 lieuës; encore se voit-il au milieu une grande Isle appellée Belle-Isle. Nos marchands de Quebec ont demandé cette année 1689 (1) les terres de Labrador & celles de Terreneuve qui la regardent afin de lier si ils peuvent un commerce avec les Esquimaux. Juques à present ces Sauvages ont été si barbares & farouches qu'ils n'ont point epargné les Européens quand ils ont pu les surprendre à terre hors de leur navires. Leur trafiq ne consiste qu'en la peau de loup marin, qu'ils tuent fort adroittement en

---

(1) Cette date fixe l'année où notre historien écrivait.

mer. Ils en vivent & le mangent tout cru quand il est encore tout chaud; ils en boivent le fang; ils en font feicher auffy au foleil pour manger le long de l'année. Ils f'habillent fort commodement de cette peau fous laquelle ils mettent des peaux d'oyfeaux fur leur estomach & fur le dos pour fe tenir chaudement. Ils font auffy leur canots de cette peau qu'ils coufent de toutes parts en forte que l'eau n'y peut entrer. Ils n'y refervent qu'un trou de la groffeur de leurs corps dans lequel ils fe mettent & puis fe ferrent fi bien de la même peau de loup marin qu'elle les ceint comme quand on ferme une bource en tirant les cordons des deux coftés; en cette forte un Sauvage eft toujours entre deux eaux fans enfoncer ny prendre d'eau; il tient un aviron en main qui a deux pailles aux deux extrémités, & f'en fert de quel bout il veut; ce font les nageoires de fon canot qui eft fait comme un efturgeon renverfé fur le dos; avec ces fortes de canots ils vont en pleine mer & defcendent quand bon leur femble fur les glaces; en mer ils tuent des ours blancs qui font la traverfe fur les glaces, des loups marins & autres poiffons qu'ils mangent tout crus comme j'ay deja dit parce qu'ils ne font point de feu. Ils ne mangent pas de pain & n'en veulent pas meme manger ni boire d'eau de vie. Ils ne fçavent ce que c'eft que d'ufer de tabac, qui eft fi ordinaire à tout le refte des Sauvages. Ces barbares font fort nombreux, & très redoutables à leur voisins qui juques à present n'ont pu lier aucune amitié avec eux, non plus que les Europeans. Ils errent le long des terres de Labrador juques au dessus de la baye d'Hutson. Nos navires qui vont en cette baye les voient assés souvent en très grand nombre sur les glaces. Le *Soleil d'Afrique* qui est une fregate du Roy, etoit l'an passé 1688 (1) fort embarassée dans des courants qui la portoient sur des Rochers; les Sauvages s'assembloient deja tout autour afin de tuer et manger touts les hommes qui etoient dedans, comme ils temoignoient par leur gestes, mais Mr Delorme qui la commandoit pour la Compagnie faisant tirer un canon chargé à cartouche dessus eux, les fit écarter. J'ay demandé quelquefois la raison pourquoy ces sauvages étoient si animés contre les Europeans & l'on m'a dit que cela venoit d'un chirurgien basque (2), lequel après avoir abusé d'une de leur filles, l'ouvrit toute vive pour voir le fœtus qui s'étoit formé dans son ventre. Ils ont conçu depuis ce temps tant de haine pour

(1) Ceci encore fixe la date de l'écrit de l'auteur à 1689. En cette même année l'auteur habitait Plaisance, en l'île de Terre-Neuve, où il avait été envoyé pour fonder un couvent de son ordre. C'est ce qui explique la place importante qu'il donne dans sa description à l'île de Terre-Neuve et aux relations de cette île avec les Esquimaux.

(2) Dans le récit plus complet que le P. Le Clercq donne de cet acte barbare, p. 453 et suiv. de sa *Relation de la Gaspésie,* il l'attribue non à un chirurgien, mais à un « matelot basque ou espagnol ».

cette noire action qu'ils n'epargnent perfonne quand ils trouvent l'occafion de nuire, auffy ne traitte-on avec eux que les armes à la main.]

A confiderer l'ifle Terreneuve par fon cap oriental, appelée Cap Ras, elle n'eft diftante de Dieppe que de fept cent foixante lieuës en ligne prefque directe, & du grand banc que de vingt cinq. Ce banc eft appellé grand en comparaifon de quantités d'autres plus petits qui font autour de Terreneuve. Ce grand banc qui n'eft autre chofe qu'une montagne qui regne dans le fonds de la mer eft plus profond vers le Nord que vers le Sud, où l'on voit meme des Rochers appellés les Miquelets; l'on le trouve profond tantot de trente tantot de 40 braffes. Il a quelques cent lieuës de long, f'etendant depuis le 41ᵉ degré juque au 62ᵉ. Il n'a de large au plus que 24 lieuës & où il f'etrecit feize & moins encore puifqu'il finit en pointe aux deux bouts. C'eft là où l'on pefche la plus grande partie de la morüe verte que l'on apporte en France, & celle que l'on eftime le plus, vû qu'elle eft plus grande, mieux nourie & plus delicate.

Grand banc

Le Cap Ras eft par les 46 degrés & 35 minutes de latitude. Il eft eloigné du cap de Raye de 85 lieuës. Les ifles Saint-Pierre font environ au milieu de ces 2 caps du cofté du Sud de l'ifle Terreneuve.

Sortons de l'ifle Terreneuve pour confidérer en paffant quelques unes des ifles les plus confide=

rables de ce grand golphe de Saint-Laurents qui a plus de 400 lieuës de circuit.

Du cap Raye qui eſt par les 47 degrés & demy de latitude juques au cap Saint-Laurent qui eſt par les 46 degrés 55 minutes, il y a 17 ou 18 lieuës; cet eſpace eſt l'une des embouchures du dit golphe, par où les navires paſſent ordinairement.

L'iſle du Cap Breton. L'iſle du Cap Breton, où eſt auſſy le cap Saint-Laurent, eſt en forme triangulaire & a bien 80 lieuës de circuit; au milieu il y a une manière de lac où la mer entre par le coſté du Nord, où l'on pourroit paſſer ſ'il n'y avoit danger accauſe des grands courants & rapports de marée. Elle a pluſieurs ports & endroits où l'on fait peſche de poiſſon, ſcavoir le Port aux Anglois, Niganis où ſe prend le charbon de terre. L'on a tenté pluſieurs fois d'y habiter, mais la rigueur du temps & les froidures, jointes au peu de bonnes terres qui ſ'y rencontrent ont eté cauſe que l'on n'a pû ſ'y etablir (1). Du Cap Breton à Campſeau(2) qui eſt un port où une com-

(1) On sait qu'après la perte de Plaisance et de l'Acadie en 1713, Louis XIV, voulant protéger l'embouchure du Saint-Laurent et l'accès du Canada, fit effort pour peupler et fortifier l'île du Cap Breton, qui reçut alors le nom d'Ile Royale avec Louisbourg pour capitale.

(2) Campseau, Canceau ou Canseau (comme il est écrit plus loin), sur le détroit de ce nom, entre l'île du Cap-Breton et l'Acadie (aujourd'hui Nouvelle-Écosse), était alors un établissement de pêche fondé à l'origine par M. de Mons, puis développé par Nicolas Denys, dont un petit-fils, le

pagnie nouvelle dont nous parlerons, a entrepris de faire la pefche, il n'y a que huit lieuës.

Du Cap Breton les vaiffeaux prennent leur route vers les ifles aux Oyfeaux, qui ne font que deux rochers où il y a telle quantité d'oyfeaux qu'on ne peut dire plus. Ce font des Tangeux qui font gros comme des oyes, tout blancs hors par le bout des aifles; en paffant par là dans un temps calme, l'on en va tuer à coups de batons & l'on en apporte tant que l'on veut; leur bec eft à apprehender; l'on amaffe tant d'œufs que l'on veut, qui font gros comme ceux des poules dindes; ces oyfeaux vivent de poiffons, auffy ne valent-ils pas grand' chofe, parce qu'ils fentent beaucoup l'huile.   *Isles aux Oyseaux.*

A deux lieuës de ces Ifles au fud fe voyent les ifles Ramees-Brion au nombre de 6 ou 7 tant grandes que petites.   *Isles Ramées-Brion.*

Des dittes Ifles aux Oyfeaux juques à Gafpey il y a 45 lieuës & de Gafpey au cap de Raye 70.

Au Nord-eft de Gafpey eft l'ifle d'Enticofty fur la hauteur de 49 à 50 degrés; elle eft longue de 40 lieuës & large de quatre à cinq par endroits: elle appartient à Mr Joliet qui y va faire la pefche & la traitte pendant l'efté; il f'y eft retiré avec fa famille & un Père Recollect pour y hyverner, mais comme il n'y a point de bois dans cette ifle il a fait dreffer   *Enticosty.*

P. Joseph Denys, Recollet, sera le compagnon du P. Le Tac à Plaisance en l'année 1689.

une maison en la grande terre; le Père Simon de la Place, Recollect, qui y est actuellement, a soing d'instruire les sauvages qui s'y rendent pour cet effect & meme est allé cette année 1689 exposer sa vie pour annoncer l'evangile aux Esquimaux sauvages dont nous avons parlé & que personne n'a encore osé entreprendre.

L'isle Percée. A six ou 7 lieuës plus midy que Gaspey est l'isle Percée, par la hauteur de 48 degrés & un tiers. Cette Isle n'est autre chose qu'un rocher percé, à un jet de pierre de Terre. Le pertuis se découvre quand la marée est basse, & c'est ce qui a donné le nom aux terres voisines fort propres, pour le Gallay (1) qui s'y trouve, à secher la morüe; il y vient touts les ans six ou sept navires Pescheurs, & souvent dix ou onze.

Les PP. Recollects y ont une mission, & une fort belle église avec leur maison voisine (2). Il ont commencé cette mission l'an 1672. Ils ont baty aussy une église & un petit couvent où vivent trois religieux. Comme l'isle Bonavanture n'est eloignée que d'une lieuë de l'isle Percée, un Père Recollect y va faire mission pendant qu'il y a des pescheurs, il fait demeure aussy à Gaspey. L'isle Percée est dans les

---

(1) Le « galet », comme nous écrivons aujourd'hui.

(2) Voir à l'Appendice des détails sur l'état de cette mission de l'Isle Percée. Voir aussi dans la *Relation de la Gaspésie* du P. Chrestien Le Clercq de nombreuses pages sur cette mission.

terres de Mʳ Denys. Les vaiſſeaux Peſcheurs ne dépendent cependant point de luy pour la place qu'ils occupent pour parer & ſeicher leur poiſſon; le congé qu'ils prennent de l'admirauté leur donne pouvoir de ſe placer où bon leur ſemble. Il y a quatre habitants ſedentaires avec leurs familles à l'iſle Percée.

De l'iſle Percée à Miſcou qui eſt plus au Sud il y a 15 lieuës. Il faut traverſer la baye de Chaleu (1) qui entre 15 ou 20 lieuës dans les terres, & qui a 10 ou 12 lieuës de large par endroits. Des iſles Miſcou à l'iſle Saint-Jean il y a environ 10 ou 12 lieuës. Cette Iſle a 25 lieuës de longueur & n'eſt éloignée tout au plus que de 2 lieuës de la terre ferme du Sud. De l'iſle Saint-Jean au petit paſſage de Canſeau l'on conte 20 lieuës. Toute la coſte depuis Miſcou juques au paſſage de Canſeau eſt abondante en bons ports & petites rivieres qui ſe dechargent dans la mer, entr'autres eſt celle de Miramichy qui eſt dans une baye qui appartient à Mʳ Richard Denys. Les PP. Chrétien Le Clerq & Emmanuel Jumeau, Recollects (2), y ont fait ſept ou

Miſcou

---

(1) C'est la baie de Chaleur ou des Chaleurs. L'orthographe du P. Le Tac s'explique parce que « chaleur » se prononçait souvent « chaleu », comme on prononce encore dans les campagnes de l'Ile-de-France et d'autres provinces.

(2) Le P. Chrétien Le Clercq, Recollet, est l'auteur de l'ouvrage publié en 1791 et intitulé: *Relation de la Gaspésie*. C'est à lui qu'on doit également l'ouvrage intitulé: *Premier*

huit ans la miffion, & baptifé grand nombre de fauvages Gafpeyfiens, juques à ce que M. Richard Denys ait donné neuf lieuës de fes terres à Meffieurs du Seminaire de Quebec qui y ont envoyé M' Thury pour continuer la miffion des PP. Recollects.

<small>L'isle de Sable</small>

L'ifle de Sable eft par les 44 degrés à environ 30 lieuës du Cap Breton. Cette Ifle qui a quelques 15 lieuës de tour fut vifitée par le Baron de Lery en 1518, qui effaya le premier d'y établir une colonie, mais il fuft obligé d'abandonner son entreprife pour la difette des victuailles & d'eau douce où il fe trouva; il laiffa en cette Ifle quelques beftes à cornes & pourceaux mais ils n'y profitèrent pas de beaucoup pour le peu d'herbe qui y eft.

établissement de la Foy. Paris, chez Amable Auroy. Sur le P. Emmanuel Jumeau, voir de nombreux passages dans la *Relation de la Gaspésie,* pp. 188, 192, 193, etc.

CHAPITRE TROISIEME

Des voyages de Jaques Quartier & du fieur de Roberval en la Nouvelle France, l'an 1534.

UOYQUE le capitaine Jean Verazzano Florentin fe foit employé par la commiffion du Roy François premier à decouvrir les terres des Indes occidentales depuis la Floride juques à l'embouchure du fleuve de S-Laurent & qu'il ait pris poffeffion de toutes ces terres au nom de Sa Majefté l'an 1524, à deffein meme de f'y établir en y retournant une deuxieme fois, cependant parce qu'il ne pût pas venir à bout de fes projets accaufe de la mort qui luy arriva en chemin, c'eft pourquoi je n'en fais pas plus de mention afin de parler un peu plus au long de Jaques Quartier qui a merité l'honneur d'avoir le premier decouvert & penetré le grand fleuve de St-Laurent. Cet excellent Pilote auffy experimenté qu'aucun de fon temps au fait de la marine, defirant fe fignaler par la decouverte de quelques nouvelles Terres f'adreffa à Mr Philippe Chabot, admiral de France, comte de Burenfais & de Chargni & Seigneur de Brion. Il fuft ecouté & M. l'admiral après en avoir parlé au Roy François Ier luy

1524 Jean Verazzano.

1er voyage de Jacques Quartier d Saint-Malo

fourniſt deux navires de 60 tonneaux chacun, avec 60 ſoldats equippés. Il partiſt de St-Malo le 20 avril 1534 & arriva le 10ᵉ may à Terreneuve. Il reconnuſt la pluſpart des ports & des mouillages des Iſles dont j'ay parlé au chapitre precedent. Il viſita les terres du ſud & du nord qui ſont des deux coſtés de l'embouchure de la grande Riviere du Canada, & donna les noms aux Iſles, Ports, Detroits, Golphes, Rivieres & Caps à meſure qu'il les parcouroit, noms dont ſe ſervent encore aujourd'huy nos Pilotes & Peſcheurs. Il ſ'employaſt de la ſorte juques à la my-aouſt & parce qu'il n'avoit plus de belle ſaiſon à eſperer il retourna en France afin d'avoir plus de moyen de continuer cette nouvelle decouverte.

2ᵉ voyage.

Le Sieur Charles de Mouy Sieur de la Mailleres, lors Vice-admiral le ſollicita fortement de recommencer & pouſſer plus avant ſa découverte. Le Roy luy donna ſes commiſſions, & Mʳ l'admiral qui avoit la direction de cet embarquement y contribuaſt de tout ſon pouvoir. Il ſe miſt en mer le 16 may 1535 avec trois navires, l'un de ſix vingt tonneaux, l'autre de 60 & le 3ᵉ de trente. Il entra dans la riviere & fiſt ſi bien qu'il arriva au platon (1)

monte juques au platon te.-Croix.

---

(1) « *Platon* » est ici sans doute pour *platin*. Littré définit ainsi ce mot « Platin » : « Terme de marine. Petit banc uni, dont la surface s'élève au niveau de la basse mer. La partie basse d'une plage, qui paraît à basse mer. » A *l'historique*, il

de Ste-Croix avec ſes trois navires le 14 ſeptembre de la meme année. Il ne monta pas cent trente lieuës avant, dans la Riviere, ſans obſerver & nommer toutes les iſles, caps, mouillages & terres les plus conſiderables. C'eſt de luy en effet qu'elles ont pour la plus part receu leur nom. Apres eſtre arrivé au platon Ste-Croix, & avoir vû que la riviere s'etrecit par les deux coſtés en un lieu voiſin nommé le Petit Richelieu, il mena ſes deux plus grands vaiſſeaux à l'autre bord de la riviere du coſté du nord à l'entrée d'une riviere appellée depuis Jaques Quartier accauſe de l'hyvernement qu'il y fit. Le Sr Champlain dit que ce fuſt dans la Riviere St-Charles proche Quebec à l'endroit où eſt une ferme des PP. Jeſuites & vers la Riviere de la Raye (1), que ce fuſt, dis-je, en ce lieu que Jaques Quartier hyverna, mais ayant conſideré de près ce que Leſcarbot dit, j'ay crû que je devois plutôt m'y arreſter vû que la diſtance de quinze lieuës qu'il marque de l'iſle d'Orleans au Platon de Ste-Croix nous fait aſſés connoitre que ce ne peut pas eſtre la Riviere St-Charles qui n'en eſt eloigné que d'une lieuë & demie, outre que la tradition rapporte que cette riviere de Jaques Quartier eſt ainſi nommée parce qu'il y laiſſa un de ſes

cite un exemple de d'Aubigné. Les Canadiens disent encore couramment: « un beau platin de terre »; ils disent aussi: « le platon Sainte-Croix, le platon des Trois-Rivières ».

(1) Appelée aussi: « rivière Lairet »

vaisseaux; cela n'empesche pas que ce que dit le Sr de Champlain ne puisse estre vray puisque Jaques Quartier hyverna par après dans la riviere St-Charles comme nous dirons dans la suitte. Jaques Quartier ne s'arresta pas là, il se servit de son moindre navire & de quelques barques pour monter juques à l'isle appellée depuis Montreal où il y avoit un village de Sauvages nommé Hochelaga. Il y passa quelques jours en visitant les lieux circonvoisins & surtout le saut de Saint-Louys qu'aucune barque ny canot ne peut monter pour la haute chute d'eau qui s'y fait. Il termina là son voyage & s'en retourna le 5 octobre au havre où il avoit laissé ses deux navires. Il y passa un hyver assés fascheux puisque le mal de terre ou mal de scorbut qui se mit parmy ses gens en emporta la plus grande partie, ce qui l'obligea d'y laisser un de ses navires pour n'avoir pas assés de monde pour faire les manœuvres dans touts les trois. Il leva l'ancre le 6e may 1536 & arriva à Saint-Malo le 16 juillet de la meme année bien degouté du Canada qu'il crût ne pouvoir pas estre habité pour la rigueur du froid & les maladies qui accueillirent ses gens, ce qui fust cause que la Cour negligeast de poursuivre ce dessein si bien commencé & que son entreprise fust sans fruit.

Cependant le Roy François Ier ne voulant pas abandonner cette nouvelle decouverte donna quatre ans après le tiltre de lieutenant general à Jean François de la Roque sieur de Roberval, gentilhomme du pays de Vimeu en Piquardie qui voulut l'entreprendre de rechef. Il ne pût toutefois y aller luy même que l'année ensuitte. Il se contenta d'y envoyer Jaques Quartier avec cinq navires l'an 1541. Il fist voile au mois de may & arriva en aoust au Port de Ste-Croix où il ne s'arresta pas cependant parce qu'il l'avoit eprouvé trop incommode mais il monta un peu plus haut en un endroit ou il batit un fort de Pieux qu'il nomma Charle-bourg Royal. Il renvoya deux de ses navires & garda les trois autres pour retourner l'année suivante. Il retournoit en effet lorsqu'il rencontra vers Terreneufve le Sr de Roberval qui emmenoit trois navires. Jaques Quartier qui ne voyoit pas qu'on pût arrester l'insolence des Sauvages avec si peu de monde fit ce qu'il pust pour continuer son retour. Cependant le Sr de Roberval le remena avec luy, & bastirent de nouveau un fort dans la Riviere St-Charles proche cette petite rivière de la Raye qu'ils nommerent France-Roy. Le Sr de Roberval qui demeura quelques années en Canada fit quelques voyages dans le Saguenay & autres rivieres.

1541.

Ce fut luy aussy qui envoya Alphonse très habile pilote xaintongois (1) vers la Brador pour essayer de trouver un passage aux Indes Orientales, mais il se contenta de decouvrir seulement celuy qui est

Il envoye Alphonse vers La Brador.

(1) Saintongeois.

Entreprises vers la mer du Nord pour aller aux Indes orientales.

entre l'isle Terreneuve & la grande Terre du Nord par les 52 degrés, les glaces l'empeschant d'aller plus loing. Du depuis les Anglois ont fait plusieurs efforts pour penetrer cette mer si couverte de glaces. Martin Forbichet y fit trois voyages ès années 1576, 77 et 78. Sept ans apres Honfroy Guillebert (1) y fust avec cinq vaisseaux, il eschouast sur l'isle de Sable où il demeura deux ans. Ensuitte Jean Davis, Anglois, fit trois voyages, penetra juques au 72ᵉ degré & passa par le detroit appellé encore aujourd'huy de son nom Davis. Hutdson, capitaine Anglois, en 1612, trouva le passage par les 63 degrés pour entrer dans la grande baye du Nord appellée de son nom, d'Hutdson. Les Espagnols & Portugais n'ont pas moins tenté ce passage du costé de l'oüest mais ils n'en ont pas eu plus de connaissance que les Hollandois qui l'ont cherché par la Nouvelle Zemble. Cette considerable entreprise n'est pas encore à desesperer. Le sieur de la Salle qui a penetré le Canada juques au Mexique espere en venir à bout si Dieu le conserve encore quelques années, quoy qu'en disent ceux qui l'insultent depuis tant d'années (2).

(1) Le même que l'auteur a appelé plus haut « Humfret Gilbert ».

(2) Allusion aux attaques et aux insinuations perfides dont Cavelier de la Salle était en butte de la part des jésuites. Voir les documents et mémoires rassemblés par M. P. Margry: *Découvertes et établissements des Français dans l'Ouest*, etc. 4 vol. in-8º. Paris, Maisonneuve.

Le fieur de Roberval apres avoir commencé une maifon au cap Breton f'en retourna en France qui eftoit en guerre. Il fervit dans les troupes juques à ce qu'elle fuft terminée & enfuitte il equippa quelques navires pour retourner, mais f'etant perdu avec fon frere le Sr Pierre de la Roque, fans qu'on ait jamais pû avoir de nouvelles d'eux, ce defaftre fut caufe que l'on fut longtemps fans penfer au Canada.

CHAPITRE QUATRIEME

Des voyages de Jean Ribaus, de Laudonnière & du fieur de Gourgues en La Floride, depuis l'an 1562 juques en 67.

IL femble que je m'efloigne de mon fujet lorfque je traite de la Floride. Cependant la nouvelle France eft fi grande & Mr de la Salle, par fa decouverte de l'an 1681, l'a tellement amplifiée que quoy qu'il y ait plus de mille lieuës de la colonie du Canada à la Floride, tout ce terrein ne laiffe pas d'eftre acquis au Roy de France, Louis XIVe, toujours victorieux (1).

(1) Après 1763, les Anglais ne manquèrent pas de comprendre, eux aussi, la Floride dans les territoires du Canada.

C'eſt pourquoy, conſiderant ce que nos braves François du ſiecle paſſé ont fait pour etablir une colonie en cet endroit, j'ay crû que je ne pouvois me diſpenſer d'en dire un mot dans le temps qu'il ſemble que l'on abandonne entierement les premieres entrepriſes de la nouvelle France & qu'il n'y a rien à en dire.

Les Eſpagnols depuis l'an 1512 avoient fait diverſes entrepriſes pour etendre la Nouvelle Eſpagne de ce coſté la, mais parce qu'ils ne reuſſirent pas (quoy qu'ils y menaſſent des armées de 900 hommes de Pied & 350 cavaliers, outre un grand nombre de matelots, comme fit Hernando a Soto en ſon expédition de 1539), ils furent obligés de tout quitter l'an 1543 & de n'y plus penſer de longtemps.

Nos François à leur tour voulurent tenter ſ'ils ne pourroient pas mieux reuſſir.

Jean Ribaus, à la ſollicitation de M. Gaspar de Coligni comte de Chatillon, admiral de France ſous le Regne de Charles IXe ſe mit en mer le 18e fevrier 1562 avec deux vaiſſeaux equippés de ce qui luy etoit neceſſaire pour commencer une colonie. Il rangea la coſte de la Floride & ſ'arreſta par les 32 degrés, le 1er jour de may, à une riviere qu'il nomma pour ce ſujet, de May. Il y batit un fort qu'il appela Charles, où il laiſſa le capitaine Albert fourny de tout ce qu'il jugeoit lui eſtre de beſoing & ſ'en revint enſuitte en France. Ce commandant du fort Charles n'avoit pas grande œconomie, ce qui fit que les vivres etant bientot diffipées, les foldats preffés de la faim fe mutinerent contre luy & le tuerent. Ils f'eflurent Nicolas Barre homme de conduitte felon leur fens, mais comme les vivres diminuoient touts les jours & qu'ils ne voyoient aucune apparance d'avoir du fecours de France, ils refolurent de decamper. Ils preparerent pour cet effect une barque dans laquelle ils fe mirent avec fort peu de victuailles. Un calme de 20 jours les arrefta en mer, & ils fe virent reduits à telle neceffité qu'ils furent contraints de tuer un de leur compagnons pour appaifer leur faim, ce qu'ils auroient continué f'ils n'euffent rencontré un vaiffeau anglois qui les fecourut & les mena une partie en France, & les autres à la Reine d'Angleterre Elizabeth qui fembloit avoir quelque deffein sur la Floride.

La guerre civile qui etoit en France fuft caufe que Ribaus ne peut envoyer le fecours qu'il avoit promis à fes gens. L'admiral Coligni qui etoit rentré en grace auprès du Roy commença à preffer une deuxieme expedition. Il la commift à René de Laudoniere qui avoit déjà fait le voyage avec Ribaus. Ce capitaine après avoir efquippé trois navires fe mit en mer le 22 avril 1564, & entra le 20 juin dans l'embouchure de la Riviere de May, fur le bord de laquelle il fit edifier une foreterreffe qu'il nomma la Caroline. Apres qu'il euft renvoyé fes vaiffeaux, les foldats & matelots qu'il f'etoit refervés commence-

1564.

rent à fe mutiner. Les matelots f'emparerent secrettement de deux barques qu'il avoit fait & allerent faire le meftier de Pyrate fur les Efpagnols. Il en fit incontinent rebatir deux autres; quelques foldats mutins les deroberent & furent piller fur mer comme les precedents. Cependant quelques-uns de ces foldats fe repentants de leur perfidie remenerent adroittement une des barques à Laudoniere qui en fit pendre quatre des plus feditieux.

La mutinerie f'appaifa mais non pas la famine puifqu'elle croiffoit de jour en jour à mefure que les vivres diminuoient. Elle fut fi grande qu'ils fe virent reduits pendant fix femaines à gratter la terre pour fe fuftenter de quelques racines qu'ils y trouvoient, mais ils ne faifoient que languir. Ils fe refolurent de faire la guerre aux Sauvages afin d'avoir leur bled d'Inde. Ils en attraperent quelque peu, qui leur donna des forces pour mettre en etat deux barques qu'ils avoient commencées & ils demoliffoient deja le fort pour f'embarquer enfuitte lorfqu'ils apperçurent le 3 aouft 1565 quatre navires anglois. Jean Hanukins qui les commandoit vendit à Laudonnière un de ces navires avec abondance de vivres. Ce rafraifchiffement confola les foldats mais comme il ne pouvoit pas durer longtemps f'il n'en venoit d'autres, Laudoniere avoit dejà mis ordre à fon depart quand le capitaine Ribaus furvint pour luy fucceder au gouvernement & le renvoya en France par ordre du Roy qui etoit irrité contre luy pour des crimes fupposés dont quelques envieux l'accufoient aupres de Sa Majefté.

Ribaus avoit deja fait monter trois de fes petits navires au haut de la Riviere, les quatre autres reftoient à l'embouchure; là arriverent fix grands vaiffeaux efpagnols qui vinrent mouiller fans rien dire de fafcheux. Nos François cependant qui ne fe croyoient pas affez forts pour leur refifter couperent les cables fur les Ecubiers & fe mirent à la voile; les Efpagnols en firent de meme & defchargerent fur eux leur canon, mais comme nos vaiffeaux eftoient meilleurs voiliers, les ennemis relacherent à la Riviere des Dauphins diftante de huit lieuës du fort de la Caroline. Ils mirent à terre quantité de negres qu'ils avoient amenés & f'y fortifierent, & Ribaus retourna avec fes vaiffeaux à la Riviere de May où il tint un confeil de guerre avec fes officiers. Ils etoient touts d'avis de fortifier la Caroline plutot que de fe mettre en mer en une faifon fi dangereufe pour les frequentes tempeftes. Ribaus n'en vouluft (1) rien faire, il fit embarquer les

---

(1) Comme on a pu le remarquer déjà et comme on le verra encore bien des fois, l'orthographe de notre auteur n'est pas assurée en ce qui touche la troisième personne singulier du passé défini, qu'il écrit souvent comme la troisième personne de l'imparfait du subjonctif, tandis qu'il écrit d'ordinaire les verbes à ce dernier temps comme s'ils étaient au passé défini. Nous avons voulu respecter sa manière d'écrire, lors même qu'elle ne se justifie pas étymologiquement.

meilleurs foldats de Laudonniere & le 10ᵉ feptembre fit appareiller. Le meme jour il s'efleva une fi furieufe tempete qui dura juques au commencement d'octobre que fes navires en furent jettés à la cofte de part & d'autre. Ribaus & les fiens furent obligés de fe rendre. Les Efpagnols promirent qu'ils ne leur feroient pas de mal; nous verrons dans la fuitte ce qui leur arriva. Laudonniere qui etoit refté à terre avec 240 tant hommes que femmes & enfans les encouragea touts à fe fortifier & à fe defendre de leur mieux. Les pluyes continuelles les tenoient quelque peu en affurance; cependant l'ennemi qui avoit pour chef le chevalier Pierre Melandès ne laiffa pas que de venir à eux par les bois & arriva le 19ᵉ feptembre un peu avant le foleil levé. La fentinelle qui vit cette armée defcendre du coteau voifin cria, aux armes. Laudonniere diftribua les poftes à un chacun, il mit fur les deux breches qui n'avoient pas encore eté reparées bon nombre de foldats, mais les Efpagnols qui etoient conduits par un traiftre françois attaquerent fi vivement le fort de touts coftés que, quoyque les noftres refiftaffent courageufement, ils ne laifferent pas de gagner les breches. Laudonniere encore foible d'une maladie qu'il avoit eu fe fauva à grande peine avec quelques uns de fes gens au travers des marais & gagna l'embouchure de la riviere où eftoient reftés quelques petits navires. L'ennemy paffa tout au fil de l'epée, & ceux qu'il prift, il les fit pendre avec cet ecriteau fur le dos, *Nous n'avons pas fait pendre ceux-cy comme François, mais comme Lutheriens ennemis de la foy*. Ceux qui f'etoient echappés du naufrage furent pareillement mis à mort, & de 600 François il n'en refta que 2, fçavoir un trompette & un tambour. Jean Ribaus fut tué auffy très cruellement au prejudice de la foy qui lui avait efté donnée par ecrit. Laudonniere après tant de malheurs leva l'anchre l'onzieme novembre afin d'informer le Roy de ce qui f'etoit paffé.

Quoique Sa Majefté dont le Royaume etoit divifé en factions & qui avoit pour lors bien d'autres differents à vuider avec le Roy Philippe d'Efpagne ne fe mit pas beaucoup en peine de venger cette injure, pour la haine qu'il portoit aux Proteftants du nombre defquels etoient ceux qui avoient eté tués & notamment pour la haine qu'il portoit à l'admiral Coligni qui avoit eté l'autheur de ces expeditions, cependant les actions barbares de ces Efpagnols ne demeurerent pas impunies, comme vous allés entendre. Le chevalier Dominique Gourgues, natif de Montmarfan en Languedoc (1) avoit eté fait prifonnier par les Efpagnols dans la guerre d'Italie & condamné indignement au Galere

---

(1) Mont-de-Marsan, d'où Dominique de Gourgues était originaire, dépendait de la province de Guyenne, non du Languedoc. Lescarbot (p. 126) l'appelle « gentilhomme Bourdelois », voulant indiquer par là qu'il était ou de Bordeaux ou des environs de Bordeaux.

dont il fut délivré par Romegaife chevalier de Malthe. Ce gentilhomme qui avoit deja un très grand reffentiment de l'injure qui lui avoit eté faite, ne put apprendre celle que la nation françoife avoit receuë fans en concevoir un très grand defir de la venger. Il demeuroit pour lors à Bordeaux avec fon frère Augier treforier de France, & comme il voyoit que perfonne ne f'offroit à en tirer raifon, il arma 3 navires à fes depens pour un exploit qu'il difoit vouloir executer à la cofte d'Afrique. Il fe mit en mer le 23 aouft 1567 ayant avec lui 250 foldats d'elite & de braves officiers. Il alla en effet en Afrique, mais comme ce n'etoit pas là le fujet de fon voyage, il f'ouvrift à fes principaux officiers & leur communiqua le deffein qu'il avoit de vanger les affronts que les Efpagnols de la Floride avoient fait à la France. Les capitaines louerent fon deffein, & en informerent les foldats qui ne demanderent pas mieux que de fervir en une fi juste & honorable guerre. Le Sr Gourgues fit prendre la route de la Floride & fut favorifé d'un fi beau temps qu'en peu de jours il fe trouva en les coftes proches du fort de la Caroline. Il defcendit à terre pour demander aux Sauvages l'etat des Efpagnols. Ces barbares, tout rejouis de voir le Sr Gourgues dans le deffein de les attaquer, l'affurerent qu'ils etoient 400 hommes bien armés & pourvûs de tout ce qui leur etoit neceffaire, qu'ils avoient trois forts. Le Sr de Gourgues les priaft de l'y mener avec les fiens au travers des bois, ce qu'ils firent volontiers & notre genereux Languedocien faifant reconnaître les places difpofa fes gens à l'affault. Ce fut le Samedy de Quafimodo de l'an 1568 qu'il fit attaquer deux de ces forts. La refiftance des affiegés fut grande, mais le courage de nos François le fuft encore plus, furtout lorfqu'ils virent leur general le fabre à la main efcalader & monter le premier fur un des baftions; cette hardieffe qui furpaffoit tout ce qu'ils avoient fait d'eclatant dans le combat, les fit courir vers luy; ils fe rendent maiftres des deux forts, font main baffe fur tout ce qui leur refifte, font prifonniers ceux qui leur demandent quartier & les Sauvages faifant de meme à l'egard des autres qui penfoient trouver leur fureté dans la fuite, l'on conta fix vingt tués fur la place & 30 refervés pour eftre pendus. Il reftoit encore la fortereffe Caroline à 2 lieuës de là où le Gouverneur etoit avec 300 foldats. Gourgues deux jours après f'y en fut & arriva le matin à la vüe du fort; comme il avoit refolu de donner l'affaut d'un cofté où le foffé etoit fort peu profond, le Gouverneur envoya 60 foldats pour reconnoiftre l'etat des François; 20 de nos foldats leur couperent chemin en forte que ces miferables fe trouverent enveloppés fans qu'il en rechappat un feul, ce qui epouvanta fi fort le Gouverneur qu'il f'enfuit dans les bois avec les fiens dont une grande partie fut arreftée ou tuée par les Sauvages. Le fort reftant ainfy à la difcretion de

Gourgues il le fit demolir & enleva tout le canon & butin & fit pendre aux memes arbres où les François avoient eté attachés touts fes prifonniers, avec un ecriteau derriere le dos où ces mots etoient ecrits, *Je n'ay pas fait pendre ceux-cy comme Efpagnols, mais comme pirates, bandoliers & ecumeurs de mer.* En toute cette expedition il ne perdit que 8 perfonnes & quelques gentilfhommes. Il partit le 3ᵉ may (1) de la Floride & arriva le 6ᵉ juin à la Rochelle & de là à Bordeaux où il fuft receu honorablement de fes amys felon qu'il le meritoit.

Philippe Roy d'Efpagne ne tarda pas d'apprendre cette nouvelle; il en demanda juftice à Charles 9ᵉ. Sa Majefté en fut grandement irritée & ne le menaçoit pas moins que de luy faire trancher la tefte, ce qui l'obligea de f'abfenter pour un temps juques à ce que la colere du Roy fut paffée, & que le temps accommoda fes affaires.

Les Efpagnols fe font peu etablys dans la Floride; ils n'avoient encore que deux places fçavoir celle de Saint-Auguftin dans la riviere de May qui a retenu le nom de Saint-Auguftin, & celle de Saint-Mathieu à 12 lieuës de là, lorfque le chevalier Anglois, François Drac, les fuft piller en 1585. Les Anglois poffedent actuellement cette province qu'ils appellent La Caroline. Mais après ce detour

---

(1) Champlain, que le narrateur a surtout suivi dans ce récit, dit ici : « Son partement fut le 30 de may... »

rentrons en notre route de Canada & fuivons la fans plus prendre le change.

CHAPITRE CINQUIEME

Des entreprifes du Marquis de la Roche, de Chauvin & du Commandeur de la Chate, l'an 1598, 99, 600, 601.

A perte qui fe fit du Sr de Roberval dont on ne put apprendre de nouvelle fut caufe que l'on eût tout à fait oublié le Canada fi le marquis de la Roche Gentilhomme Breton ne fe fût prefenté à Henry 4e pour ce voyage. Auffy Sa Majefté loüa fort fon zelle & l'aida de quelques navires qu'elle luy fit equipper & emprovifionner. Il ne falloit plus que du monde qui voulut demeurer en ce pays-là, mais parce que perfonne ne fe prefentoit, le Roy lui donna pouvoir de prendre dans les Prifons touts les malfaitteurs qui etoient condamnés à la mort ou au Galere. Il amaffa cinquante de ces fortes de gens & prit enfuitte la route du Canada l'an 1598. Chedotel pilote normand etoit celuy qui le menoit & le feul de tout l'equipage qui eut connoiffance de ces contrées. Il aborda l'ifle de Sable dont nous avons parlé dans le chapitre 2; le Sr de la Roche y fit defcendre fes cinquante hommes dans le deffein de les venir chercher au plutot après qu'il auroit reconnu un endroit à la terre ferme où il pût commodement fixer la colonie. Il f'en alla donc dans le deffein de revenir, mais il ne le pût parce qu'à fon retour il fut battu d'un vent tout à fait contraire qui le porta fi avant en mer que fe voyant plus près de la France que de l'ifle de Sable, il f'y en fût dans le deffein de pourfuivre en cour un plus confidérable embarquement. Mais les chofes n'allerent pas comme il penfoit, il fut arrefté prifonnier par M. le duc de Mercœur, & après avoir obtenu fon elargiffement il trouva tant d'oppofition à fes deffeins du Canada, qu'il mourût de deplaifir d'avoir confommé fon bien & fon travail fans en avoir tiré aucun profit.

Pendant tout ce temps, les gens qu'il avoit degradés avoient beau attendre; comme il leur avoit laiffé peu de vivres, ils eurent beaucoup à fouffrir dans cette ifle qui n'a pas plus de 15 lieuës de tour & où il ne croift ny herbe ny arbre tant la terre y eft fterile. Ils trouverent d'abord quelques vaches & pourceaux qui y avoient eté laiffés foit par le baron de Lery, foit par les Portugais qui y avoient tenté un établiffement, mais ces animaux ne leur durerent pas beaucoup, & il fallut qu'ils vecuffent de Poiffon & furtout de Loup marin de la peau duquel ils fe faifoient des veftements après que leurs habits furent ufés. Ils demeurerent de la forte cinq ans dans cette ifle juques à ce que le Roy qui etoit à Roüen ordonna à Chedotel de les aller chercher en allant en Pefche; il n'en trouva que 10 ou 12 (les autres eftoient morts). Il les emmena en France. Sa Majefté les voulut voir & leur fit donner à chacun 50 ecus pour les encourager de retourner.

Cette aventure me donne fujet de fatiffaire certains curieux qui f'informent d'où peuvent venir touts ces Sauvages qui peuploient ce pays au temps qu'on le frequenta. Comme les Sauvages n'en fçavent rien eux-memes, il me femble que je ne puis mieux repondre qu'en difant qu'ils fe font trouvés dans ces terres nouvellement decouvertes d'une de ces deux manieres, ou pour y avoir fait le trajet par les endroits les plus voifins, ou pour y avoir été pouffé par les tempeftes. Le trajet d'une partie du monde à l'autre n'eft pas fi difficile à faire qu'on fe l'imagine furtout aux endroits de la terre qui f'approche le plus. Toute la terre eft prefque enchaifnée et n'eft feparée que par quelques détroits tels que font ceux d'Anian, de Magellan, etc. L'on ne peut pas douter que fi les Ours & les Orignaux les paffent à la nage, à plus forte raifon les hommes les doivent paffer dans des bateaux ou des canots. J'ay deja dit que les Sauvages Efquimaux vont fort avant dans la mer fur les glaces, & qu'ils fe mettent fur l'eau quand ils veulent par le moyen de leur canots qu'ils portent avec eux. Si nous avons connoiſſance que ceux là traverſent les mers, nous pouvons conjecturer qu'on le peut faire vers les autres parties du monde, & qu'ainſy les hommes ſe ſont etendus ſur la terre, mais parce que la communication n'eſt pas aiſée, ceux qui ſe ſont tranſportés en ces nouvelles terres ont eté obligés de ſ'y tenir & d'y vivre miſerablement, parce que la terre n'y produit rien pour le froid, & pour n'avoir pas des inſtruments pour la cultiver. Mais ſi cette raiſon ne vous plait pas, j'auray recours à l'autre, & je vous diray que ces terres inconnües ſe ſont pu habiter par des perſonnes qui y ont eté tranſportées par les tempeſtes.

Tout le monde ſait qu'avant qu'on eut trouvé la Pierre d'aimant & ſceu ſa proprieté de tendre vers le Nord, la navigation etoit fort courte, les plus habiles Pilotes n'oſoient preſque perdre la terre de veüe, & ſi il leur arrivoit d'eſtre portés en pleine mer, ils perdoient leur cartes marines, & ſe laiſſoient aller au gré des vents ſans pouvoir ſe remettre en route, & comme il y a certaines hauteurs où les vents portent toujours à un endroit, ſ'etant trouvés ſur ces hauteurs, ils ont eté conduits à des terres nouvelles où ſe trouvant ſans vivres & ſans etoffe, ſans outils ny inſtruments, la neceſſité les a contraints de chaſſer, peſcher & de ſe veſtir de peaux, & de ſe ſervir de la raiſon & de leur mains pour mettre en uſage le peu qu'ils trouvoient dans ces deſerts; ils n'avoient pas de haches, de couteaux, ils fe fervoient de pierre à fufil qu'ils mettoient au bout d'un baton fendu & bien lié; ils n'avoient point d'alefne pour percer & coudre : les Poiffons & autres animaux leur fourniffoient des os pointus capables de faire ce qu'ils avoient de befoing; ils n'avoient pas de chaudieres pour cuire leur viandes : ils creufoient avec le feu des troncs d'arbres qu'ils poliffoient enfuitte avec leur pierre à fufil, & puis mettoient des roches chaudes pour cuire la viande. Il feroit trop long de faire le denombrement des addreffes avec lefquelles ils agiffoient & agiffent encore touts les jours. Il est vray que touts ces peuples n'ont point de religion & ne connoiffoient point Dieu, mais à confiderer qui font ceux qui navigent on avouera qu'il y en a peu qui fe piquent d'eftre fort favants en matiere de Religion, & que la plufpart ne sçavent pas leur cathechifme & qu'ainfy ces fortes de gens fe trouvant feparés de Preftres & de Religieux ils n'ont pas eu beaucoup de peines à oublier le peu qu'ils avoient appris, & ont oublié infenfiblement à connoitre & à fervir Dieu, fe contentant comme nous voyons que les Sauvages font encore touts les jours de quelques ceremonies pour enterrer leur morts, laver leur enfans fitôt qu'ils font nés, ecarter leur femmes quelques jours après qu'elles ont accouché, de jetter quelques bouts de tabac comme en facrifice pour appaifer l'eau dans les lieux où ils voyent qu'il y a du danger. C'est de la forte qu'avoient agy ces gens dont nous avons parlé qui ont eté degradés dans l'ifle de Sable; fi ils euffent eu des femmes & fe fuffent trouvés feuls en la terre ferme, ils auroient agy comme font nos Sauvages & auroient eté dans la fuitte auffy ignorants qu'eux, furtout leurs defcendants. Mais retournons à notre hiftoire.

Toutes les avances que la Cour avoit fait au Marquis de la Roche n'ayant de rien fervy, puifque ses deffeins avoient echoué dès la première année, le Sr du Pont Gravé de Saint-Malo qui etoit deja venu dans le fleuve Saint-Laurent confeilla au Sr Chauvin, capitaine pour le Roy en marine, Normand très expert en la navigation, de f'offrir de mener du monde en Canada à fes frais fi Sa Majefté luy vouloit accorder la traitte des Pelleteries à l'exclufion de tout autre. Le Roy qui avoit grande confiance en cet entrepreneur (1) qui ne luy demandoit rien donna la commiffion telle qu'il la fouhaitta. Chauvin equippe des vaiffeaux, il embarque plufieurs artifans. Pont-Gravé luy fert de lieutenant; le Sr de Mons eft de la partie & l'accompagne pour voir le Pays; ils partent l'an 1599, ils arrivent à Tadouffac. Chauvin, contre le fentiment de Pontgravé qui avoit eté juques aux Trois Rivieres & qui avoit veu de beaux endroits, y batit une maifon de quatre toifes de long fur trois de large & huit pieds de hauteur qu'il en-

---

(1) C'est aussi le mot qu'emploie Champlain, parlant de Chauvin, pour dire : cet homme d'entreprise.

toura d'une paliffade & d'un petit foffé. Il qualifia cette maifon de fort où il laiffa feize hommes qui etant auffy grands maiftres avec les uns que les autres ne tardèrent pas à manger bientôt leur vivres; auffy fe virent-ils reduits dans une fi grande neceffité pendant l'hyver qu'il en mourut onze & le refte fut contraint de fuivre les Sauvages dans les bois pour vivre avec eux en attendant le retour de Chauvin qui revint en effet le printemps fuivant, 1600, & qui ne fit pas mieux cette fois que l'autre. Il entreprit un troifieme voyage en 1601 qui ne luy fut pas plus heureux puifqu'il fut faify d'une maladie qui l'envoya tenir compagnie à Calvin duquel il fuivoit la deteftable doctrine (1).

Le Sr de Chate, commandeur & gouverneur de Dieppe, bon catholique & grand ferviteur du Roy avoit de grands deffeins, tout vieillard qu'il etoit, fur la Nouvelle France; il defiroit y paffer le refte de fa vie. Sa Majefté luy donna une commiffion & parce que l'entreprife etoit de grande defpence il fit une focieté avec plufieurs Gentilfhommes & principaux Marchands de Roüen qui equipperent des vaiffeaux à leur frais. Ils avoient befoing de perfonnes qui leur pût donner des connoiffances du Canada; le Sr Cham-

---

(1) On voit à cette phrase que l'orthodoxie catholique du narrateur est au-dessus de tout soupçon. Champlain avait écrit plus simplement: «...Il n'y demeura longtemps (en ce troisième voyage) sans eftre saisi de maladie, qui l'envoya en l'autre monde.»

Le Sʳ Champlain va pour la première fois au Canada.

plain qui revenoit des Indes Occidentales où il avoit eté près de deux ans & demy au fervice de Sa Majefté fut choify pour cela. Comme il etoit Geographe du Roy & avoit penfion, il ne voulût pas l'entreprendre sans Ordre de la Cour. Le Sʳ de la Chate l'obtint avec ordre à Pont-Gravé de le recevoir dans fon vaiffeau, de luy faire voir tout ce qui fe peut remarquer en ces lieux & de l'affifter de tout ce qui luy seroit neceffaire. Ils quittent le port de Honfleur en 1603 & arriverent heureufement à Tadouffac où ils prirent des barques de 12 ou 15 tonneaux pour aller vifiter le haut du fleuve. Ils monterent juques au fault Saint-Louys & ne pouvant manier plus loing avec leur bateaux ils se contenterent de f'informer des Sauvages d'où ce grand fleuve prenoit fa fource, quelles nations eftoient plus avant dans les terres. Le Sʳ Champlain en fit un petit difcours avec une carte exacte de tout ce qu'il avoit vû qu'il prefenta à Sa Majefté, ne trouvant plus le Sʳ de la Chate qui etoit mort pendant fon voyage.

1603.

CHAPITRE SIXIEME

Premiere entreprife du fieur de Mons en la Cadie, l'an 1604.

Vous avés pû remarquer que, depuis 100 ans que nos François hantoient le Canada, la colonie etoit auffy avancée comme au premier jour, & que toutes leur entreprifes ont eté vaines juques alors parce qu'il ne fe trouvoit pas affés de perfonnes qui euffent la refolution de fouffrir les fatigues indifpenfables de ces nouveaux etabliffements. Dans la fuitte vous verrés que l'on y travaillera avec plus de ftabilité, & que le Sr de Mons, fecondé de braves officiers, eft celuy qui par fes peines & fes foings luy donne fon origine. Il merite que nous le connoiffions par fes employs & fon extraction.

Il etoit de Xaintonge, marquis du Gua, feigneur de Mons, gentilhomme ordinaire de la chambre du Roy & gouverneur de Pons, toujours tres fidelle à Sa Majefté durant les guerres paffées, quoyque de la Religion pretendue Reformée. Il avoit deja fait un voyage avec Chauvin dans le fleuve Saint-Laurent comme nous avons dit; il n'y avoit reconnu qu'un facheux pays; il defiroit aller plus au fud pour jouir d'un air plus doux & agreable. Le Sr de la Chate etant mort, il fit paroitre son zelle pour etablir la Nouvelle France. Pour cet effect il obtint commiffion du Roy, l'an 1603, à condition d'y etablir la Religion catholique, ou au moins de laiffer vivre chacun felon fa religion. Sa commiffion etoit ample, elle luy donnoit toute la traitte des pelleteries & authorité sur toutes les coftes depuis le 40e degré juques au 46e. Il la fit publier dans les villes maritimes de la France afin de faire fçavoir aux Marchands la deffence que le Roy leur faifoit de negotier avec les Sauvages du Canada, ce qui fit beaucoup de bruit comme vous verrés dans la fuitte. Le Sr de Mons renouvelle la focieté avec les marchands de Roüen, de la Rochelle, de Bordeaux à qui la traitte etoit accordée par la ditte commiffion privativement à touts les fujets de Sa Majefté. Il mene avec luy en deux vaiffeaux bon nombre de gentilfhommes, les Srs Champdoré, Poutrincourt, Dorville, Champlain, &c. & 120, tant laboureurs qu'ouvriers, & part du Havre de Grace le 17e mars 1604. Pont Gravé avoit ordre de paffer à Canfeaux & d'aller le long de la cofte vers l'ifle du Cap Breton pour voir fi il n'y avoit point de navire qui contrevint aux ordres de Sa Majefté. Le vaiffeau du Sr de Mons arriva le 6e may en un certain port de la Cadie où fe trouva le capitaine Roffignol qui trafiquoit avec les Sauvages;

1604.

ses marchandises furent confisquées & ce port a retenu le nom de Rossignol. Le Sr de Mons costoyoit les terres pour les reconnoistre, & arrivant qu'un mouton tomba à l'eau & que la mer le rejetta proche du navire, il appella ce port le Port au Mouton. Tout cela se faisoit en attendant Pont Gravé qui vint un mois après donner les vivres dont il etoit chargé pour ceux qui devoient hyverner à la Cadie & qui fut ensuitte faire la traitte dans le fleuve Saint-Laurent.

Le Sr de Mons continuant de reconnoistre les costes entra dans la grande baye Françoise & de là dans un des beaux ports qui sont en toutes ces costes, capable de contenir un grand nombre de vaisseaux en seureté. Son entrée a deux montagnes des 2 costés; elle est large de 800 pas & profonde de 25 brasses; elle a deux lieuës de long & une de large à son extremité; ce lieu fut appellé Port Royal. Le Sr Poitrincourt (1) le demanda au Sr de Mons dans le dessein de s'y retirer un jour avec sa famille, ce qu'il luy accorda. Dans ce Port Royal descendent trois Rivières; l'une qui tire vers l'est & qui est large d'un quart de lieuë en son entrée où il y a une isle, fut appellée l'Equille, d'un petit poisson grand comme un Esplan qui s'y pesche en quantité; la marée monte dans cette riviere 14 ou

Port Royal.

---

(1) Notre auteur écrit tantôt Poutrincourt et tantôt Poitrincourt ou même Pointrincourt.

15 lieuës & ne peut pas porter bateau plus haut. Dedans le Port Royal il y a une autre isle, distante de la 1re près de deux lieuës où il y a une autre petite riviere qui va assés avant dans les terres, nommée Saint-Anthoine. La 3e Riviere n'est qu'un petit Ruisseau remply de roches qui a peu d'eau. Le Port Royal est par la hauteur de 45 degrés. Ce lieu etoit agreable & seur pour les vaisseaux. Cependant le Sr de Mons en sortit pour visiter encore quelques costes, mais parcequ'il falloit s'arrester pour hyverner, il choisit une isle à l'embouchure de la Riviere des Etechemins qu'il appella Sainte-Croix; il en fit abattre le bois & y dresser quelques maisons, une pour luy, une autre pour les gentilshommes qui l'accompagnoient & une troisieme pour un magazin, qu'il fit entourer d'une palissade en maniere de fort. Cette place etoit avantageuse pour sa situation; elle le rendoit maistre du haut & du bas de la riviere, mais elle etoit d'un autre costé fort incommode, soit pour l'eau salée, soit pour les grands vents de Nord & de Nordouest aux quels elle etoit exposée, soit pour la peine continuelle qu'il y avoit de traverser l'eau pour aller à terre. Ses gens & ses ouvriers ressentirent surtout ces incommodités, car outre qu'ils etoient miserables pour le froid, veu qu'ils n'etoient pas logés, ils l'étoient encore pour les vivres; aussy ne furent-ils pas là longtemps sans etre attaqués du scorbut dont il en mourust trente six. L'hyver qui ne se

paſſa qu'en maladie ennuya fort le Sr de Mons. Le Printemps venu, il ſe mit dans une barque pour voir ſ'il ne trouveroit pas une place vers le ſud plus commode & moins froide. Enfin, après avoir bien couru le long de la mer, il revint en ſon poſte attendre Pont Gravé qui luy amena 40 hommes & les rafraichiſſements qu'il luy avoit demandé, mais ne voulant pas continuer l'habitation en cette iſle dont il etoit mecontent, il reſolut plutot de l'aller faire au Port Royal. Ce fut à l'entrée de la Riviere de l'Equille vis à vis de la premiere iſle qu'il fixa la demeure. Cette reſolution priſe, il fallut abattre le bois, demolir & tranſporter ce que l'on put des maiſons que l'on avoit fait à l'iſle Sainte-Croix, en batir de nouvelles afin de ſe loger & ſerrer les marchandiſes, ce qui dura juques au mois de ſeptembre, qu'il ſ'embarqua pour retourner en France deffendre le droit de traitte que Sa Majeſté lui avoit accordé, contre les capitaines bretons & baſques qui faiſoient grand bruit de ce qu'on les empeſchoit de faire peſche à la Cadie & de ce qu'on les avoit pillés par ordre du Sr de Mons. Ces mécontents qui etoient ſoutenus par des principaux de la cour firent ſi bien qu'ils detournerent la bonne volonté du Roy à l'egard du Sr de Mons, & il etoit ſappé ſ'il ne fut venu luy même plaider ſa cauſe. Le Roy l'écouta & luy confirma ſes droits pour la traitte, l'an 1605. Cette faveur du Roy anima le Sr de Mons & ſes aſſociés à poursuivre leur entreprises. Ils equippent un vaisseau, lequel perit aux portes de la Rochelle par la tempeste; ils en mettent un autre aussitôt en mer & le firent partir l'onzieme May 1606. Le Sr Poutrincourt repassa dedans avec le S^r L'Escarbot (1), avocat au Parlement, qui ecrivit l'histoire du Canada en 1609. Le Sr Poutrincourt qui passoit en qualité de lieutenant du Sr de Mons, arrivant au Port Royal le 27e Juillet, n'y trouva que deux hommes; comme il se doubtoit de la chose il avoit fait aller une chalouppe le long des Isles pour venir depuis Campseau le long de la coste juques au Port Royal; les gens de cette chalouppe rencontrerent heureusement le Sr de Pont Gravé qui avoit quitté le Port Royal pour chercher passage pour la France. Il revint sur cette nouvelle qu'ils luy donnerent & un mois après il se servit de ce navire pour retourner en France.

Après son depart le sieur Poitrincourt qui n'etoit pas d'humeur à se tenir en repos, se mit dans une barque avec les Srs Champlain, Champdoré, le fils du Sr du Pont, & son fils Biencourt, afin de trouver un endroit plus commode que le Port Royal pour y habiter. Le Sr Champdoré qui avoit pension pour les voyages de mer conduisoit la barque; le Sr Cham-

---

(1) C'est Marc Lescarbot, auteur de la première « Histoire de la Nouvelle France », publiée à Paris, chez Adrian Perier, rue Saint-Jacques, au Compas d'or.

plain, geographe, en faifant la vifite de toutes les coftes, en fit auffy une carte tres exacte depuis Malebarre, 41 degré, juques à Canfeau, 45 & quelques minutes; ils furent en ce voyage juques au 14ᵉ novembre. L'hyver fe paffa affés heureufement, mais les nouvelles du printemps ne repondirent pas au zelle que le Sʳ Poutrincourt avoit de voir un jour une belle colonie en ces quartiers; elles luy apprirent que les Hollandois conduits par un François nommé La Jeuneffe avoient pillé l'habitation de Tadouffac, que la permiffion de la traitte donnée pour dix ans etoit revoquée, que le navire qu'il attendoit f'arretoit à Campfeau pour y faire pefche & qu'enfin la Compagnie des marchands etoit rompüe, & qu'il eut à tout quitter. Il n'en falut pas davantage pour luy faire plier bagage. Il envoya au navire tout ce qui etoit dans l'habitation & après avoir amaffé quelques grains qu'il avoit femé fur terre, il fe rangea à Campfeau qui eft un port entre fept ou huit ifles où les navires font à l'abry des vents; ces ifles font dans une baye profonde de dix neuf lieuës & large de 6 à 7 lieuës. Il en partit le 3ᵉ feptembre & à fon retour faluant Sa Majefté, il luy prefenta le froment, faigle, orge & avoine qu'il avoit receuilly au Port Royal, ce qui donna fujet au Roy de luy confirmer le privilege de la traitte fur les terres qui luy avoient eté données par le Sʳ de Mons au Port Royal.

CHAPITRE SEPTIEME

Deuxieme entreprife du fieur de Mons dans le fleuve Saint-Laurent, l'an 1608.

Es deffeins du Sr de Mons fur la Cadie eftant rompus parce que le Roy luy ota les moyens de les foutenir en luy revoquant le privilège de la traitte, il prefenta requefte au Confeil de Sa Majefté pour eftre recompenfé de cent mille livres & plus qu'il avoit depenfé depuis trois ans dans la Cadie. Le Confeil eut peu d'egard à fa demande & fe contenta de lui donner à prendre fix mille livres fur les vaiffeaux qui iroient à la traitte des Pelleteries; mais comme c'etoit une chofe impoffible de faire payer plus de 80 vaiffeaux qui frequentoient les coftes du Canada, il fut obligé de laiffer l'arreft fans le faire executer.

Il jetta fes penfées ailleurs. Le Sr de Champlain qui avoit connoiffance du grand fleuve Saint-Laurent par le voyage qu'il y avoit fait, luy confeilla d'y entreprendre plutot une habitation que non pas dans la Cadie qui eft expofée à touts allants & venants. Il le crût & en parla à Sa Majefté qui luy donna commiffion & privilege pour un an d'y faire seul la traitte. Il equippa 2 vaisseaux & mit le Sr de Champlain dans l'un en qualité de son lieutenant & Pontgravé dans l'autre avec toutes les choses nécessaires & propres à une habitation. Ils partirent de Honfleur l'an 1608. Pontgravé resta à Tadoussac & le Sr Champlain monta & s'arresta à ce cap que les Sauvages Gaspesiens appeloient Quebec (du mot de K8ibeck qui veut dire un detroit accause que la riviere se retrecit en cet endroit) pour y fixer l'habitation, y etant attiré par la beauté d'un grand bassin d'une lieuë & demie qui se fait en cet endroit & par la commodité du port où le mouillage est bon, & les Rivieres qui y descendent l'une du sud-ouest qui est la grande, & l'autre du nord-ouest qui est la riviere Saint-Charles. La separation du fleuve qui se fait par l'isle d'Orleans rend encore cette veüe plus agreable. Le Sr de Champlain ne tarda pas à faire abattre le bois & defricher quelque terre pour y faire une maison & quelque jardinage. Il fit le magazin au pied de la coste & vers le milieu il dressa un petit fort pour se deffendre s'il etoit attaqué des Sauvages, où il hyverna avec 28 hommes qui furent travaillés grandement du scorbut, dont il en mourut vingt. Le Sr Pontgravé qui luy amena dès le printemps du monde & des rafraichissements luy donna occasion de monter en guerre, avec les Algomquins, Hurons, Montagnets & autres Sauvages, contre les Iroquois. Ils le menerent par la rivière qui va à Chambly & de là dans le lac par

1608

1609

où on va aux Anglois. Le Sr Champlain donna son nom à ce lac, qu'il a toujours retenu depuis. Ce fut là où ils rencontrerent les Iroquois & que les uns & les autres commencerent à s'envoyer grand nombre de fleches. Le Sr Champlain qui avoit des armes à feu les tire & tue trois chefs des Ennemys. Le bruit de ces fufils & la promptitude avec laquelle partoient les balles etonnerent tellement les Iroquois qu'ils s'en fuirent, n'ayant jamais ouy chofe pareille. Ils laifferent 10 ou 12 prifonniers à nos Sauvages, qui retournerent bien contents par le meme chemin par où ils etoient venus. Et parce que l'on parle fouvent de ce chemin des Anglois, je le fpecifieray en paffant afin de faire voir la diftance qu'il y a de chés nous chés eux. De Quebec à Sorel il y a quarante deux lieuës; de Sorel à Chambly 18 lieuës; de Chambly au commencement du lac huit lieuës; là eft la Rivière du Sud; le lac a 40 lieuës de long & trois de large; à cofté eft le lac du Saint-Sacrement: il n'y a qu'une demie lieuë de portage à faire pour y entrer; du lac Champlain à Orange, 1re ville avancée des Anglois il y a 40 lieuës; pour faire ces 40 lieuës il y a 2 portages: le 1er n'eft que 8 arpents & puis on fe met en canot & on defcend 20 lieuës une riviere que l'on appelle du Chicot; le 2^d portage eft de 4 ou 5 lieuës, après lequel on fe met fur une autre riviere qui defcend à Orange, où il y a 14 lieuës, & ainfy des 1res habitations des François aux 1res habitations des Anglois il n'y a pas plus de

80 lieuës. Les Iroquois logent au dela des montagnes qu'on voit dans le lac Champlain, où ils ont de bonnes vallées pour faire leur bled d'Inde. Mais pourſuivons notre hiſtoire.

Le Sʳ Champlain recevant nouvelle du Sʳ de Mons que la conceſſion etoit revoquée une ſeconde fois repaſſa en France après avoir mis les ordres neceſſaires au fort de Quebec, qui appartenoit au Sʳ de Mons. Les PP. Jeſuittes qui ſ'informerent du Sʳ Champlain de l'etat de cette habitation & du profit ſpirituel & temporel qu'il y auroit à faire eurent quelque deſir de l'achepter. Le P. Coton qui agiſſoit en Cour pour ſon Ordre menageoit cette affaire. Il faiſoit agir Madame Guercheville, femme de Mʳ de Liencourt, 1ᵉʳ eſquier du Roy & Gouverneur de Paris, grandement portée pour les intereſts de la Compagnie de Jeſus, comme vous remarqueres dans la ſuitte. Cette dame propoſa au Sʳ de Mons de vendre ſon habitation de Quebec. Il y conſentit & la laiſſa à trois mille ſix cents livres. La ſomme etoit petite; cependant le P. Coton qui ne vouloit pas qu'il luy en coutaſt tant & qui jettoit ſes veües ſur la Cadie comme nous dirons incontinent echappa cette occaſion qui eut beaucoup profité à ſon ordre.

Le Sʳ de Mons bien informé par le Sʳ de Champlain des avantages que l'on pouvoit eſperer de l'habitation de Quebec & porté d'affection de la pouſſer à quelque prix que ce ſoit, fit ce qu'il pût pour avoir de nouvelles commiſſions, mais n'en pouvant venir à bout il s'affocia avec quelques marchands de la Rochelle & l'entreprit à fes frais & depens. Il mit en mer 2 vaiffeaux avec nombre d'ouvriers & de laboureurs, que conduifirent les Srs de Champlain & de Pontgravé, l'an 1610. Le Sr de Champlain affifta à fon retour nos Sauvages Algomquins contre un party de cent Iroquois qui leur venoient faire guerre. Ces Iroquois s'étoient barricadés dans une efpece de fort; ils y furent forcés, il y en eut beaucoup de tués, & le refte prit la fuite toujours fort étonnés d'entendre tirer nos fufils & arquebufes.

Les Hurons demanderent par grace d'emmener un de nos François dans leur pays. Le Sr Champlain le leur accorda à condition qu'ils luy laifferoient un Huron. Les Hurons defcendirent l'année fuivante au nombre de deux cents & remmenerent le François. Le Sr de Champlain qui les attendoit vers le fault de Saint-Louys leur temoigna beaucoup de careffe & leur promit qu'il iroit les voir à fon tour. Ce ne fut pas cependant cette année puifqu'il repaffa en France pour fe plaindre de ce qu'il venoit de toutes parts des navires dans le grand fleuve Saint-Laurent qui enlevoient toutes les Pelleteries, fans qu'ils fiffent aucune depenfe dans le pays. Le Sr Champlain etant de retour en France fut trouver le Sr de Mons à Pons en Xaintonge, dont il etoit gouverneur, à qui il raconta tout ce qui fe paffoit en Canada, & le remede qu'il pouvoit apporter pour empefcher les vaiffeaux d'y aller traitter. Le Sr de Mons à qui fes affaires ne permettoient pas d'aller en cour fait entrer le Sr Champlain dans la fociété, & luy donne fa procuration pour agir en cour. Le Sr de Champlain prefente fes memoires au Confeil du Roy & demande la protection de M^r le comte de Soiffons qui voulut bien la luy promettre fous le bon plaifir du Roy. Il luy donna commiffion d'agir pour luy en ces quartiers en qualité de fon lieutenant, & d'empefcher de traitter touts ceux qui n'auroient pas la permiffion de Sa Majefté. Mais M^r le comte de Soiffons venant à mourir peu de mois après, il demanda la protection de M^r le prince de Condé qui ne la luy refufa pas & le fit pareillement fon lieutenant en Canada. Honoré de cette qualité il entreprit une 4e navigation pour la Nouvelle France, l'an 1613, où il arriva le 7e May & après avoir rafraifchy fes foldats il entreprit un long voyage dedans les terres pour chercher la mer du Nord qu'un certain Nicolas Vignau qu'il avoit envoyé aux defcouvertes les années precedentes affuroit avoir vû; il ne la put trouver, & il crût ce Vignau un impofteur. Cependant l'on a trouvé dans la fuitte cette mer du Nord où l'on va touts les ans par dans les terres (1). Le Sr Champlain après fon retour repaffa en France où il fit imprimer fes

---

(1) La « mer du Nord » fut en effet le nom donné par les Français du Canada à la grande baie connue aujourd'hui sous le nom de Baie d'Hudson.

voyages donnant au public des cartes des terres qu'il avoit penetré & decouvert dans le Canada.

CHAPITRE HUITIEME

Du sieur de Poitrincourt & des PP. Jesuittes en l'Acadie, l'an 1611.

1607.

Nous avons vû ce que le Sr de Mons a fait par ses soings dans la nouvelle France septentrionnalle. Je reviens à la meridionnalle qui est la Cadie pour voir ce qui s'y est passé. Le Sr de Poitrincourt avoit le Port Royal en propre avec ratification de la Cour à condition qu'il y demeureroit & meneroit des familles. Les frais à faire etoient grands pour un simple gentilhomme; il y envoya cependant son fils Biencourt encore jeune, avec nombre d'hommes pour travailler à la terre. Il s'etoit accommodé avec des marchands Rochelois & Basques pour luy fournir des marchandises de traitte, qu'il payoit par les Pelleteries qui en revenoient. Le P. Coton, agent en Cour de France pour la compagnie de Jesus, voyant que le Roy avoit revoqué la commission & le privilege des traittes de la Cadie au Sr de Mons, representa à Sa Majesté la necessité qu'il y avoit d'y fonder une mission de Sauvages. Henry 4e, naturellement libéral, donna volontiers les mains à un fi faint ouvrage & promit deux mille livres de penfion annuelle. Le P. Biard, Jefuitte, fe tranfporta à Bordeaux en 1608 dans le deffein de paffer en la Cadie. Sans apprendre nouvelle de l'embarquement, le Sr Poitrincourt arriva à Paris en 1609. Le P. Coton en avertit le Roy qui fe facha de ce qu'il n'etoit pas à la Cadie. Il f'equippe pour contenter Sa Majefté. Le P. Coton luy prefente des Religieux, il les remet à l'année fuivante, luy promettant qu'auffitoft qu'il feroit arrivé au Port Royal il renvoyeroit fon fils avec lequel ils viendroient. Le Sr Poitrincourt part fur la fin de Fevrier de 1610; il arrive au commencement de Juin & affemblant autant de Sauvages qu'il pût il en fit inftruire & baptifer 25 le jour de Saint-Jean Baptifte par Jofué Fleche (1), Preftre, furnommé le Patriarche : c'eft de la forte que les Sauvages nomment encore aujourd'huy les miffionnaires. Il ne tarda pas de renvoyer fon fils porter les bonnes nouvelles du baptême de ces Sauvages.

Le Sr Biencourt (2) arrivant en France apprit que Henry le Grand avoit eté affaffiné par Ravaillac le

1608.

1609.

1610.

Les Sauvages nomment encor aujourd'hu les miffionnaires Huck.

---

(1) Lescarbot dit: « Meffire Jeffé Fleché, Prétre du diocèfe de Langres, homme de bonne vie et de bonnes lettres, envoyé par Monfieur le Nonce Robert Vbaldin, quoy qu'à mon avis la miffion d'un Evéque de France euft bien été auffi bonne que de lui qui eft Evéque étranger.»

(2) C'est le nom sous lequel était connu le fils aîné de Poutrincourt.

14ᵉ May. Il f'adreffa à la Reine Regente Marie de Medicis à qui il raconta par ordre ce qui f'etoit paffé à la Cadie. Les PP. Jefuittes fe prefenterent & remontrerent que le deffunct Roy leur avoit promis une penfion de deux mille francs pour faire une miffion en la Cadie; la Reine regente y confentit volontiers; les PP. Pierre Biard & Edmond (1) Maffé reçoivent quantité de riches ornements que leur donnerent les dames de Guercheville & de Sourdis, & vont à Dieppe où fe faifoit l'embarquement. Ils fe prefentent pour avoir place dans un des deux vaiffeaux qui fe preparoient. Les bourgeois à qui appartenoient les navires & qui etoient de focieté avec le Sʳ de Poitrincourt apprenants le fujet de leur venüe f'oppofent à leur demandes, difant comme beaucoup d'autres que le Parricide du Roy etoit encore trop nouveau (2), qu'ils n'avoient garde de donner paffage à des gens qui f'empareroient auffitôt de l'authorité, du profit & de toutes les terres de la Cadie. Il fe fait de cela un grand bruit à Dieppe pendant que les PP. Jefuittes employoient leur meilleurs & plus puiffants amys pour flechir ces marchands, mais ils n'y

---

(1) Lescarbot écrit : « Evemond ». Ailleurs on lit « Enemond ».

(2) On sait que l'assassinat de Henri IV fut l'occasion d'un vif mouvement d'opinion contre les Jésuites, soupçonnés d'avoir inspiré l'attentat commis par un de leurs anciens élèves.

gagnerent rien & furent obligés de se retirer à leur college d'Eu. Ils en ecrivent à leur Provincial. La Reine regente ne tarda pas d'en eftre informée. Les marchands avoient leur patrons en cour à qui ils eurent recours; ils s'offroient de paffer quelque forte de Religieux que ce fut, pourvû qu'ils ne fuffent pas Jefuittes (1), que fi c'etoit la volonté du Roy qu'ils paffaffent, qu'il plût à Sa Majefté de les rembourfer de 2000 ecus pour leur navires. Ce fut le biais que l'on prit. Madame de Guercheville fit une quefte en Cour qui fervit à payer les deux mille ecus; elle employa de plus une groffe fomme d'argent en marchandife, & puis fit un contract d'affociation avec les Srs Robin & de Biencourt, par lequel il fut arrefté que le profit des Pelleteries & des Pefches ne retourneroit plus à ces marchands affociés que l'on venoit de rembourcer, mais fe partageroit entre les PP. Jefuittes & les Srs Robin & de Biencourt. C'eft ce contract d'affociation qui fit tant de bruit, de plaintes & de crieries contre les PP. Jefuittes, au dedans & au dehors la France, qui cependant ne recherchoient en cela comme en toute autre chose que la plus grande gloire de Dieu (2).

(1) « Offrans, écrit Lescarbot, recevoir toutes autres fortes d'ordres, Capucins, Cordeliers, Recollets, etc. mais non les Jefuites, finon que la Royne les voulût tous enfemble envoyer pardela. »

(2) C'est le *granum salis* de l'ironie, fourni par la devise

1611.

Les PP. Pierre Byard & Edmond Massé s'embarquent l'onzieme Janvier 1611 bien munys d'argent & de denrées, & bien leur en prit, parceque le navire ayant aresté & sejourné en plusieurs endroits, le Sr de Biencourt & autres auroient été dans de grandes necessités s'ils n'eussent été soulagés des PP. Jesuittes. Ils arriverent au Port Royal le 12 Juin de la meme année, le jour de la Pentecoste. Le Sr de Poitrincourt qui parmy les risques & les grandes depenses de ses entreprises avoit eu la consolation de faire ce qu'il jugeoit apropos pour l'etablissement de la colonie fut bien surpris, après avoir eu quelque temps ces hostes spirituels, de se voir sans liberté & avec des censeurs qui l'epluchoient depuis les pieds juques à la teste. Ce fut aussytot une grosse querelle entr'eux & luy : il ne put supporter ces manieres d'agir, il passe en France & laisse son fils en sa place avec 20 personnes, qui s'accorda encore moins avec les Peres.

Le Sr de Poitrincourt arriva sur la fin d'Aoust ; il fit ses plaintes à la Reine regente qui ne l'ecouta point. Il etoit embarassé parce qu'il se voyoit epuisé par les frais & les pertes qu'il avoit fait, & incapable de refoncer (1) de nouveau. Les PP.

bien connue que les Jésuites ont adoptée, mais qu'ils ont jusqu'à présent si mal réalisée.

(1) C'est-à-dire : de fournir de nouveaux fonds. Le Dictionnaire de Littré qui donne, ainsi que celui de l'Académie, le

Jefuittes voyoient l'etat auquel il etoit reduit; ils luy firent parler par leur creatures qui luy confeillerent de f'accorder avec eux. Il fallut faire de neceffité vertu; les voila bons amys en apparance. Ils luy perfuadent de f'affocier avec Mme de Guercheville entre les mains de laquelle ils avoient mis mille ecus deftinés pour la Cadie; il donne dans le Panneau; le contract d'affociation fe paffe avec la ditte dame authorifée de Mr de Liencourt fon mary par lequel il fut arrefté qu'elle donneroit mille ecus pour la carguaifon d'un vaiffeau, moyennant quoy elle entreroit en partage des Pelleteries, & des terres du Sr de Poitrincourt. Le Sr Poitrincourt qui f'attribuoit toute la Cadie ne vouloit point que Port Royal fut compris dans ce contract. Madame de Guercheville luy demanda fes tiltres; il f'en excufa difant qu'ils etoient reftés en la nouvelle France. Cette dame fe meffiant qu'il n'en avoit point, demande au Roy les terres depuis la Floride juques au grand fleuve de Saint-Laurent: elles les obtient excepté le Port Royal qu'elle ne luy pouvoit oter. Elle fit equipper un vaiffeau à Dieppe qui partit au fort de l'hyver le 31 Decembre, où elle met le P. Gilbert du Thet, jefuitte, pour avoir foing de fes interets. Le Sr de Pointrincourt

---

terme « foncer » dans le sens de : fournir des fonds, de l'argent, ne donne pas « refoncer », qui pourtant, comme on le voit par cette phrase de notre auteur, s'est dit au XVIIe siècle.

penfoit etre du voyage, mais il fut retenu en France. Tout ce qu'il put faire ce fuſt d'envoyer Imber Sandrier (1) un de ſes domeſtiques duquel les Peres firent de grandes plaintes.

1612.
Le P. du Thet à ſon arrivée au Port Royal qui fut le 23 janvier 1612 y trouva de grandes brouilleries, & prenant hautement les intereſts de ſes confreres il excommunia le Sr de Biencourt commandant dans la Cadie & interdit la communion à tout le reſte des François qui le reconnoiſſoient. Ce procedé etoit violent & pouvoit faire du bruit; auſſy devant retourner par le meme vaiſſeau qui l'avoit emmené, il ne voulut pas ſ'embarquer qu'il n'eut fait une paix fourrée & plaſtré un accomodement tel quel. Le P. du Thet etant donc de retour en France, il n'y eut moyen qu'il n'employa pour exclure le Sr de Pointrincourt du Port Royal, ſoit en allant trouver ſes creanciers afin qu'ils euſſent à ſe faire payer au plutôt, ſoit en faiſant agir en Cour la Marquiſe de Guercheville & autres perſonnes puiſſantes & affidées. Mais n'en pouvant venir à bout ſi tôt, il brouilla tellement les affaires & retarda ſi longtemps l'embarquement qu'il fit en ſorte que le ſecours dont la colonie ne pouvoit ſe paſſer, ne pût arriver à temps, ce qui obligea nos François de la Cadie qui n'avoient ny vivres ny veſtements à eſperer pour paſſer l'hyver, de ſ'en aller chacun

---

(1) Lescarbot l'appelle Simon Imbert.

où bon luy fembloit. Les uns fuivirent les Sauvages dans le bois afin de fe nourrir de chaffe avec eux, les autres vinrent chercher paffage à Campfeau où il y avoit des vaiffeaux pefcheurs. Le P. du Thet qui vit que les chofes avoient eté félon fon gré ne perdit point de temps, quand le printemps fut venu, à s'apprefter pour la miffion de la Cadie; il obtint de la Reine regente quatre tentes royales, nombre de canons & d'armes avec quantité de poudres & autres munitions. La Saulfaye etoit fon lieutenant qui menoit 25 perfonnes pour refter en la Cadie. Le P. du Thet fe rend à Honfleur avec toute fa fuitte, où il frette un vaiffeau de cent tonneaux dont l'équipage etoit de 38 matelots; il fait lever l'anchre le 12ᵉ mars de 1613 & arrive le 16 may à la Heve (1) qui eft un des ports de la Cadie dont il prift poffeffion en pofant les armes de Madame de Guercheville; de là il alla au Port Royal où il ne trouva que cinq perfonnes, fçavoir les deux Peres, deux hommes pour les fervir, & Hebert, apothicaire (2), qui tenoit la place du Sʳ de Biencourt qui etoit allé comme touts les autres chercher au loing de quoy vivre. Le P. du Thet fit embarquer les deux Peres & les deux ferviteurs avec tout leur bagage, & laiffant quelques vivres au dit Hebert, il leva l'ancre

(1) La Hève.
(2) C'est l'un des principaux ancêtres de la nationalité canadienne et l'un de ceux qui ont laissé le plus de descendants en Amérique.

du Port Royal pour l'aller mouiller à l'entrée de la Riviere de Pemetegouet (1) au cofté de l'eft de l'ifle des Monts Deferts où les Peres defcendirent pour dreffer une croix & leur tentes. Ils appellèrent ce lieu qui eft au 44ᵉ degré & un tiers de latitude, Saint-Sauveur.

Là, à peine commençoient-ils à f'accommoder & deferter (2) le lieu qu'un navire anglois furvint qui leur donna bien d'autre befoigne. Ce vaiffeau avoit été furpris de brume & jetté à la cofte à 16 lieuës de Pemetegouet en un endroit où les Anglois viennent ordinairement pefcher. Ceux-cy apprennent des Sauvages qu'il y avoit des François & des Robes noires à Saint-Sauveur. Argal qui commendoit f'informa de leur forces & après en avoir eu une reponfe conforme à fes defirs, il fait difpofer 14 pieces de canons et 60 foldats qu'il avoit dans fon bord & vient à pleine voile vers le vaiffeau de la Compagnie de Jefus. Nos François qui reconnurent que ce navire etoit Anglois accoururent auffitôt à bord. La Saulfaye n'étoit point là avec la plufpart de fes gens. Le P. du Thet les anima à bien combattre et cha-

---

(1) Ou Pentagoët, comme on écrit ordinairement.

(2) « Deserter », ou mieux « desserter », signifie : essarter, défricher. Littré, au mot « essarter », indique seulement « esserter » comme forme provinciale ou dialecticale du mot. Il ne fait pas mention de « desserter », qui s'est dit aussi au XVIIᵉ siècle, comme on le voit par cet exemple, et qui se dit encore couramment au Canada.

cun se met en disposition de se bien deffendre; il se fit quelque combat pendant lequel le P. du Thet & trois autres hommes furent tués & quelques-uns de blessés. Nos François n'etoient pas capables de resister; ils se rendirent tous à l'exception de quatre qui se sauvèrent du vaisseau à terre. Argal, après s'être rendu maistre du vaisseau, en partagea le butin et l'emmena en Virginie avec 15 ou 16 des principaux François, du nombre desquels etoient les deux PP. Jesuittes et le Sr de la Mothe Vilin officier subalterne de la Saulsaye & envoya le reste chercher Passage dans les navires anglois. Le Gouverneur de la Virginie, nommé Marechal, renvoya Argal avec trois vaisseaux sur ses pas afin de razer les habitations & forts qu'ils trouveroient juques au 46e degré, pretendant que toutes ces terres appartenoient au Roy d'Angleterre. Argal mena avec luy ses prisonniers afin qu'ils luy enseignassent les endroits; il retourna d'abord à Saint-Sauveur où il croyoit trouver La Saulsaye & un navire nouvellement arrivé, mais il apprit qu'il etoit party pour France; il renversa la croix que les Peres avoient plantée & il mist une colonne à la place où il ecrivit le nom du Roy de la Grande Bretagne pour lequel il prenoit possession de ce lieu. De là il fut à l'isle Sainte-Croix où il acheva de ruiner les batiments qui y restoient, & entrant ensuitte au Port Royal, il se fit mener à l'habitation où il ne trouva personne, ceux qui y etoient s'etant enfuy dans les bois; il la pilla & brusla,

& enfuitte ramena fes prifonniers en Virginie d'où ils pafferent en Angleterre & de là en France.

1614. Le Sr de Poitrincourt vint l'année fuivante 1614 au Port Royal où ne trouvant plus de batiments, il ne manqua pas d'imputer ce dommage fait par les Anglois à la temerité des PP. Jesuittes; il renonça à touts les deffeins qu'il avoit pour l'etabliffement de la colonie & repaffa en France où quelque temps après il fut tué au fervice du Roy. Madame de Guercheville ayant avis de tout cecy envoya La Saulfaye à Londres pour demander le navire qui y etoit arrivé; ce fut tout ce qu'il put obtenir pour lors.

CHAPITRE NEUFIEME

Du cinquieme voyage du fieur de Champlain & de la miffion des Pères Recollects dans le grand fleuve de Saint-Laurent, l'an 1615.

E Sr de Champlain, pour contenter les marchands Normands, Malouins et Rochelois qui vouloient avoir la liberté de traitter des Pelleteries dans le grand fleuve, leur propofa le bien & l'utilité qu'apporteroit une Compagnie bien reglée & appuyée de l'authorité de M^r le Prince Viceroy de Canada. Ceux de Normandie & de Saint-Malo se trouverent en Cour où ils lierent ensemble une société pour onze ans. M^r le Prince & Sa Majesté la ratifierent. Ceux de la Rochelle en furent exclus vû qu'ils ne tinrent pas comte d'assister à l'assemblée qui se tint pour cela, ny mème d'en parler après un certain temps qu'on leur avoit donné pour s'adviser.

Le meme Sr de Champlain representa aussy la necessité d'avoir de fervents & desinteressés missionnaires soit pour les François, soit pour les Sauvages du Canada. Il en communiqua à quelques uns de ses amys & entr'autres au Sr Hoüel (1) secretaire du Roy & controlleur general des salines de Brouages. Cet homme qui etoit devot & très zellé pour la Religion catholique luy dit qu'il avoit assés d'accés auprès des PP. Recollects, & qu'il s'appuyoit si fort sur leur vertu qu'il esperoit qu'ils ne refuseroient pas ce saint employ. Il en ecrivit en Xaintonge au R. P. Bernard du Verger, Religieux très recommandable dans la province de l'Immaculée Conception (2) lequel envoya pour ce sujet deux

---

(1) C'est de lui que la rivière d'Houel ou d'Ouelle au Canada a pris son nom.

(2) Les Pères Récollets donnaient ce nom à leur province de la Touraine pictavienne, qui comprenait la Touraine, le Poitou et la Saintonge, dont ressortissait le couvent de Brouage. La France avait été ainsi divisée par eux en diverses provinces : celle de Saint-Denis ou de France, la

de fes Religieux à Paris. Ils demanderent cette miſ-
fion à M^r le nonce du Pape Paul 5e; mais parce
que fon Pouvoir ne f'etendoit pas juques là, il leur
dit qu'il falloit qu'ils en ecriviſſent au procureur
general de l'ordre afin de l'obtenir de Sa Sainteté.
Ces Religieux, voyant encore quantité d'autres difficultés pour l'execution de cette miſſion, retournerent dans leur couvent de Brouages (1), remettant
la choſe à une autre année. Cependant le Sr Hoüel
qui avoit toujours à cœur cette miſſion & qui pour
la pouſſer plus fortement f'etoit aſſocié dans la Compagnie du Canada, alla quelques mois après en
parler au R. P. Jaques Garnier de Chapouin, premier provincial des Recollects de la province Saint-
Denys, lequel etoit de retour de fes viſites dans le
couvent de Paris. Il l'entretint du grand nombre
d'ames qu'il y avoit à gagner à Dieu dans ces nouveaux Pays f'il vouloit envoyer quelques uns de fes
Religieux.

province d'Artois, la province d'Aquitaine, la province de Bretagne, etc. Il y avait parfois quelque rivalité entre ces diverses provinces conventuelles, comme on le verra par certaines pièces de l'Appendice.

(1) «Un assez beau couvent», au dire du Fr. Gabriel Sagard, Récollet, qui le visita en 1624, en se rendant lui-même au Canada. (Voir son *Grand Voyage au pays des Hurons*, p. 13.) Aujourd'hui il ne reste de ce couvent que des ruines, comme d'ailleurs de la plus grande partie de l'ancienne ville de Brouage, qui n'est plus aujourd'hui qu'un pauvre village, malgré sa ceinture de remparts.

Ce Pere qui etoit zellé pour la gloire de Dieu & le salut des ames, ne refusa pas une si favorable occasion; il en parla à M^r le Prince de Condé, à M^rs les Cardinaux & Eveques lors assemblés pour la tenue des Estats. Ces M^rs louerent fort son dessein & promirent d'y contribuer touts par leur ausmosnes, ce qu'ils firent effectivement en mettant quinze cent livres entre les mains du Sr Champlain qui les employa à achepter des chappelles portatives, ornements d'eglise, & autres choses necessaires à la mission. Les associés, d'un autre part, s'offrirent de nourrir les religieux que l'on y envoyeroit. Ces choses etant ainsy disposées & le P. Provincial ayant les ordres de Sa Majesté (1) & la permission du

---

(1) Voir, à l'Appendice, le texte, tel que nous l'avons trouvé aux Archives de Versailles, des Lettres patentes du roi Louis XIII pour autoriser la Mission des Récollets au Canada. Ce texte, qui devait être présenté à la signature du Roi, est resté à l'état de projet, car il n'indique ni le lieu ni le jour où ce document a été signé par Sa Majesté. C'est de là que provient sans doute l'incertitude où sont restés les historiens sur la date précise de ces Lettres patentes. Les PP. Sagard et Le Febvre, qui les citent tout au long, n'indiquent aucune date. Le P. Le Clercq, au contraire, les termine ainsi: « Donné à Saint-Germain-en-Laye, le 20 mars l'an de grâce 1615 et de notre règne le cinquième. » Or, comme M. l'abbé Verreau le démontre dans un Mémoire publié récemment par la Société royale du Canada (section I, 1884) et intitulé : *Des commencements de l'Église du Canada,* il est, pour deux graves raisons, impossible que la date fixée par le P. Le Clercq soit exacte. Du reste, il est probable que les « ordres de Sa Majesté » dont il est question n'ont rien de commun avec ces lettres

nonce à qui le Pape avoit mandé de la donner en attendant que le bref fut expedié, comme il le fut en effect en 1618 le 20ᵉ de mars (1), il envoya 4 de fes religieux à Honfleur fçavoir le R. P. Denys Jamay (2) commiffaire provincial & fuperieur de la miffion, les PP. Jean Dolbeau & Jofeph Caron, & le Fr. Pacifique du Pleffis, qui f'embarquerent avec le Sʳ de Champlain le 24 avril 1615 & ne mirent qu'un mois à fe rendre à Tadouffac où ils arrivèrent le 25 may, jour de la tranflation de leur feraphique Pere Saint François. La première chofe que firent ces bons Peres, après avoir defcendu du navire, fut de baifer cette terre fi defirée & de remercier Dieu devant une grande croix qu'ils drefferent, de les avoir appellés à l'apoftolat ; & puis, après f'etre repofés quelques jours en attendant que les barques fuffent radoubbées, trois allerent avec le Sʳ de Champlain ; le 4ᵉ qui etoit le fuperieur refta encore quelques jours avec le Sʳ du Pont-Gravé. Le P. Jofeph qui brufloit de zelle de fe rendre

1615.

patentes qui doivent avoir été données plus tard (peut-être en 1618), car il y est parlé d'un voyage antérieur fait par les Récollets et de résultats obtenus par eux dans leur mission du Canada, ce qui n'a pu être écrit en 1615, ni même en 1616.

(1) Le P. Le Clercq indiquait pour ce bref la date du 18 mars. Notre auteur est mieux renseigné, car le bref original que M. l'abbé Verreau reproduit d'après les papiers de la *Propagande* dans le Mémoire cité plus haut donne la date du 20: « *Die vigesima mensis Martii.* »

(2) Ou Jamet.

auprès des Sauvages monta droit au Sault Saint-Louys où abordoient tous les Sauvages d'en hault ; les deux autres religieux s'arreterent à Quebec pour y preparer un petit logis & une chappelle pour y celebrer la sainte messe. Le P. Denys pendant ce temps là monta de Tadoussac à Quebec où trouvant le Sr de Champlain prest à partir pour le Sault Saint-Louys il s'embarqua avec luy. En chemin faisant ils rencontrerent le P. Joseph qui venoit demander permission à son Superieur de monter avec les Hurons qui ne devoient pas tarder à retourner dans leur Pays. Si ce fut une joye au P. Denys de le voir si plein de zelle, le Sr de Champlain au contraire en avoit de la peine, parce qu'il sçavoit les difficultés qu'il y avoit à essuyer dans ces sortes de voyages & d'hyvernements. Il luy representa qu'il verroit assés de sauvages à Quebec sans prendre tant de peine & sans s'exposer à être tué dans les chemins par les Iroquois qui faisoient une très cruelle guerre à cette nation des Hurons. Toutes ces raisons ne furent pas capables d'esbranler tant soit peu la resolution qu'il en avoit conceüe ; il descendit à Quebec chercher une chappelle portative, & remonta incessamment au Sault Saint-Louys où trouvant encore le P. Superieur il luy donna le moyen de celebrer la sainte messe au bord de la Riviere sur un autel qui y fut preparé. Les Sauvages curieux de voir ce qu'alloit faire le Patriarche qui s'habilloit de l'amict & de l'aube s'assemblerent plus de sept ou huit cents &

ne pouvoient fe contenter d'admirer foit les ceremonies de cet augufte myftere foit les ornements & vaiffeaux facrés.

Le Sr de Champlain cependant, qui f'etoit engagé de monter en guerre avec eux dans le deffein de captiver par ce moyen leur amitié & de pourfuivre fes decouvertes defcendit à Quebec auparavant, pour mettre ordre à l'habitation, leur promettant qu'il ne feroit que 4 ou 5 jours dans fon voyage, (ce qui etoit impoffible). Les Sauvages qui ne croyoient pas que les François mentiffent, impatients de retourner chés eux, après l'avoir attendu quelques jours, mirent le P. Joseph dans un canot, l'aviron en main, & partirent avec 12 de nos François qui leur avoient été donnés pour les affifter contre leur ennemys. Le P. Commiffaire & le Sr du Pont Gravé defcendant immediatement après pour Quebec rencontrerent le Sr de Champlain qui luy dirent que les Sauvages etoient partis, ce qui leur fit de la peine parce qu'il avoit quelques ordres à leur donner pour leur voyages. Cependant fans fe decourager il prit refolution de les fuivre avec 9 hommes avec luy, 2 François & 7 Sauvages qu'il mit en deux canots.

Le P. Superieur etant de retour à Quebec avec fes 2 religieux acheva de mettre la chappelle en etat & fit faire trois ou quatre petites cellules, vrayes images de la crèche de l'enfant Jefus pour leur grande pauvreté, mais vraye demeure du ciel pour la confolation interieure que reffentoient ces bons Religieux dans ces lieux deferts & ecartés.

Le P. Jofeph, pareillement, après f'etre rendu, avec toutes les peines infeparables d'une navigation & d'une marche auffy difficile qu'eft celle de faire cinq ou fix cents lieuës en un canot d'ecorce parmy des bouillons, des courants & des chutes d'eau continuelles, parmy les incommodités indicibles des mouftiques qui fe rencontrent le foir & le matin dans les bois où l'on arrefte pour faire la chaudière & prendre fon repos à plate terre, & à la belle étoille, après avoir effuyé les pluyes, les vents & les grandes chaleurs de l'eté, marché plus de cent fois dans les bois nus pieds, dans les fanges, fur les roches aiguës & dans les bois touffus & embaraffés d'arbres, pour porter le canot d'une riviere à l'autre ou pour eviter les hautes chutes d'eau que l'on ne peut paffer en canot; après avoir fupporté les jeûnes de la fagamité qui n'eft compofée que d'une grande chaudière d'eau & d'un peu de farine de bled d'Inde que les Sauvages jettent dedans, dont on ne mange que 2 fois le jour; en un mot après avoir paffé diverfes nations de Sauvages, fçavoir les Ebiceriny, les Cheveux relevés, les Algomquins, & autres qui fe trouvent dans la route, fe trouvant dans le Carragouha, un des villages des plus forts qu'euffent les Hurons, veu qu'il etoit entouré d'une triple paliffade haute de 35 pieds, il fe fit faire à la portée d'une flèche de ce village une petite cabane d'ecorce foutenue de quelques perches fichées en terre où il paffa son hyver vaquant à fes exercices fpirituels, vifitant les Sauvages & etant vifité d'eux furtout des jeunes gens dont il apprenoit la langue & qu'il inftruifoit à fon tour de nos myfteres, eux & touts les Sauvages du village.

Ce fut là dedans que le Sr Champlain le trouva fort content, quoyqu'il n'eut pour tout meuble qu'une chaudiere, un ouragan qui eft un plat d'ecorce, & une ceuiller (1) de bois; il dreffa fa chappelle pour luy donner la Sainte Meffe, après laquelle ils planterent une grande croix qu'ils accompagnerent d'un *Te Deum laudamus*.

Les Sauvages ne furent pas peu furpris quand ils virent le Sr de Champlain qu'ils n'attendoient pas. Ils ne penfoient point à faire cette année la guerre; cependant par les inftances qu'il leur fit & le foing qu'il fe donna de vifiter touts leur villages, au nombre de dix, les uns après les autres, ils f'affemblerent grand nombre & fe mirent en marche le 1er feptembre, la Providence leur fervant de fourrier parce qu'ils n'avoient autres provifions que celles qu'ils f'attendoient de tuer avec leur flèches. Ils faifoient touts les jours une chaffe qui leur fourniffoit du gibier, des cerfs, des lievres en abon-

---

(1) *Cuiller*. Ménage, cité par Littré, faisait, au XVIIe siècle, la remarque que le petit peuple de Paris prononçait *ceuillé*, la *ceuillé* du pot, et que les honnêtes bourgeois y disaient *ceuillère*.

dance; le poiſſon ne leur manquoit pas non plus puiſqu'ils paſſoient quantité de lacs. Ils furent dans cette marche divertiſſante juques au 9 d'octobre qu'ils rencontrerent onze de leur ennemys qu'ils firent priſonniers. Ils n'etoient qu'à 4 lieuës d'un des villages des Iroquois qu'ils vouloient attaquer; ils y arriverent le lendemain. Ce village etoit fortifié de 4 fortes paliſſades compoſées de gros arbres qu'ils avoient apporté & entrelaſſé les uns parmy les autres, & hautes de 30 pieds, au deſſus deſquelles etoient des galeries garnies de doubles pieces de bois à l'epreuve des fuſils qui leur ſervoient de parapet, avec quantité de goutieres entre deux pour jetter l'eau que leur fourniſſoit un eſtang voiſin.

Aux approches de ce fort nos Sauvages trouverent des Iroquois dans leur champs qui amaſſoient des bleds d'Inde & citrouilles. Le Sr de Champlain eut bien voulu les empeſcher de donner deſſus pour ſ'emparer du village plus aiſément, mais il ne luy fut pas poſſible de les retenir; ils commencerent à ſ'eſcarmoucher les uns les autres. Le Sr de Champlain ſe voyant engagé d'honneur de defendre ſes Sauvages quoyque l'occaſion fut petite, ſ'approcha avec ſes dix fuſiliers françois qui deſchargeant touts ſur les Iroquois en tuerent & bleſſerent beaucoup & firent viſte retirer les autres dans leur fort, qui ne laiſſerent toutefois aucun des tués ny des bleſſés ſur la place comme c'eſt leur

7

coutume. Nos gens en eurent cinq de bleffés & un qui fut tué.

Cette maniere de combattre fi irreguliere & fi volontaire de nos Sauvages ne plaifoit pas au Sr de Champlain. Il s'efforçoit de les dreffer & de les faire obéir, mais il n'y gagnoit rien. Il leur propofa pour le lendemain une attaque, & leur dit qu'il falloit qu'ils fiffent un cavalier avec des pieces de bois, afin que nos François puffent tirer plus aifement dedans le fort & qu'il falloit qu'ils apportaffent quantité de bois fec auprès des paliffades du fort afin qu'ils y miffent le feu. Ils travaillerent à cette machine pendant la nuit, & 200 hommes des plus forts la vinrent pofer le lendemain à une pique près du fort. Les Iroquois qui etoient deffus la Paliffade à couvert du Parapet, voyant approcher leur murs jetterent grand nombre de pierres & de fleches qui portoient preque toutes coup, mais quand nos flibuftiers furent montés fur ce cavalier qui avoit pareillement un parapet & qu'ils eurent fait quelques decharges, ces barbares fe retirerent auffitot de deffus leur paliffades. Nos Sauvages qui ne penfoient plus à ce que le Sr de Champlain leur avoit ordonné combattoient en leur maniere; ils firent un grand cry à leur ordinaire & puis decrochant toutes leur fleches par deffus le fort ils ne firent pas grand mal aux ennemys qui etoient à couvert. Il leur commanda d'apporter le bois fec qu'ils avoient amaffé, de le jetter contre le fort &

d'y mettre le feu; ils allumerent le peu de bois qu'ils avoient apporté qui ne fit aucun effect parce que le vent le pouffoit au loing du fort, & que les Iroquois qui le virent jetterent telle abondance d'eau par les goutières preparées, que le feu fur lequel elle tomboit fut bientot eteint. Ce combat dura trois heures après lefquelles les Sauvages ayant paffé l'envie de fe battre plus longtemps, ils enleverent vingt de leur bleffés & fe retirerent pour les porter aux canots qui etoient à 30 lieuës de là. Le Sr de Champlain etoit un des bleffés, il avoit reçu deux fleches, l'un dans la jambe & l'autre dans le genouil. Il eut bien fouhaitté defcendre à Quebec, mais les Sauvages le retinrent tant pour leur feureté, que parce que la faifon qui etoit trop avancée ne permettoit pas de defcendre; il paffa quelques mois avec eux à la chaffe & se rangea le 14 janvier dans le village de Carrhagouha où etoit le P. Jofeph. Il y fit quelque fejour & defirant continuer fes decouvertes, le Pere l'accompagna juqu'à la nation des Petuneux & de fept autres nations voifines, où il euft plus de peine que de confolation en la converfation de ces barbares qui ne luy firent aucun bon accueil. Après avoir demeuré quelques jours parmy eux il retourna à fon village des Hurons pendant que le Sr de Champlain continua fa route & vint fe rendre au lac des Nepifiriens. L'un & l'autre fe trouva à Quebec le 20 Juillet 1616, les Hurons n'ayant amené le P. Jofeph qu'à regret & dans l'eſperance de le revoir chés eux au plutôt, ce que le Pere leur promit comme il le ſouhaittoit.

Le P. Jean Dolbeau voulut pareillement ſuivre les ſauvages Montagnais dans les bois & montagnes où ils font chaſſe pendant l'hyver. Il partit le 2ᵉ decembre & fut deux mois avec eux à ſupporter bien des peines & des fatigues veu que ces barbares n'arreſtent guere en place & ne ſe nourriſſent que de chaſſe qui eſt fort caſuelle. Cependant touts ces travaux ne l'euſſent pas fait deſiſter de ſa ſainte entrepriſe ſi la neige & la fumée des cabanes ne luy euſſent cauſé une très grande fluxion ſur les yeux juques à le rendre preque aveugle: c'eſt ce qui l'obligea de retourner à Quebec.

Le temps venu auquel les vaiſſeaux retournoient en France, le Sʳ de Champlain & les PP. Denys & Joſeph ſ'embarquerent pour rendre compte de leur voyages & de l'etat du Pays. Ils porterent un peu de bled françois que l'on avoit amaſſé pour faire voir que la terre etoit fertile. Le P. Jean Dolbeau qui avoit deja enterré deux perſonnes, un garçon & une femme nouvellement arrivée, après leur avoir adminiſtré les derniers ſacrements, reſta à Quebec pour y faire les fonctions de curé pour les François & de miſſionnaire pour les Sauvages qui ſ'y rendoient.

CHAPITRE DIXIEME

De ce qui ſe paſſa és années 1617, 1618 & 1619.

Mr le Prince de Condé vice-roy de Canada etant dans la baſtille dès l'an precedent 1616, M. le marechal de Themines demanda ſa charge de lieutenant de Roy de la Nouvelle France. Mr le Prince qui recevoit un cheval de mille ecus des marchands aſſociés, apprenant qu'un certain entremetteur le demandoit pour le marechal de Themines, donna ordre au Sr Viguier de faire arreſt ſur cet argent & d'avertir les aſſociés de ne pas payer ſ'ils ne vouloient payer deux fois. Le Sr de Villemon, Intendant de l'admirauté, fait auſſy arreſt ſur la meme ſomme au nom de Mr de Montmorency, Admiral, pour quelque poinct qui dependoit de ſa charge & demandoit que cet argent fut employé au bien du Pays. Voilà un procès qui ſe meut au conſeil entre ces trois ſeigneurs & les aſſociés qui n'accommode pas les affaires du Canada, mais parceque les vaiſſeaux ſ'appareillent pour la Nouvelle France, voyons de quelle maniere on ſ'y prend pour la ſecourir.

Les Mrs de la Compagnie entendirent avec joye

le recit que leur firént le Sr de Champlain & le P. Joſeph, Rec^t, des nations ſans nombre de Sauvages qu'ils avoient veües & pratiquées dans leur voyages de l'an paſſé. Ils ne manquerent pas auſſy à leur remontrer le profit qu'ils en recevroient ſ'ils travailloient à avancer la religion & la colonie. Le Sr de Mons dreſſa quelques articles pour ce ſujet, mais parce qu'elles ne furent pas executées je n'en fais pas de mention.

1617. Le Sr de Champlain cependant ne laiſſa pas de repaſſer avec une commiſſion du marechal de Themines. Le P. Joseph fut du vaiſſeau (1) avec le P. Paul Hüet et la famille d'Hebert qui conſiſtoit en ſa femme, deux filles & un petit garçon. La traverſée fut longue & dangereuſe pour les glaces qu'ils rencontrerent en mer; ils arriverent enfin à Tadouſſac après 13 semaines de navigation. Le P. Paul Hüet deſcendit à Terre où il chanta la ſainte meſſe dans une petite chappelle de rameaux que lui dreſſa le capitaine Morel. Comme c'etoit la 1re meſſe qui ſ'etoit ditte en cet endroit, la rejouiſſance en fut grande. Enſuitte, le capitaine dechargea touts les canons de ſon bord & regala touts les catholiques. Le P. Joſeph monta dans les premieres barques à

---

(1) Le P. Denis Jamet fut retenu en France par ses supérieurs, « parce qu'eſtant instruit à fond de l'eſtat du Canada, il pourroit mieux que perſonne en gérer les affaires et en procurer les avantages en cour et ailleurs ». P. Le Clercq, *Établissement de la Foy,* t. I, p. 105.

Quebec où la neceffité de toutes chofes commençoit à eftre grande & qui ne fut cependant guere foulagée puifque les barques n'apporterent pour tout rafraichiffement à 50 ou 60 perfonnes qu'ils etoient qu'une barique de lard qu'un homme porta fur fes epaules du port à l'habitation. Le P. Dolbeau qui croyoit mieux reprefenter les neceffités du pays paffa en France avec le Sr de Champlain.

Les vaiffeaux partis, chacun avifa du mieux qu'il pût à fe tirer de la mifere, mais elle etoit fi preffante qu'elle ne tarda pas d'eftre fuivie du mal de fcorbut qui les rendit languiffants & tout decharnés. C'etoit une grande defolation, mais celle dont la colonie fe vit menacée fut encore plus grande. Deux Sauvages avoient tué vers le cap Tourmente deux François, un matelot & un ferrurier dont ils avoient eté maltraités à Quebec, & après avoir attaché leur corps à des roches les avoient jettés au fond de l'eau. L'on ne fçavoit ce que ces deux hommes etoient devenus, juques à ce que les liens qui attachoient ces cadavres venant à fe pourir, la marée les jetta à la rive où on les trouva la tefte toute enfoncée comme de coups de maffüe. L'on jugea que les Sauvages avoient pu commettre le coup, ce qui fut caufe qu'on fe deffia d'eux dans la fuitte, ne leur permettant plus dans la fuitte d'entrer dans le fort. Ces barbares f'appercevants du foupçon des François fe rettirerent et allerent au devant de leur gens qui defcendoient de la chaffe au nombre de huit cents; ils leur perfuaderent de maſſacrer touts les François, & en convinrent touts enſemble. Mais comme les Sauvages auſſy bien que les François ſur une ſi grande multitude ne ſe trouvent jamais tout d'un avis, un certain capitaine appellé la Foriere vint dire que ces deux François avoient été tués par deux Sauvages qu'il ne connoiſſoit point & que les François euſſent à se donner de garde parce que ſes gens vouloient leur jouer un mechant tour. On le chargea de preſents & on le pria de retourner vers eux afin d'avertir encore de ce qui ſe paſſeroit. Touts ces Sauvages après quelque temps ſ'apercevant que les François ſe tenoient ſur leur garde, & qu'ils connoiſſoient leur mauvais deſſein, employerent le meme la Foriere pour negotier leur reconciliation auprès des François & leur procurer des vivres dont ils avoient de beſoing. L'on aſſembla pour cela le conſeil & l'on reſolut qu'ils pourroient venir pourvû qu'ils amenaſſent les deux meurtriers. Le Sauvage la Foriere leur donna cette reponſe & après avoir bien conſulté entre eux, les vieillards qui ſ'appuyoient beaucoup ſur la douceur des François perſuaderent à celuy des deux qui etoit le moins coupables de deſcendre avec eux; ils le preſenterent avec quantité de paquets de caſtor qu'ils donnerent pour eſſuyer les pleurs des François. Et enfin après beaucoup de pourparlers entre les PP. Recollects & eux, il fut conclu qu'il ne luy feroit point fait de mal et que bien loin de cela, il reſteroit entre les mains du P. Joſeph qui le nourriroit & inſtruiroit juques à ce que les vaiſſeaux euſſent amené les Srs de Champlain & de Pontgravé qui reſoudroient tout à fait de l'affaire. L'on donna quelques prunes à ces vieillards, faute d'autres choses, & ils ſe retirerent avec leur gens.

Le P. Paul Hüet ſuivit les Sauvages Montagnais afin de gagner quelques unes de ces ames à Dieu, pendant que le P. Joſeph adminiſtroit les ſacrements aux François & que Fr. Pacifique les ſoulageoit de ſon mieux dans leur maladies.

Le Sr Hebert avoit une de ſes filles en aage d'eſtre mariée, Jean Jonquet de Normandie l'epouſa; elle mourut deux ans après en travail d'enfant, & le P. Joſeph leur donna la benediction nuptiale; ce fut le 1er mariage fait en ce pays; ſon autre fille fut mariée quelques années après à Couillard, bon matelot charpentier calfaiteur qui etoit depuis 15 ans au ſervice de la Compagnie. La Poſtérité de cet Hebert & de ce Couillard eſt fort nombreuse de preſent en ce pays; l'on en conte plus de deux cents qui en ſont deſcendus, & plus de neuf cents perſonnes qui ſont alliés à cette famille. Mr Talon premier Intendant de ce pays avoit promis une lettre de nobleſſe au Sr Couillard, mais comme il ſe trouva mort quand elle fut arrivée & qu'elle n'etoit pas remplie, M^r l'intendant la donna au Sr de Beaumont le plus jeune des Couillards, ce qui fait que les autres & leur famille n'y ſont & ſeront jamais compris. Le Sr Hebert a eté celuy qui a commencé le premier à faire du grain en ce pays pour nourrir fa famille; ce travail etoit louable & felon les intentions de Sa Majefté. Cependant les interreffés de la Compagnie ne pouvoient fouffrir que l'on travailla à la terre, dans la crainte qu'ils avoient que les habitants ne prejudiciaffent à leur traitte.

Les remontrances du P. Jean Dolbeau fur l'avancement & l'augmentation de la colonie ne firent point d'effect fur l'efprit des affociés qui etoient pour la plufpart Huguenots, & qui fe mangeoient d'envie & de procès les uns les autres (1); ils ne penfoient qu'au profit qui leur en pouvoit venir & nullement aux frais qu'il y avoit à faire. M^r le marechal de Themines qui jouiffoit de la Vice-royauté pendant la detention de M^r le Prince ne f'en mettoit nullement en peine, & n'avoit aucun egard à ce qu'on luy pouvoit dire.

1618. Cependant les PP. Recollects & le Sr de Champlain ne fe decouragerent pas pour tout cela. Le P. Dolbeau revint & enmena avec luy le Fr. Modefte Guines; ils pafferent avec le Sr de Champlain & le Sr de la Mothe Vilin dont nous avons parlé au fujet de la prife du vaiffeau à Saint-Sauveur en la Cadie. Etant arrivés ils monterent aux

---

(1) Trait peu charitable du brave Père, et surtout dans un ouvrage qui laisse assez clairement voir que ce n'étaient pas toujours les sentiments de la plus pure abnégation chrétienne qui présidaient aux relations, je ne dis pas des catholiques entre eux, mais même des ordres religieux entre eux.

Trois Rivieres où etoit le rendés-vous des Sauvages & le lieu de la traitte. Ce fut là où l'on parla du meurtre de nos deux François. Nos gens eussent bien voulu en avoir justice, mais ils ne pouvoient la faire sans irriter ces barbares dont ils ne pouvoient soutenir les attaques; ils se contenterent de leur faire remontrer par les PP. Recollects l'enormité de leur crimes, & de recevoir de nouveau les presents que leur firent les Sauvages afin qu'ils oubliassent tout à fait les meurtres commis. Ils demanderent ensuitte au Sr de Champlain si il ne vouloit pas venir en guerre avec eux, mais il remit la partie à une autre fois, & se contenta de leur donner avec eux un François appellé Bruflé.

Le P. Dolbeau fit part aux François catholiques du jubilé qu'il avoit obtenu de Sa Sainteté pour la Nouvelle France. Il le publia le 29e juillet 1618 dans la chappelle de Quebec. Le Sr de Champlain mit ordre au fort & ensuitte il descendit à Tadoussac avec le P. Paul & le Fr. Pacifique qui passerent touts en France pour voir si ils ne profiteroient pas à la colonie qu'il sembloit que l'on vouloit abandonner pour le peu de soing que l'on en avoit. *1er Jubilé en Canada*

Le P. Joseph qui desiroit le salut des Montagnais comme celuy des Hurons & des autres Sauvages partit le 9e novembre avec un jeune garçon françois pour hyverner avec eux. C'est une vie bien dure à un François qui a de l'education que d'estre tout un hyver avec ces barbares qui n'ont aucune civilité, point de logis, pas meme de vivres que les caſtors & orignaux qu'ils tuent & mangent jour & nuit comme des beſtes meme. Cependant le P. Joſeph qui n'avoit autre deſſein que d'eclairer ces aveugles des lumieres de notre foy goutait volontiers toutes ces mortifications & ſe faiſoit tout à touts. La femme du chef appellé Chaumin accoucha; ce bon homme quoyque infidelle voulut que ſon fils fût baptiſé & portât le nom de Joſeph, le deſtinant pour demeurer avec le Père & etre habillé un jour comme luy. Quand la navigation fut libre, le P. Joſeph prit congé de ſes neophytes & ſe rendit aupres de ſes freres l'onzieme mars 1619.

1619. Les vaiſſeaux qui partirent de France au printemps ne manquerent pas de remener le P. Paul & le Fr. Pacifique avec un 3ᵉ religieux, le P. Guillaulme Poulain. Le Sʳ de Pont Gravé l'agent de la Compagnie qui les avoit emmenés, reſta à Quebec pour hyverner. Le Sʳ de Champlain qui prenoit trop hautement les intereſts du Pays & de la liberté de la traitte pour l'habitant choqua Mʳˢ les aſſociés; ils voulurent ſe paſſer de luy. Il ne revint pas en Canada cette année; il les plaida & comme il avoit eu ſes commiſſions du Roy & de Mʳ le Prince viceroy, en qualité de decouvreur de nouvelles terres & de lieutenant pour le Roy en Canada il fut ordonné au Conſeil qu'ils lui continueroient ſa penſion, & qu'il avoit droit de commander en l'habitation &

à touts les hommes excepté au magazin dont le 1ᵉʳ commis etoit chargé.

Le Sʳ de Champlain prefenta une requefte aux Mʳˢ du confeil qui après beaucoup d'autres inftances bifferent cet article & deffendirent aux Bretons de traitter fans le confentement de la Compagnie.

Mᵍʳ le prince de Condé etoit alors libre & en poffeffion de la vice royauté du Canada, il receut mille ecus des affociés; il en donna cinq cents aux Peres Recollects pour leur aider à faire un feminaire pour inftruire les jeunes Sauvages qu'ils commencerent l'an fuivant comme nous allons dire incontinent, apres que nous aurons parlé de la mort de Frere Pacifique qui arriva peu de mois après fon retour de France. Ce Religieux fut extremement regretté des François & des Sauvages qui perdirent en luy un grand fupport & confolation furtout dans leur maladies. Il mourut le 23 Aouft 1619 apres avoir receu les facrements & fut enterré dans la chappelle de Quebec avec les ceremonies ordinaires de l'Eglise.

Mort de Frère Pacifique Recollect

CHAPITRE ONZIEME

De ce qui se passa és années 1620, 21, 22, 23 & 24.

E Sr de Villemon Intendant de l'admirauté jugeoit depuis plusieurs années que le Canada seroit mieux servi si il dependoit de l'admirauté. Il en parla à Mgr le duc de Montmorency, admiral de France, lequel s'en entretint avec Mgr le Prince. Mgr le Prince qui ne faisoit pas grand cas de ce commandement, le luy ceda sous le bon plaisir de Sa Majesté moyennant onze mille ecus.

Ce fut donc de Mgr le duc de Montmorency, vice roy de Canada, que le Sr de Champlain reçût commission d'y commander à sa place, & ordre de s'y fortifier. Sa Majesté meme l'honora d'une de ses lettres & luy manda de maintenir la nouvelle colonie selon les lois du royaume & la religion catholique: il emmena avec luy madame sa femme & le reste de sa famille.

Le R. P. Denys Jamet qui avoit commencé cette mission en 1615 en qualité de commissaire provincial, & qui depuis son retour en France venoit de gouverner trois couvents considerables de la province, fçavoir celuy de Saint-Denys en France en 1617, celuy de Chaalons en Champagne en 1618 & de Sezanne en Brie dont il fut le premier gardien en 1619, f'embarqua pareillement pour continuer en la meme qualité de commiffaire provincial.

Le R. P. George (1) fut auffi du voyage quoyque dans un autre vaiffeau. Ce Pere etoit dans l'eftime du Roy qui luy faifoit l'honneur de luy ecrire, & Mgr le duc de Montmorency, les Srs de Villemon, Intendant de l'admirauté, & Dolu, Intendant des affaires du Canada, f'appuyoient fi fort fur fa prudence qu'ils manderent au Sr de Champlain de ne rien entreprendre fans luy communiquer auparavant, & qu'ils agreroient tout ce qu'il feroit.

Les vaiffeaux arrivés, le Sr de Champlain alla rendre graces à Dieu dans la chappelle des PP. Recollects qui chanterent un *Te Deum*, après lequel un des Peres fit un exhortation, remontrant à un chacun l'obeiffance qu'ils devoient au Roy, à Mgr de Montmorency & au Sr de Champlain qui reprefentoit leur perfonnes & qui avoit leur volontés à faire executer. Cette exhortation finie & le monde forty, le Sr de Champlain fit lire fes commiffions, enfuitte de quoy le canon tira, & un chacun cria Vive le Roy, en figne de joye.

Les Peres nouvellement arrivés eurent un furcroift de joye d'apprendre que l'on travailloit à leur

---

(1) Georges Le Bailly ou Le Baillif.

batir un petit couvent fur le bord de la riviere Saint-Charles, à une demie lieuë de Quebec. Ils trouverent cependant, comme on le trouve encore aujourd'huy (1), que cet endroit etoit trop eloigné du fort, mais parce qu'ils avoient leur chappelle à Quebec pour deffervir la cure, cette maifon fut faite comme une maifon de Recollection & un feminaire pour y elever des Sauvages. Le P. Jean Dolbeau choifit encore cet endroit comme le plus propre à y faire un bon jardin, & amaffer du bled parce que la terre y est fort bonne, un peu elevée & entourée d'un grand foffé qui egoutte les eaux. Ce fut donc en ce lieu qu'avec l'aide du Sr de Pontgravé qui commandoit en l'abfence du Sr de Champlain & qui faifoit les affaires de la Compagnie, qu'il commença à batir le 3e Juin 1620. La 1re pierre qui fut pofée en ce jour fe voit encore dans le couvent. Ce batiment avançoit beaucoup parce que le Pere avoit fait preparer, dès l'automne & l'hyver precedent, la roche, la chaux & la charpente neceffaire pour l'elever, & que le Sr du Pont y faifoit travailler affidüement dix ouvriers de la Compagnie.

Cet edifice qui étoit de 34 pieds de long, de 22 de larges & à deux etages etant achevé, le P. Superieur fit feparer le bas en deux; d'une moitié il en fit la chappelle & de l'autre une chambre pour

(1) Voir les pièces de l'Appendice et les plaintes que les Récollets y font entendre sur l'éloignement de leur couvent de la ville naissante de Québec.

loger les domestiques; les chambres pour les religieux estoient dans l'etage d'en haut. Comme il y avoit à se deffier des Sauvages & que l'on avoit tout juste suject de craindre qu'ils ne vinsent surprendre & piller le couvent, on l'entoura d'une haute palissade avec trois petites guerites que l'on y attacha. Le P. Denys, commissaire, ecrivant à M. de Boües grand vicaire, luy fait un detail de tout cecy & de l'economie qu'il y etablit; il luy temoigne aussy le desir qu'il a de tenir dans ce couvent un nombre de Sauvages pour les instruire. Ce Monsieur repond à son zelle l'année suivante & luy fait tenir 200 ecus afin d'en faire les frais & le prie de donner le nom de Saint-Charles à ce seminaire, & c'est de là que la petite Riviere proche de Quebec s'appelle riviere de Saint-Charles.

Les nouvelles de l'année suivante apprirent en Canada la creation d'une nouvelle Compagnie. Mgr de Montmorency apprenant que la Compagnie n'avoit pas accomply les conditions auxquelles la Cour l'avoit obligée en luy donnant la traitte du Canada, l'en exclud pour la donner aux Srs Guillaume & Emeric de Caen oncle & nepveu & à ceux qui s'associeroient avec eux. Voicy deux sociétés qui se mettent en procès au Conseil de Sa Majesté. Cependant le Sr de Caen envoye en prime en Canada, & le Sr du Pontgravé qui agissoit pour l'ancienne Compagnie ne tarde pas non plus à partir; les deux vaisseaux arrivés, Dumay commis du Sr de Caen qui avoit de bons ordres de la Cour s'empare du fort & de l'habitation de Quebec; le Sr du Pont arrive ensuitte, on luy refuse l'entrée & on se contenta de luy donner quelques marchandises qu'il alla traitter vers les trois Rivieres, sans toutefois faire tort aux Pelleteries de l'ancienne Compagnie qui etoient dans le magazin, parce que l'on attendoit la resolution du Conseil, qui ordonna enfin que pour cette année 1621 seulement, les deux Compagnies traitteroient librement & paisiblement en contribuant l'une & l'autre & par moitié aux frais de la colonie. Cet arrest fut envoyé au Sr de Champlain, mais le Sr de Caen qui avoit protesté de nullité l'intercepta avec quelqu'autres lettres. Cependant les despeches que recût le Sr de Champlain des Srs Dolu & de Villemon luy apprirent que l'arrest avoit eté publié à son de trompe dans Dieppe, & qu'il eût à le faire executer. Le Sr de Caen etant arrivé à Tadoussac pria le Sr de Champlain de se transporter vers luy dans la chalouppe qu'il luy envoyoit. Le Sr de Champlain ne pouvant quitter luy envoya le P. George avec plein pouvoir d'accommoder les choses à l'amiable. Le Sr de Caen veut confisquer le vaisseau du Sr de Pont; le P. George ne peut l'empescher; il remonte & en donne avis au Sr de Champlain, qui descendit quelques jours après avec le Pere. Le Sr de Caen, quoy que luy dit le Sr de Champlain, s'empara du vaisseau du Sr du Pont qu'il vendit aussitôt sans y faire tort en disant par rodomontade que le vaiſſeau n'étoit pas aſſés armé pour luy reſiſter. Ils ſ'accommoderent enſuitte touts les deux enſemble, le Sʳ de Caen vendant au Sʳ du Pont les vivres neceſſaires pour faire hyverner 25 hommes, ſelon que l'ancienne Compagnie y etoit obligée. Le dit Sʳ de Caen partit de Tadouſſac le 29ᵉ jour d'aouſt, & le Sʳ du Pont le ſeptieme ſeptembre. Le P. George paſſa avec le dernier. Le Sʳ de Champlain pria ce Pere de faire le recit aux Sʳˢ Dolu & de Villemon de tout ce qui ſ'etoit paſſé entre les Sʳˢ du Pont & de Caen. Les habitants le prierent auſſy pour l'accés qu'il avoit en cour de les ſervir; chacun luy donna des commiſſions particulières, & touts enſemble convinrent de quelques articles pour le bien commun du Pays (1). Ils demandoient qu'il ne fût permis à aucun heretique d'y faire commerce ny de ſ'y etablir, qu'il plût à Sa Majeſté d'y mettre une juſtice pour regler les differents des particuliers; ils ſupplioient encore le Roy de donner de quoy bâtir un fort à Quebec, une tour à Tadouſſac & de quoy y entretenir une garniſon de cinquante ſoldats. Le Sʳ de Champlain demandoit des canons, poudres & autres munitions de guerre, & prioit que l'on rehauſſât ſes appointements qui n'etoient que de deux cents ecus, ce qui n'etoit pas

---

(1) Nous avons trouvé dans les papiers des Récollets (Archives de Versailles, Préfecture) la copie collationnée du «cahier» qui fut donné à cette occasion au P. Georges Le Baillif. On verra ce document à l'Appendice.

suffifant pour le faire fubfifter honorablement avec fa famille qu'il avoit emmené avec luy. Les PP. Recollects de Canada fupplioient auffy Sa Majefté de fonder un feminaire pour 50 enfants fauvages par le revenu de quelque Abbaye, demandant pour cet effect 2500 ecus par an, l'efpace de 6 ans pendant lefquels ils feroient cultiver des terres qui rapporteroient dans la fuitte de quoy nourrir leur penfionnaires. Ils demandoient encore qu'il plût à Sa Majefté leur donner de quoy avoir des livres, des ornements d'eglife, & de quoy entretenir 12 laboureurs pendant 6 ans pour mettre un champ en etat de jetter du grain pour leur fubfiftance, fans f'attendre aux vaiffeaux qui couroient risque touts les ans d'affamer le Pays lorfqu'ils manquoient d'arriver. Le Sr de Champlain, Hebert & les principaux habitants fignerent ces articles & les fceelerent du fceau du couvent qui porte Saint Louys, Roy de France & Saint François en champ parfemé de fleur de lys autour duquel font écrites ces paroles, *Sigillum Reverendi Patris Commiffarii fratrum minorum Recollectorum Canadenfium*. Le P. George prefenta ces memoires au Miniftre; il falua Mgr de Montmorency & meme Sa Majefté, follicitant fortement les points de fa delegation, mais parce que le Roy etoit occupé à pourfuivre les heretiques rebelles fur lefquels il prit cette année Saint-Jean d'Angeli & foixante grandes & fortes villes, le Pere ne pût obtenir que quelques petites gratifications pour des particuliers & beaucoup d'honnefteté de la part de Sa Majefté & des Meffieurs auprès de qui il avoit à agir.

Le differend des deux Societés fut vuidé par arreft du Conseil; l'ancienne aima mieux f'unir à la nouvelle & fe contenter de cinq douziemes fur le profit, que de luy donner dix milles livres; la nouvelle avoit fept douziemes.

1622

Les fuperieurs des PP. Recollects voyant la paix parmy les marchands envoyerent le R. P. Guillaulme Galleran pour commiffaire provincial & le R. P. Irenée Piat; ils f'embarquerent à Dieppe le 15 may 1622 dans les vaiffeaux du Sr Guillaulme de Caen, general de la flotte, qui les recût avec bien de la joye, quoyque de contraire Religion (1). Ils avoient dans le bord un Sauvage qui tomba malade, & demanda le bapteme; avec beaucoup d'empreffement le Pere fuperieur le baptifa avant de mourir.

Le Sr de Caen, après avoir fait fon commerce de Pelleteries, laiffa le Sr du Pont pour principal commis avec cinquante perfonnes tant hommes que femmes & enfans. Le P. Irenée qui depuis longtemps defiroit de travailler au falut des Sauvages tenta par trois fois pendant l'hyver de les fuivre dans les bois, mais après avoir demeuré quelques jours avec eux, il retourna pour ne pouvoir f'accommoder foit à leur vie rude & barbare, foit pour en avoir vû quelques uns jongler & invoquer leur

(1) Les frères de Caen, comme on sait, étaient Huguenots.

manitou qu'ils eſtiment le malin eſprit. Le P. Joſeph ancien miſſionnaire devant qui ils n'oſoient faire de pareilles invocations & plus robuste pour ſupporter la fatigue fuſt paſſer trois mois de miſſion avec eux.

1623. L'année ſuivante 1623 donna encore deux nouveaux ouvriers evangeliques au Canada, ſçavoir le P. Nicolas Viel & le Fr. Gabriel Sagard, Recollects (1). La reine, Mme Anne d'Auſtriche leur fit preſent d'une chappelle portative, dont le calice d'argent doré, & la chaſuble qui eſt d'un damas incarnat garny d'un paſſement d'or & chargé de ſes armes ſe conſerve encore dans la miſſion.

Comme ces deux Religieux nouvellement arrivés ne demandoient que de l'ouvrage, le P. Joſeph les mena aux Hurons. Le 2 Aouſt le Sr de Champlain envoya auſſy onze François avec ces barbares pour les deffendre de leur ennemys; le P. Joſeph qui ſçavoit la langue l'apprit en chemin aux deux religieux, & leur fournit les memoires pour cela; ils ſe mirent chacun dans un village à cathechiſer ces infidelles & à les diſpoſer au bapteme. Ces trois miſſionnaires ne paſſerent pas l'hyver ſans manquer de tout ce qui leur etoit neceſſaire ſoit pour leur veſtements, ſoit pour l'autel comme pain & vin, car pour

(1) D'après le *Grand Voyage du pays des Hurons*, où il raconte toute son odyssée, ce ne fut pas en 1623, mais en 1624 que le Fr. Gabriel Sagard s'embarqua pour le Canada «avec le Père Nicolas, vieil prédicateur.» «Nous partiſmes de Paris, dit-il expressément (page 7), le dix-huictieſme de mars mil ſix cens vingt-quatre.»

la nourriture ils trouvoient affés de bled d'Inde, ces Sauvages ayant foin de defricher de la terre & d'amaffer leur provifions pour la nourriture de leur familles fedentaires, ce que ne font pas les Sauvages vagabonds qui font vers Quebec & audeffous le long de la mer; auffy ces derniers meurent-ils fouvent de faim quand la neige n'eft pas propre pour la chaffe, comme il arriva cet hyver 1623 au P. Bernardin, recollect de la province d'Aquitaine qui etoit party de Mifcou en la Cadie avec les Sauvages qui alloient à la chaffe afin de les inftruire: les neiges fe trouvant trop baffes & trop molles, ils ne purent chaffer, ce qui fit que le Pere & la plupart de ceux qui l'avoient mené, n'ayant rien à manger, ils moururent de faim. Il y avoit 3 ans que ce Religieux etoit à faire la miffion parmy les Sauvages de la Cadie, dont il poffedoit fort bien la langue, & qu'il inftruifoit avec contentement; comme il manda l'année auparavant aux PP. Recollects de Quebec en fe plaignant de certains Bafques qui venoient faire traitte fans congé à la cofte de l'Acadie & qui donnoient de mechantes impreffions des François aux Sauvages de ces coftes.

Le Père Bernardi Recollec meurt de faim dans les bois.

Le P. Jofeph & le Fr. Gabriel prenant congé du P. Nicolas qu'ils laifferent dans le village des Hurons, defcendirent avec ceux qui venoient en traitte; ils faifoient bien 60 canaux (1), & deux cents Sauvages

(1) Canots. D'après le récit, il semble que le P. Joseph et

au moins. Les miffionnaires ne pèrdoient pas le temps du voyage, ils l'employoient toujours pour tacher d'eclairer ces aveugles.

1624. La flotte arriva enfin le 1ᵉʳ Juillet 1624. Fr. Gabriel f'attendoit de retourner avec les Hurons, mais l'obeiffance de son Provincial qu'on luy mit entre les mains le fit repaffer en France (1) avec le P. Irenée Piat.

Le Sʳ de Champlain avoit fait la paix entre les Iroquois et les Hurons, Algomquins et Montagnais nos Sauvages. Il prit la refolution de retourner en France avec fa famille parce qu'il fe voyoit molefté par la Compagnie qui ne l'entretenoit que fort mediocrement. Le Sʳ Guillaulme de Caen laiffa fon nepveu Emeric de Caën pour commander à fa place & avoir foin du trafiq. Le Sʳ de Champlain à fon arrivée alla trouver Mᵍʳ le Duc de Montmorency qui le prefenta au Roy. Les PP. Recollects pareillement furent faluer Mᵍʳ le Duc de Montmorency, & entr' autres chofes qu'ils luy dirent, ils fe plaignirent de ce que les Huguenots foit à terre foit en

---

le Fr. Gabriel Sagard firent ensemble ce voyage de retour, tandis que, d'après le récit du Fr. Sagard, le P. Joseph Le Caron « eftoit arrivé depuis huit jours » à Québec quand le Fr. Sagard l'y rejoignit (*Grand Voyage*, p. 374).

(1) Il y a encore là une erreur de date. Ce ne fut pas en 1624, comme il semble d'après ce récit, mais en 1625 que le Fr. Gabriel Sagard repassa en France, ainsi que cela résulte de son ouvrage déjà cité : *Le Grand Voyage du pays des Hurons*. Paris, 1832.

mer fe mettoient au deffus des Catholiques, chantant hardiment leur pfeaumes meme pendant la fainte meffe, ce qu'ils avoient fait aux Trois Rivieres lorfqu'un de leur religieux celebroit, ne donnant fur mer que le chateau d'avant aux catholiques pour faire leur prieres, pendant qu'ils prioient dans la chambre ou fur la dunette. Ces plaintes furent ecoutées & les Religieux eurent fatisfaction dans la fuitte (1).

CHAPITRE DOUXIEME

De l'arrivée des PP. Jefuites dans la Nouvelle France feptemtrionnalle, l'an 1625.

ES conteftations des anciens & nouveaux affociés ne rompoient pas peu la tefte à Mgr le Duc de Montmorency dans le temps qu'il avoit des affaires d'une dernière importance & qu'il devoit fe ranger dans fes gouvernements pour le fervice de Sa Majefté ;

---

(1) Notamment à la Révocation de l'Édit de Nantes, quand le roi écrira à M. de Denonville, après lui avoir rendu compte de ce qui s'est fait en France: «...S. M. eft perfuadée que cet exemple determinera les herétiques qui peuvent eftre en Canada à la mefme chose, et elle efpère que ledit fieur Denonville y travaillera avec fuccès. Cependant fy

elle le porterent en partie à fe defaire de fa charge de Viceroy entre les mains de fon nepveu Mgr Henry de Levi, duc de Ventadour, pair de France & gouverneur du Langdoc. Il avoit encore quelques interefts dans la Compagnie; il luy ceda tout moyennant cent mille livres; Sa Majefté agrea ce changement & donna fes commiffions à Mgr de Ventadour le 25 mars 1625.

1625. Ce nouveau Viceroy apporta quelques nouveautés dans le Canada. Voicy comment: les PP. Recollects fervoient feuls le pays depuis dix ans avec beaucoup de zelle et d'edification; ils avoient effuyé les premieres & tres grandes difficultés qui fe trouverent à etablir la Religion Catholique dans une nouvelle colonie qui etoit entre les mains d'une compagnie preque toute heretique; ils n'avoient befoin que d'eftre un peu foutenus & affiftés pour pouvoir continuer leur faints employs; ils f'adrefferent pour cela à Mgr le Duc de Ventadour à qui ils reprefenterent que pour travailler avec plus de fruit à la converfion des Sauvages ils avoient befoing de quelque fecours pour etablir des feminaires aux endroits où refident ces barbares. Les pourfuittes des PP. Recollects reveillerent la penfée qu'avoient eu les PP. Jefuites de venir faire miffion dans le grand

dans ce nombre il f'en rencontroit quelques-uns d'opiniaftres qui refufaffent de f'inftruire, il peut fe fervir des foldats pour faire mettre garnifon chez eulx ou les faire mettre en prifon...» (*Mémoire du roy à M. de Denonville*, 1686.)

fleuve Saint-Laurent. Le P. Noyrot de la Compagnie de Jefus confeffeur de Mgr de Ventadour detourna fon penitent de rien faire pour les PP. Recollects & le porta à y envoyer plutot des Religieux de la Compagnie. Mgr le Viceroy ainfi infpiré confeilla aux PP. Recollects, vû la pauvreté de leur ordre & le peu d'affiftance qu'ils recevoient des affociés, de mener avec eux des PP. Jefuites qui pouvoient par leur biens fournir aux frais & à la nourriture des barbares qui fe convertiroient. [Cette (1) propofition etoit captieufe, parce qu'il eft conftant que quoyque les PP. Jefuites foient fort riches & reçoivent de grandes aumofnes pour donner aux Sauvages, cependant ils ne leur donnent jamais rien du leur ny meme des aufmofnes qu'ils ont reçû à diftribuer qu'ils ne les leur faffent payer fix fois plus que ne vallent les denrées qu'ils leur diftribuent, au retour de leur chaffe. Ce que n'auroient pas fait les PP. Recollects qui ne courent ny après les Pelleteries ny après le bien. De plus cette propofition etoit encore d'une derniere confequence pour les PP. Recollects en particulier & pour le Canada en general, pour les PP. Recollects puifque de là dependoit l'etabliffement ou le renverfement de leur ordre en la Nouvelle France, pour le Canada puifque en les y recevant c'etoit recevoir des Politiques

---

(1) Le passage entre crochets est rayé dans le manuscrit avec cette mention à la marge : « Vous pouvés lire fi vous voulés ce qui est rayé. »

qui s'empareroient du gouvernement, & des marchands qui tireroient vers eux le plus beau profit.] Cependant les PP. Recollects sans considerer que leur ordre quoyque pauvre a etably la Religion catholique au long & au large dans les extremités du monde, aux Indes orientalles & occidentalles avant qu'il y eut jamais de Jesuittes, croyent qu'ils ne peuvent mieux faire que de les emmener avec eux. Leur amys les conseillent de n'en rien faire & leur disent que si une fois ils y mettent le pied ils les chasseront du Canada. La simplicité & la charité chretienne leur donnent des sentiments si avantageux pour les PP. Jesuittes & si contraires à ces avis qu'ils ne peuvent aucunement se persuader que des Religieux à qui ils font part de leur missions soient jamais capables de tomber dans une telle ingratitude. Sur ces principes le P. Irenée Piat, Recollect, va trouver le P. Noyrot, Jesuitte, à l'hotel de Ventadour et luy temoigne que volontiers ses superieurs donnent les mains à ce que les PP. Jesuittes soient de la mission du Canada. Ce Pere accepta cet offre au nom de la Compagnie de Jesus avec des protestations d'une eternelle obligation, & ensuitte ils furent touts les deux ensemble en donner la nouvelle à Mgr de Ventadour qui en sçût bon gré aux PP. Recollects.

Il ne s'agissoit plus que de faire passer au Conseil du dit Seigneur & de la Compagnie des marchands cet accommodement. Les PP. Recollects & les PP.

Jefuittes avoient à s'y trouver, mais parce que les PP. Recollects ne furent pas avertis precifement du jour, ils n'y affifterent pas; les PP. Jefuittes au contraire qui s'y trouverent, commencerent à leur jouer un tour. Les affociés avoient entretenu juques à prefent fix Recollets dans les miffions; que firent les PP. Jefuittes? Ils demanderent une partie de ce qui leur etoit donné pour cela & obtinrent deux places, enforte que de fix Recollects que la Compagnie entretenoit depuis dix ans, elle ne devoit plus en entretenir que quatre. Quand les PP. Recollects fçûrent cette fourberie, ils commencerent à connoitre qu'il y avoit de la vrayefemblance à ce qu'on leur avoit dit. Le P. Irenée Piat & Fr. Gabriel allerent fe plaindre de l'injuftice de ce procedé à Mgr le Duc de Ventadour; il les fatisfit fur l'heure en donnant ordre auffitôt au Sr Girard fon fecretaire d'ecrire de fa part aux directeurs & autres qui faifoient l'embarquement à Dieppe, d'avertir les PP. Jefuittes que ce n'etoit pas fon intention qu'ils priffent aucune part à la nourriture des fix Recollects, que s'ils contrevenoient il leur revoquoit la permiffion de paffer; ils n'avoient rien à repartir à cet ordre, ils y defererent ne pouvant faire autrement, & fe contenterent de feize mille ecus d'or que leur donna le Sr Nicolas Roalce (1) de la maifon

---

(1) Appelés autrement Rouaulx ou Rouault. C'était le nom patronymique des seigneurs de Gamaches qui prirent

des Gammaches pour fonder un college à Quebec.

Ils paſſerent cinq Jeſuittes : les PP. Lallemand, fils du lieutenant criminel de Paris, Enemond Maſſé & Jean Brebeuf, coadjuteurs ſpirituels, & les FF. Gilbert Buret & François Charton, coadjuteurs temporels. Le P. Joſeph de la Roche d'Aillon, allié de la maiſon du Comte du Lude, Recollect, fut auſſy de l'embarquement. Il emmena avec luy un Sauvage que les miſſionnaires de ſon ordre avoient envoyé en France pour y eſtre inſtruit; il le fût cinq ans & enſuitte il fut baptiſé ſolennellement, & nommé Pierre Antoine par M^r le Prince de Guimené ſon Parein. La flotte fut conduitte heureuſement par le Sr Guillaulme de Caen general, & les paſſagers ſe trouvant devant Quebec, chacun fut accueilly de ſes amys avec la joye ordinaire; il n'y eut que les peres Jeſuittes qui ſe trouverent abandonnés; ils n'etoient pas encore ſortis des barques que le Sr de Caen leur declara qu'il n'y avoit point de logement pour eux ny dans le fort ny dans l'habitation, & qu'ils euſſent à loger chés les PP. Recollects ou prendre le party de repaſſer en France. Ce compliment les auroit embarraſſés ſi les PP. Recollects du Canada n'euſſent eu un cœur auſſy genereux & charitable que ceux de France; en effect ſi tot qu'ils apprirent que ces Peres etoient en peine de loger, ils les allerent ac-

---

ce titre au XIVe siècle. Cette maison des Rouault était originaire du Poitou. (Voir La Chesnaye Desbois, *Dictionnaire de la Noblesse*).

cueillir & offrir la moitié de leur maifon, jardin & clos : ce qu'ils accepterent volontiers & trouverent cette faveur fi confiderable que le R. P. Lallemand leur Superieur, ecrivant la meme année 1625 au R. P. Polycarpe du Fay provincial des Recollects, lui mande que la Compagnie de Jefus reconnoitra à jamais ce bienfait.

Les PP. Jefuittes logerent deux ans et demi dans l'appartement d'en bas. Ils avoient à fe batir. Les PP. Recollects leur cederent une charpente qu'ils etoient preft à lever, longue de 40 pieds et large de 24; ils leur en prefterent encore une autre l'an 1627 & f'etablirent enfin à fept ou huit cent pas vis à vis du couvent des Recollects à l'autre bord de la riviere Saint-Charles, proche la petite riviere de la Raye, au lieu que l'on appelloit communement le fort de Jaques Quartier.

Comme les PP. Recollects et Jefuittes demeuroient dans une même maifon, ils faifoient auffy miffion enfemble; le P. Jofeph de la Roche d'Aillon avec le P. Brebeuf partirent pour les Trois Rivieres peu de jours après qu'ils furent arrivés de France; ils monterent de là au Cap de la Victoire quelques lieuës au deffous du Sault Saint-Louys en intention d'aller touts les deux aux Hurons felon les avis que leur donneroit le P. Nicolas Viel, Recollect, qui fe devoit pareillement trouver en ce lieu; mais Dieu en difpofa autrement, veu que le P. Nicolas qui defcendoit des Hurons où il avoit demeuré deux années fut noyé par les Hurons au dernier Sault appellé depuis ce malheur le Sault des Recollects, avec un jeune garçon qu'il eſlevoit à la foy. Cette facheuſe nouvelle etonna grandement le Pays qui perdoit beaucoup en ce Pere & ce fut cauſe que le P. Recollect & le P. Jeſuitte qui n'avoient aucune connoiſſance des pays d'en hault ny de la langue retournerent au couvent de Noſtre Dame des Anges remettants leur miſſion à l'année ſuivante.

[Avant que de finir ce chapitre (1) & de commencer à parler de la miſſion des PP. Jeſuittes, je ne fais pas difficulté de declarer d'abord que je ne veux pas agir à leur egard comme ils ont fait à l'endroit des PP. Recollects. Juques à preſent nous avons vû leur travaux, leur dangers dans leſquels ils ſe ſont expoſés, la faim, la miſere, la mort meme qu'ils ont enduré pour gagner des ames à Dieu & nous en aurions appris davantage ſi le R. P. Joſeph Caron qui avoit les memoires de ce qui s'etoit paſſé en cette miſſion ne fut mort de peſte au couvent de Sainte-Marguerite proche du chateau de Tri, entre Chaumont & Giſors en 1631, & ſi ſes papiers n'euſſent eté perdus en aïrant la maiſon (2), ſelon

---

(1) « Liſés ce qui est rayé », dit le manuscrit en marge de l'alinéa que nous mettons entre crochets.

(2) « AÏRER, verbe. Aller, marcher, voyager, être en voyage... » *Dict. hist. de l'ancien langage françois*, par La Curne de Sainte-Palaye. *Aïrant la maiſon*, ici, signifie sans doute : « dans les déménagements de la maison ». « *Aïrer* la

ce que m'a dit quelque Recollect. Cependant m'en tenant à ce qui a eté ecrit par le Sr de Champlain & Frere Gabriel Sagard, j'ay remarqué que les PP. Jefuittes n'ont pas rendu aux PP. Recollects la juftice qui leur eft deüe, lorfqu'ils ont fait imprimer une hiftoire de Canada en latin fous le nom du P. le Creux, du college de Bourges. Cet autheur, dans fa preface, pour donner plus de gloire aux miffionnaires & Jefuittes du Canada, fupprime d'abord la connoiffance que le public devoit avoir des travaux que les PP. Recollects ont foufferts à jetter les fondements de la Religion dans les habitations françoifes & fauvages; il fe contente de dire que ces Religieux empefchés par les heretiques ne firent autre chose pendant dix ans que de contenir les François dans leur devoir, mais qu'en l'année 1625 par où il commence fon hiftoire, les PP. Jefuittes qui vinrent à la Nouvelle France y etablirent la religion qui branfloit fort & l'etendirent au long & au large. Certainement il faut ou que le P. Le Creux qui a ecrit de la forte ait eté bien peu informé, ou bien qu'il y ayt quelque malice en fon fait. Si il ne vouloit pas louer les PP. Recollects, au moins ne devoit-il pas les blamer tacitement de n'avoir rien fait au long & au large. Cependant on ne peut pas ignorer ce qu'ils y ont fouffert puif-

---

maison» se dit encore au Canada pour: *aérer*, donner de l'air, ventiler la maison.

qu'en cette prefente année 1625 qu'arriverent les PP. Jefuittes, le P. Nicolas Viel, Recollect, qui revenoit d'une miffion de fix cent lieuës où il avoit paffé deux années, perdit la vie en retournant, par la malice des Hurons. Outre cela cet autheur pouvoit-il ignorer les miffions qu'ils ont entrepris depuis meme avec les PP. Jefuittes comme nous dirons dans la fuitte? Il affecte cependant de paffer toutes ces chofes fous filence afin de donner plus d'eclat à fa Compagnie, & fur ces faux principes, les PP. Jefuittes ne font pas difficulté de fe declarer les premiers apoftres du pays & de faire paroiftre des portraits ou eftampes du P. Paul Le Jeune qui vint en 1632 dans lefquels ils marquent ce Pere comme le premier apoftre des fauvages Montagnais, qui ayt reduit en dictionnaire leur langue & qui les a fuivi le premier dans les bois.] Eft-ce là l'effect de cette reconnoiffance eternelle à laquelle le P. Noyrot, de Paris, & le Pere Lallemand, en Canada, engageoient toute la Compagnie à l'egard des PP. Recollects lorfque ces Peres leur firent part de leur miffion de leur maifon de la Nouvelle France. Mais ce qui arrive aux Recollects du Canada est arrivé à tout l'ordre de Saint-François à qui les PP. Jefuittes par la fauffeté de leur ecrits imprimés ont taché de ruiner l'ancienneté & la gloire de leur miffions dans les Indes orientalles pour fe l'attribuer. Ce n'eft pas tout ce que nous avons à dire fur ce fujet, rentrons dans noftre hiftoire.

CHAPITRE TREIZIEME

De ce qui se passa és années 1626 & 1627.

LE P. Joseph Caron, Recollect, avoit passé en France l'automne dernier dans le dessein de representer au Roy le pauvre estat du Canada. Sa Majesté à qui le Pere avoit eu l'honneur de donner les premieres instructions avant que d'entrer en religion y donna ordre. Cependant le printemps venu de 1626, le P. Joseph se preparant à retourner ne trouva rien de fait. Il en parla à Sa Majesté en prenant congé d'elle. Le Roy pour obvier aux remises de ses officiers le chargea sur l'heure de quelques gratifications pour le Canada.

Le P. Joseph s'etoit plaint que le Sr Guillaulme de Caen avoit obligé les Catholiques d'assister aux prieres des Huguenots; le Conseil ordonna que le Sr de Caen ne feroit point le voyage, mais qu'il nommeroit un chef catholique selon le gré de Mgr le Viceroy pour conduire les vaisseaux; il nomma le Sr de la Ralde. Le Sr de Champlain retourna en Canada en sa qualité ordinaire de gouverneur; le Sr du Boulé son beau-frère passoit

1626

auffy pour fon lieutenant & le Sr Deftouches pour fon enfeigne; le P. Jofeph et Frere Gervais Mohier etoient du meme vaiffeau.

Les PP. Noyrot & de la Noüe & Frere Jean Gaufeftre, Jefuittes, fretterent un vaiffeau de quatre-vingt tonneaux moyennant trois mille cinq cents livres; ils firent paffer avec eux vingt ouvriers & tout ce qui leur etoit neceffaire pour hyverner. Sitot qu'ils furent à Quebec ils les employerent à defricher les terres & à batir une maifon & quoy-qu'ils y apportaffent toute la diligence poffible, ils ne pûrent toutefois les lever avant l'hyver. Cependant les PP. de Brebeuf & de La Noüe Jefuittes & le P. Jofeph de la Roche d'Aillon, Recollect, ayant à monter aux Hurons pour y faire miffion, le P. Jofeph Caron qui y avoit deja eté deux fois leur donna le dictionnaire de cette langue, & les inftructions des chofes qu'il y avoit à faire parmy ces barbares. S'y etant rendus ils fe trouverent bien payés de leur peines par la confolation qu'ils receurent de ces peuples qui les accueillirent avec joye, les uns f'informant de leur anciens miffionnaires, les autres demandant d'eftre baptifés comme l'avoient efté quelques uns de leur parents deffuncts; mais parce qu'ils ne fe mettoient pas touts également en peine d'eftre enfeignés, foit par une indifference qui leur eft affés naturelle, foit parce qu'ils en etoient retenus par leur jongleurs, qui font gens parmy eux qui fe meflent de les guerir en confultant le demon, ou faifant femble (1) de les confulter, ces Peres ne manquerent pas d'occupation à renverfer les maximes de ces miferables & à continuer l'inftruction à l'egard de ceux qui avoient deja eté commencés. Ces trois miffionnaires demeurerent quelque temps enfemble juques à ce que le P. Jofeph de la Roche d'Aillon recevant lettre du P. Jofeph Caron qui luy confeilloit d'aller à la nation des Neutres inconnüe alors & où aucun preftre n'avoit encore eté, il fe fepara des PP. Jefuittes pour f'y rendre, menant avec luy deux François & quelques Sauvages pour luy montrer le chemin. Après fix jours de marche, il entra dans le premier village de cette nation; comme elle etoit très grande & qu'elle en avoit juques à vingt-huit, il arrefta au fixieme appellé Ounontizafton où demeuroit le capitaine le plus renommé d'entre eux; il luy fit dire par le truchement qu'il venoit de la part des François lier amitié avec fa nation, & qu'il le fupplioit de demeurer parmi fes gens, afin de leur faire connoitre Dieu; il donna enfuitte quelques petits prefents qui firent que le Capitaine l'adopta pour fon enfan; le Pere eut tout fuject de fe contenter de ces Sauvages l'espace de trois mois, juques à ce que les Hurons qui craignoient que les Neutres ne vinffent traitter avec les François & que cela ne rompit le commerce

---

(1) Faisant semblant.

qu'ils faifoient chès cette nation, commencerent à declamer contre le Pere, difant qu'il faifoit mourir touts ceux qu'il baptifoit et que c'etoit malice en luy fi il ne les gueriffoit pas; ils tinrent encore quantité d'autres difcours pleins de menfonges & d'impertinences contre les François afin de les rendre odieux. Ce qui fut caufe que dix Neutres des villages les plus eloignés vinrent demander au P. Jofeph s'il ne vouloit pas venir chez eux; il leur dit qu'il iroit volontiers quand les neiges feroient fondües & que les chemins feroient plus aifés; ceux-cy impatients d'attendre luy firent une querelle d'alleman. Un luy donna un coup de poing & le renverfa contre terre, un autre leva la hache pour luy fendre la tefte, mais comme Dieu referve fes ferviteurs à d'autres travaux, il permit que ce barbare en dechargeant fon coup, donna fur un pieu de bois qui arrefta la hache; les autres luy donnerent bien des coups & enfin après l'avoir très maltraittré ils pafferent leur colere fur fes hardes qu'ils luy emporterent. Les PP. Jefuittes qui etoient reftés aux Hurons ne tarderent pas d'apprendre cette avanture; ils envoyerent promptement un François pour fçavoir fi le Pere n'etoit pas mort comme on leur avoit dit, & pour le remener avec eux s'il avoit echappé; ce fuft avec regret que le P. Jofeph quitta les Sauvages de ce village etant fachés du mauvais traittement qu'il avoit receu de ces autres en leur abfence.

Pendant que le P. Joseph de la Roche d'Aillon travailloit chès les Neutres, le P. Joseph Caron travailloit à Quebec à instruire les Sauvages qui le venoient trouver & se cabanner proche de luy. Il ne tenoit pas à luy ny aux autres PP. Recollects que ces barbares ne fussent chretiens; ils s'y employoient de toute leur force; mais l'empechement qu'ils en recevoient de la part des François, dont quelques uns menoient une vie fort licentieuse & debordée, & dont quelques autres apprehendoient que la conversion de ces infideles ne diminuast le trafiq de leur pelleteries, joint à l'esprit epais & grossier de ces barbares, a eté cause qu'ils n'ont pas voulu leur hazarder les sacrements sans les avoir eprouvés beaucoup d'années auparavant. Les Montagnais etoient ceux qui approchoient de Quebec dans certains temps de l'année après qu'ils avoient fait leur chasse; les ames de ces Sauvages comme de preque touts les autres sont fort basses & mercenaires; ils n'écoutent les instructions qu'autant qu'elles leur servent pour avoir à disner, ou pour recevoir quelques rassades & autres bagattelles qu'ils esperent. Les PP. Recollects faisoient tout ce qu'ils pouvoient pour les attirer à la connoissance de Dieu: ils leur distribuoient volontiers, autant de temps qu'ils pouvoient, le peu qu'ils avoient de biscuits & de bled d'Inde afin d'avoir plus de temps pour les instruire; ils baptisoient quelques enfans & autres grandes perfonnes, qui etoient en danger evident de mourir, refervant les autres jufqu'à ce qu'ils les viffent plus fortifiés dans la croyance & la pratique de noftre religion. C'eft de la forte qu'en ufoient les PP. Recollects à l'egard des Sauvages avant & dans le temps que les PP. Jefuittes vinrent dans le Canada.

Les vaiffeaux etant preft de retourner en France le P. Noyrot Jefuitte & les Srs Emeric de Caen & de la Ralde repafferent; il emmenerent avec eux un jeune Sauvage huron aagé de 16 ans pour lequel il y eut un petit debat premierement entre les PP. Jefuittes & les PP. Recollects, & enfuitte entre les PP. Jefuittes & le Sr de Caën. Ce jeune Sauvage avoit eté promis, il y avoit 4 ans, au P. Jofeph Caron lorfqu'il etoit en miffion dans le village des Hurons, & le Pere de cet enfan l'emmena cet été au P. Jofeph afin qu'il l'inftruifit & le garda avec luy; les PP. Jefuittes & le Sr de Caen qui le virent eurent envie de mener ce jeune Sauvage en France; ils firent les uns & les autres beaucoup de petits prefents au pere de l'enfan pour qu'il le leur donna; le Sauvage difoit toujours qu'il n'avoit point emmené fon fils pour eux mais pour le P. Jofeph, & l'enfan auffy bien que fon pere ne vouloit pas d'autre maiftre que luy; l'éducation de cet enfant luy appartenoit bien equitablement, perfonne n'en doute; les PP. Jefuittes cependant prierent tant le P. Jofeph de le leur ceder, & de faire trouver bon à l'enfan sauvage & à son pere qu'ils l'emmenassent qu'il y consentit pour les contenter, aimant encore mieux qu'ils l'eussent que le Sr de Caen qui etoit huguenot. Il etoit honneste au P. Joseph de donner ce contentement aux PP. Jesuittes qui le souhaittoient avec tant d'empressement; cependant comme ils tirent toujours des consequences malignes, mais avantageuses pour la Societé, de toutes choses, de cette honnesteté du P. Joseph, ils ont tiré celle-ci : que le P. Joseph leur avoit cedé l'education des Sauvages, & n'ont cessé dans la suitte d'envahir & ravir les missions des PP. Recolletcs, sans qu'ils ayent pû souffrir que ces Peres fissent aucune mission chés les barbares, ce qu'ils font encore actuellement touts les jours, les en empeschant tant qu'ils peuvent par les puissances du Canada qui sont leur creatures & leur sujets. Il n'y a rien de plus injuste que ce procédé. C'est neantmoins ce qui se pratique hautement par la Compagnie de Jesus qui aime mieux pour ses interets temporels qu'une infinité de nations sauvages demeurent dans l'obscurité de la foy & se perdent malheureusement que de permettre que les Recollects qui ne cherchent purement que le salut des ames s'en meslent. Mais pour revenir à notre jeune Sauvage dont il est question, le P. Noyrot Jesuitte à qui le P. Joseph l'avoit cedé ne le pouvoit passer en France que dans le navire du Sr de Caën. Ce marchand qui avoit donné quelques denrées au pere de cet enfan, crût l'avoir assés achepté; auffy l'emmena-t-il à Roüen chez fon pere où il le tint quelque temps, & puis voulant le faire voir à Paris, il l'y fit conduire. Les PP. Jefuittes qui eurent le vent de la venüe de ce Sauvage ne tarderent pas de l'aller demander à M^r le duc de Ventadour; ils l'obtinrent & apres l'avoir fait affés legerement inftruire par un feculier, ils le firent baptifer avec grande folemnité dans la cathedralle de Noftre Dame de Roüen par Mgr l'archeveque. M^r le duc de Longueville fut fon parein, qui le nomma Louys de Sainte-Foy, & Mme de Villars fa mareine. C'est ainfy que les PP. Jesuittes se glorifierent d'une conquefte etrangère.

1627. Cependant les PP. Jefuittes du Canada attendoient avec impatience le retour du P. Noyrot qui devoit leur emmener un navire chargé pour eux feuls, &, à la fin ils furent fruftrés de leur attente parce qu'il n'arriva point, quoy qu'il ne tint pas au P. Noyrot; il avoit fretté à la verité un navire mais parce qu'il f'étoit plaint en cour des Srs Emeric de Caen & de la Ralde qui avoient l'authorité de la Compagnie, ces marchands ne pûrent fouffrir que des Miffionnaires equipaffent un navire pour eux feuls; c'eft pourquoy ils empefcherent le P. Noyrot de partir. Ce qui fut caufe que le P. Lalleman, fuperieur des PP. Jefuittes en Canada qui etoit chargé comme nous avons dit d'une vingtaine d'ouvriers & qui n'avoit pas de quoy les nourrir & veftir ny de quoy pouffer fes entreprifes, en remena quinze en France, n'en laiffant que cinq avec les PP. Maffé & de la Noüe. Le P. Jofeph Caron, Recollect, avoit baptifé un petit Sauvage le jour de la Pentecofte dernier; il le prefenta au Sr de Ralde pour le faire paffer en France, mais comme ce capitaine avoit un grand reffentiment de ce qui etoit arrivé au Sr de Caen au fuject de celuy que le P. Noyrot fit baptifer à Roüen, il ne voulut pas le recevoir dans fon navire quoyque le Pere de ce jeune Sauvage luy offrit quatre fois plus de pelleteries qu'il n'en falloit pour le paffage de fon fils.

Quelques jours après le depart des vaiffeaux, il y eut un affez grand bruit à Quebec au fujet d'un Sauvage qui tua deux François qui dormoient fur le bord de l'eau; ce Sauvage avoit eté maltraitté par le boullanger & un autre auxquels il demandoit du pain avec peut-être un peu trop d'importunité; il les guetta & croyant que c'eftoit eux qui dormoient au bord de l'eau il les affomma à coup de haches & les jetta enfuitte à l'eau. Le Sr de Champlain qui revenoit du cap Tourmente vit le 1er cette pifte de fang; il fit chercher les 2 corps; f'enquefta enfuitte des meurtriers; il apprit qu'il avoit fuy; il retint un de fes enfans en garde juques à ce qu'il parut l'an fuivant. Cependant les Sauvages tachant d'appaifer le Sr de Champlain luy firent demander par le P. Jofeph f'il ne recevroit pas bien trois de leur filles pour les mener en France; le Sr de Champlain les accepta & leur donna les noms de Foy, Esperance & Charité, les faisant instruire à la religion & aux petits exercices convenables à leur sexe, tels que sont la couture & la tapisserie. Les Iroquois nous tuerent aussy un François appelle Pierre Magnan avec trois Sauvages qui furent en ambassade dans un de leur villages, les Iroquois d'un autre village donnant dessus eux parce que les Algomquins avoient tué quelques Iroquois depuis peu, ce qui rompit la Paix.

<small>Rupture de la paix avec les Iroquois.</small>

Janvier. Hebert premier chef de famille de ce pays qui y vivoit de ce qu'il amassoit de grains mourut le 25 Janvier; il fut enterré dans le cimetiere des Recollects.

<small>Mort de Hebert.</small>

CHAPITRE QUATORZIEME

Les Anglois envoyent sommer le sieur de Champlain de rendre le fort de Quebec & ce qu'ils firent dans les deux expeditions de 1628 & 29.

<small>1628.</small>

LES plaintes contre le Sr Guillaulme de Caën furent ecoutées & la Compagnie dont il etoit le chef fut cassée pour ne s'estre pas acquittée de ce dont elle etoit convenüe avec Sa Majesté. Mgr le cardinal de Richelieu rembourça aussy M^r le duc de Ventadour des deniers qu'il avoit avancés pour sa charge de viceroy, & se fit une nouvelle Compagnie qui ne devoit durer que quatre ans juques à l'an 1632 après lesquels devoit commencer une autre Compagnie de cent personnes puissantes & riches qui devoient avoir toute l'authorité & profit du Pays pour quinze ans, à condition d'y faire passer quatre mille tant hommes que femmes & de leur fournir pour trois ans des vivres & instruments à labourer, d'etablir trois missionnaires en touts les endroits jugés necessaires par leur commis & agents, & de donner en reconnoissance au Roy une couronne d'or de quatre livres pesant.

Les nouveaux associés envoyerent quatre navires cette année 1628. Le P. Noyrot en adjousta un 5e; il amena avec luy 2 freres jesuittes. Deux Peres jesuittes, sçavoir les PP. Lalleman & Ragueneau, passerent en deux autres vaisseaux avec deux Peres Recollects, le P. Daniel Boursier & le P. François Girard. L'on embarqua aussy nombre d'ouvriers & quelques familles; le Sr de Roquemont etoit general de cette flotte qui partit dès le mois d'avril.

Les Anglois cependant avec qui les François avoient guerre furent plus diligents à se mettre en mer; ils vinrent avec dix-huit navires dans le dessein de prendre Quebec & le Port Royal. Notre flotte qui n'en sçavoit rien ne l'apprit que six semaines après, lorsqu'elle eut mouillé à Gaspey, où les Sauvages leur dirent que six vaisseaux anglois etoient montés à Tadoussac. Cette nouvelle fit prendre refolution au Sr de Roquemont d'envoyer un jeune homme appellé Defdames avec dix matelots pour donner de fes nouvelles au Sr de Champlain, lequel fut juques au 9e juillet fans en apprendre aucune, auquel jour deux petites tours de ce fort fe renverferent toutes feules un dimanche matin, peu avant qu'arriverent 2 François qui luy apprirent que les Anglois etoient à Tadouffac avec cinq ou fix vaiffeaux. Le Sr de Champlain qui voulut fçavoir la verité de la chofe pria le P. Jofeph Caron de prendre la peine de defcendre juques à Tadouffac f'il etoit neceffaire. Le Pere fe mit en canot dès le meme jour & après avoir defcendu quatre ou cinq lieuës audeffous de Quebec, il rencontra deux canots en l'un defquels etoit Foucher qui commandoit au cap Tourmente qui luy cria de fe fauver au plutôt des Anglois qui etoient au cap Tourmente; ils fe joignirent enfemble, & Foucher luy raconta comment une quinzaine d'Anglois etoient venus deux heures avant le jour en chalouppe, fe difant apporter des nouvelles à Quebec de Mgr le Cardinal & du Sr de Roquemont. Après qu'ils furent entrés, ils fe faifirent de trois hommes, d'une femme & d'une petite fille qu'ils emmenerent à la chalouppe. Ils pillerent enfuitte la chappelle que les PP. Recollects avoient en ce lieu, bruflerent les 2 maifons, tuerent quarante beftes à cornes dont ils n'en laifferent que cinq ou fix fur la place.

Le Sr de Champlain fur ces nouvelles fe mit

auſſytot en deffence & donna à chacun ſon quartier à ſoutenir; ſurtout le lendemain 10ᵉ juillet, lorſqu'il parut une chalouppe, il envoya des fuſiliers à l'endroit de la grève où elle devoit aborder en intention de l'empeſcher d'approcher terre, mais ces fuſiliers reconnoiſſant nos gens du cap Tourmente les laiſſerent venir à terre. Il y avoit avec eux ſix Baſques dont un preſenta une lettre au Sʳ de Champlain que luy envoyoit le general Quer(1) Anglois, luy donnant avis de la commiſſion qu'il avoit de prendre la Nouvelle France, luy faiſant ſçavoir qu'il avoit déjà pris deux navires, un où commandoit le P. Noyrot Jeſuitte, dans lequel etoit auſſy le Sʳ de la Tour, & un autre vaiſſeau baſque qui faiſoit peſche à l'iſle Percée, le ſommant à la fin de rendre l'habitation de Quebec. Le Sʳ de Champlain fit le lendemain reponſe à cette lettre qui etoit dattée du bord de la Vicaille, 8ᵉ juillet, & manda au Sʳ de Quer que quoyque le cap Tourmente fut ruiné, il avoit encore de quoy vivre & ſoutenir l'effort de ſon artillerie. Le general Quer leût cette lettre en preſence de ſes capitaines & croyant le

(1) Kirk. Il s'agit des frères Kirk, bien connus dans l'histoire du Canada, dans tous les passages de cette histoire où l'on reverra ce nom des Quer. L'auteur, comme on a pu s'en apercevoir déjà maintes fois, avait peu souci de l'orthographe des noms étrangers et les francisait à sa manière, suivant l'usage d'ailleurs presque général du temps. Le duc de Buckingham devenait M. de Bouquingant, etc.

fort de Quebec & les habitants mieux garnis qu'ils n'etoient, brufla les chalouppes qui etoient à Tadouffac, fe refervant la plus grande afin d'aller voir de plus pres fi il ne rencontreroit point de navire à terre & levâ l'ancre.

Defdames, comme nous avons dit, qui etoit envoyé par le S* de Roquemont pour porter des nouvelles au S* de Champlain, vit paffer les fix vaiffeaux anglois & la barque; il echoua fa chalouppe à terre pour n'eftre apperçû, & continua enfuitte fon voyage apres qu'il fut hors de leur veüe. Cependant comme le S* de Roquemont f'acheminoit vers l'ifle Saint-Barnabé où etoit le rendés-vous de fes vaiffeaux, il fit rencontre de la flotte angloife qui venoit droit à luy pour le combattre; il ne vit pas la partie egale, il en prit l'epouvante & f'enfuit en confufion. Les Anglois le pourfuivirent juques au lendemain trois heures après midi qu'ils le faluerent d'une volée de canon; les noftres repondirent & auffitôt commença un très furieux combat de part et d'autre qui tourna à l'avantage des Anglois apres 15 heures de bateries pendant lefquelles il fut tiré plus de douze cents coups de canon. Les noftres qui manquoient de poudres & de plomb & qui avoient meme employé celuy de leur lignes furent obligés de demander compofition furtout lorfqu'ils virent l'admiral perir à fleur d'eau de deux volées de canon. La compofition fut qu'il ne feroit fait aucun tort aux Religieux, femmes & filles, qu'ils donneroient paffage à un chacun & qu'ils partageroient le butin entre eux. Dans ce combat il y eut deux François tués & quelques uns de bleffés. Les Anglois victorieux de noftre flotte allerent aux ifles Saint-Pierre où ils trouverent quatre navires bafques de Saint-Jean de Luz chargés de molües (1) & abandonnés de matelots. Ils f'en faifirent & en quitterent un pour renvoyer les prifonniers de qui ils efperoient le moins, tels qu'etoient les PP. Recollects, un gentilhomme nommé Faucheur, fa femme & cinq enfans, un medecin & 15 ou 16 matelots bearnois. Ce navire etoit tout leur refuge, mais les Bafques à qui il appartenoit vinrent le reprendre fitot qu'ils virent les Anglois en mer. Voila des gens degradés qui ne fçavent de quel bois faire fleche. Les matelots avec une chalouppe f'en vont à Plaifance chercher un navire; les PP. Recollects & les autres furent obligés d'attendre là fix femaines juques à ce que le navire bafque fut preft à partir. Il les reçût par grace & les mena à Bayonne.

Defdames qui pourfuivoit fa navigation arriva à Quebec en peu de jours; il donna nouvelles des quatre navires qu'emmenoit le Sr de Roquemont, & ajoufta qu'après avoir paffé les vaiffeaux anglois il avoit entendu grand nombre de coups de canon, ce qui luy faifoit croire que la flotte angloife avoit

---

(1) Morues.

fait rencontre de la noftre. Ses conjectures fe trouverent vrayes puifque les Sauvages apprirent enfuitte que la notre avoit eté defaitte. Le Sr de Champlain qui ne recût pour toute lettre qu'un ordre du roy qui luy ordonnoit de faire inventaire en prefence du commis du Sr de Caën, des pelleteries, munitions, barques, terres & autres biens qui appartenoient au dit Sr de Caen, fut bien embaraffé de fa perfonne & de près de cent autres qui luy reftoient fur les bras fans avoir d'autres vivres à leur donner qu'un peu de pois. Ce fut alors qu'on reconnut la faute qu'on avoit fait de ne pas f'addonner à cultiver la terre. Les PP. Recollects, les PP. Jefuittes & la veuve Hebert furent les feuls qui trouverent ce que valoit une terre defrichée; ils avoient amaffé quelque peu de grain, ils le partagerent à ceux qui n'avoient rien à manger; le nombre de ceux là etoit grand & f'augmentoit touts les jours. Les François qui avoient refté chés les Hurons defcendirent avec le P. Jofeph de la Roche d'Aillon. Le Sr de Champlain, pour diminuer les bouches, defchargea le fort autant qu'il pût de monde, il en envoya 20 avec les Hurons, il en envoya encore quelques uns chés les Abnaquis fauvages que l'on ne connaiffoit pas encore; ils n'etoient eloignés de Quebec que de huit journées. Defdames defcendit auffy à Gafpey pour hyverner avec bon nombre de perfonnes qu'il avoit avec luy afin d'apporter des nouvelles dès le printemps. Ce qu'il fit fitôt que la navigation fut libre, fe trouvant à Quebec le 25 avril 1629 pour dire que les Sauvages de la Cadie avoient vû depuis peu huit navires anglois. Le Sʳ de Champlain qui n'avoit plus de vivres envoya le 26ᵉ Juin fon beau frere du Boulay, Foucher, Defdames & vingt autres en chercher à Gafpey, avec ordre de leur apporter aumoins de la morüe. Les François qui avoient hyverné aux Hurons amenerent le P. Brebeuf. Ils arriverent le 17ᵉ Juillet pour accroitre le nombre des affamés, chacun fouillant la terre pour y trouver quelques racines pour f'efchapper la mort. Les PP. Recollects cependant ne perdant pas courage eurent foing d'enfemencer une partie de leur terres, & offrirent le refte à ceux qui voudroient les labourer, mais ce n'etoit pas une viande prefte; il falloit que tout l'efté meurit ces grains pour les pouvoir manger. Les Anglois retournerent auparavant dans le fleuve Saint-Laurent & etoient à Tadouffac dès le mois de Juillet fans qu'on en fçût rien à Quebec, ayant pris une barque où etoit le Sʳ du Boulay qui apportoit des rafraifchiffements & des munitions qu'il avoit reçu du Sʳ Emeric de Caën. Cette prife fut avantageufe aux Anglois parce qu'ils apprirent le miferable etat de Quebec, & qu'ils fe fervirent des matelots pour les y conduire au plutot. Ce fut les 2 freres du general de Quer, Louys & Thomas qui monterent avec un flibot & 2 pataches pour furprendre Quebec. Ils n'etoient qu'à deux lieuës du

Fort fans que le Sr de Champlain en fut averty. Cependant ayant efté apperçus par deux François et un Sauvage, le Sr de Champlain fit faire bonne garde partout pour n'eftre pas furpris. La marée montante amena une chalouppe qui portoit un pavillon blanc pour fçavoir fi il y avoit affurance d'approcher; le fort mit auffy un pavillon blanc pour temoigner qu'elle le pouvoit; elle vint à terre, & un jeune gentilhomme vint faluer le Sr de Champlain en luy donnant une lettre des Srs Louys & Thomas Quer, qui le fommoient de leur mettre entre les mains le fort & l'habitation de Quebec, luy promettant au refte une honnefte & raifonnable compofition. Le Sr de Champlain qui n'avoit que trois coups à tirer, manda qu'il acceptoit leur offres, les priant toutefois de ne pas approcher juques au lendemain qu'il devoit leur faire fçavoir fa derniere refolution. Il priâ en même temps le P. Jofeph Caron, Recollect, de fe tranfporter à bord des Anglois pour fçavoir d'eux quel deffein ils avoient de venir dans un temps que la paix devoit eftre faite entre les deux couronnes, & pour voir fi il n'y avoit point à temporifer juques à quinze ou du moins juques à huit jours. Ils firent attendre le Pere fur le pont pendant qu'ils tinrent confeil de guerre & enfuitte ils l'envoyerent le priant de ne fe pas trouver dans le fort fi ils etoient obligés de l'attaquer. Ils renvoyerent en meme temps leur chalouppe pour fçavoir quelle compofition on pretendoit. Le S^r de

Champlain leur manda qu'il defiroit voir la commiffion qu'ils avoient de leur Roy, demanda un vaiffeau pour repaffer en France, luy, les Religieux, les François & 2 Sauvages qui luy appartenoient, demanda encore de fortir avec armes & bagages, meubles & pelleteries, luy & les fiens. Les Anglois promirent de faire voir leur commiffions, de donner paffage aux François qui le voudroient, de permettre aux officiers de fortir avec armes, bagages, habits & pelleteries qui eftoient à eux, aux foldats d'emporter leur habits & une robbe de Caftor, aux Religieux leur livres, robbes & rien davantage. Le Sr de Champlain accepta ces conditions qui ne plaifoient pas à beaucoup de foldats & autres qui auroient mieux aimé fe battre juques à la mort que de perdre en un moment ce qu'ils avoient eu tant de peine à amaffer. Il fallut cependant en paffer par là, & voir le lendemain 20 juillet les Anglois entrer dans Quebec. Ils approcherent pour cet effect leur flibot de cent tonneaux, fur lequel il y avoit dix canons; les deux pataches qui portoient chacune fix canons approcherent auffy, & mirent à terre cent cinquante foldats. Louys Quer demanda les clefs du magazin que le Sr du Pont principal commis donna & les mit entre les mains d'un nommé Baillif qui y trouva 4000 caftors. Ce Baillif etoit natif d'Amiens & avoit tres mal fervi en ce pays le Sr de Caen en qualité de commis; il f'etoit donné aux Anglois, de meme que fit Eftienne Bruflé, Nicolas

Marfolet & Pierre Raye, touts trois François qui fçavoient parler fauvage. Le Sr de Quer prit enfuitte poffeffion du fort fans permettre que le Sr de Champlain delogeaft; il vifita enfuitte les PP. Jefuittes & les PP. Recollects auxquels il laiffa quelques foldats pour les conferver du pillage. Les PP. Recollects ne laifferent pas de perdre un calice doré qui leur fut dérobé. Le lendemain les Anglois dechargerent leur vaiffeaux, & le dimanche, 22e du mois, ils poferent les armes d'Angleterre à l'habitation & au fort en tirant grand nombre de canons & de moufquets. Ils embarquerent enfuitte le caftor du magazin, & levant l'ancre le 24 juillet ils emmenerent le Sr de Champlain, les PP. Jefuittes, la plus grande partie de nos François & les 2 jeunes fauvageffes, refervant les PP. Recollects, le Sr du Pont avec deux ou trois de fes ferviteurs pour l'autre voyage. Le capitaine Louys Quer refta à Quebec pour y commander, & fon frere Thomas Quer, vice admiral, conduifoit les vaiffeaux.

CHAPITRE QUINZIEME

L'avanture des navires françois envoyés en la Nouvelle France cette année 1629.

L partit cette année fix vaiffeaux pour le Canada, un que mena le Sr Emeric de Caën, 4 pour les affociés, & un petit qu'emmenoient auffy les PP. Jefuittes.

Le Sr Emeric de Caen etoit celuy qui avoit fait plus de diligence pour venir; il avoit paffé à une portée de canon du Moulin Baude proche Tadouffac où les 5 gros vaiffeaux de David Quer, general de la flotte angloise, etoient mouillés, fans etre vû accaufe de la brume epaiffe qui fe faifoit alors; mais il ne fut pas loing parce que penfant doubler la pointe aux Alloüettes il echoüa fur l'ifle Rouge. La brume f'etant diffipée, il apperçut les navires anglois, & parce qu'il craignoit de fe perdre il tira quelques coups de canons pour leur demander fecours. Le general Quer ne fe mit pas beaucoup en peine d'envoyer vers luy voyant qu'il ne pouvoit efchapper. Cependant la marée montante faisant flotter ce navire efchoué, le Sr Emeric fe rembarque & gagne le mouillage de l'Efchaffaut aux

Basques, & ensuitte celuy de la Male Baye; ce fut là où il apprit de quelques Sauvages que les Anglois avoient pris Quebec; il en doubta & pour le sçavoir plus certainement il envoya deux François en canot qui devoient luy en venir dire des nouvelles, mais paroissant à Quebec ils y furent arrestés. Il en fut tout à fait assuré lorsqu'il vit les trois petits vaisseaux anglois descendre, car pour lors il appareilla pour tascher de gagner le dessus du vent & s'echapper s'il pouvoit vû qu'il n'avoit que 4 pieces de canons & fort peu d'hommes avec luy. Le flibot luy envoya quelques volées de canon auxquelles il repondit avec de meilleure poudre. Il se tire de part & d'autre environ trente coups. Emeric qui voyoit encore venir sur luy les deux pataches fit quelques bordées pour gagner le vent, mais Thomas Quer le poursuivant fit jetter des grappins dans son bord & l'accrocha de telle façon qu'un homme armé pouvoit deffendre l'entrée de chaque vaisseau par le beaupré. Les voilà à se battre de plus près; trois Anglois sont tués par les nostres; le reste qui se sentit fort maltraitté s'enfuit sous les Ponts. Thomas Quer restoit preque seul à combattre. Cependant comme Emeric ne pouvoit se descrocher & que les deux pataches angloises s'approchoient tant qu'elles pouvoient, quelques uns de nos soldats huguenots crierent: cartier. Quer repondit aussitot: bon cartier, comme au Sr de Champlain que nous avons icy. Emeric le voyant se rendit, & vint faire la reverence à Quer dans son bord, luy disant qu'il croyoit que la paix etoit faitte entre la France & l'Angleterre. Apres cette expedition les Anglois se rendirent aupres de leur general qui recûst nos François avec joye. Le general Quer monta à Quebec avec ses principaux officiers où etant arrivé il visita les PP. Recollects & prit une collation chés eux, leur temoignant qu'il en avoit appris tant de bien soit des François soit des Sauvages qu'il les garderoit volontiers dans le pays si le Conseil d'Angleterre n'en avoit autrement ordonné, qu'aureste ils eussent à demeurer paisibles dans leur couvent juques à ce qu'il fallût necessairement partir, dire la sainte messe dans leur chappelle & prendre librement au magazin ce qu'ils auroient de besoing. Ils se preparerent à leur depart & comme ils esperoient retourner en bref, ils cacherent en divers endroits sous terre la plus grande partie de leur ornements d'eglise & de leur meubles. Ils se contenterent de passer seulement deux coffres avec eux & s'embarquerent le 9ᵉ septembre avec le Sʳ du Pont, laissants la veuve Hebert & Couillard avec sa famille à qui Louys Quer avoit offert de rester s'ils le souhaittoient; ils accepterent cette offre dans l'esperance de voir au plutôt les François. Le general Quer à son retour à Tadoussac ne contenta pas fort le Sʳ de Champlain, vû qu'il luy ota les deux sauvagesses pour les renvoyer à Quebec, & qu'il luy fit rendre l'inventaire de ce qui etoit au fort que Louys Quer avoit figné. La flotte angloife leva l'ancre après avoir enterré le traitre Jaques Michel, de Dieppe, huguenot, qui avoit conduit cette année & l'autre encore les Anglois en ce pays. Mais quittons l'Anglois pour voir ce qui eft arrivé des autres vaiffeaux françois qui venoient fecourir le Canada.

La Compagnie de la Nouvelle France avoit fretté quatre vaiffeaux; les deux plus confiderables etoient commandés l'un par le capitaine Joubert & l'autre par le capitaine Daniel. Ces vaiffeaux partirent de Dieppe dès le 22 Avril, mais parce qu'ils avoient ordre d'attendre l'efcorte du Sr de Razilli, ils arrefterent à Ché de Bois, proche la Rochelle juques au 26e Juin; mais parce que la Cour ne jugea pas à propos d'envoyer le Sr de Razilli en Canada accaufe de la paix qui f'etoit faitte, le 17e may, entre les deux Couronnes, M^{rs} les affociés firent partir leur navires qui allerent enfemble juques au grand banc où la brume les fepara.

Le capitaine Daniel fe rangea dans l'ifle du Cap-Breton en une riviere que les Sauvages appellent le grand Cibou où il rencontra un navire de Bordeaux dont le Patron f'appelloit Chambreau qui luy dit que le Sr Jaques Stuard, Millor Efcoffois, etoit venu en ce lieu avec deux grands navires & une patache, qu'il avoit pris le vaiffeau de Michel Dihourfe qui pefchoit, & qu'il avoit enfuitte envoyé ce vaiffeau avec les 2 fiens pour fe faifir du Port Royal en la

Cadie; que ce Millord avoit fait un fort au Port des Baleines, qu'il luy avoit enlevé trois pieces de canon pour mettre dedans, & qu'il pretendoit tirer le dixieme foit de la pelleterie foit du poiffon que feroient les François en ces endroits. Le capitaine Daniel informé de la forte fe refolut de chaffer cet Efcoffois. Pour cet effect il arme cinquante-trois de fes gens, & fe pourvoit des chofes neceffaires pour affieger & efcalader ce fort; le 18 feptembre il en fait l'attaque en jettant force grenades dedans; les affiegés firent quelques decharges de moufquets, & f'epouventerent enfuitte fi fort qu'ils demanderent auffitot cartier en arborant le pavillon blanc. Le capitaine Daniel fit enfoncer la porte & fe faifit du millord & de quinze de fes hommes qui etoient touts bien armés de fufils, moufquets, piques, cuiraffes, braffarts, cuiffarts &c. Il les fit defarmer & pofa enfuitte l'etendard de France au meme lieu où etoit celuy d'Angleterre. Vifitant la place il trouva un François de Breft qui etoit retenu prifonnier en attendant que fon capitaine qui devoit apporter une piece de canon de fon navire, & le dixieme poiffon de fa pefche, le vînt delivrer. Le capitaine Daniel chargea les munitions & vivres dans une Carvelle efpagnolle qui etoit au port, fit rafer le fort & en fit faire un nouveau à l'entree de la riviere du grand Cibou afin d'empefcher les ennemys d'y entrer davantage. Il y laiffa 40 hommes, compris les PP. Vimont & Vieuxpont, Jefuittes, avec huit pieces de canon & beaucoup de munitions de guerre & de bouche. Il en partit le 5ᵉ novembre & debarqua près de Falmüe (1) port d'Angleterre 42 tant hommes que femmes & enfans anglois, & emmena le millord avec une vingtaine des principaux en France.

Le capitaine Joubert ne fut pas ſi heureux; il fut pourſuivy proche de Miſcou par les Anglois. Il apprit de Deſdames & de Foucher qui avoient relaſché à Gaſpey que les Anglois etoient à Quebec; il retourna & approchant les coſtes de Bretagne, ſon navire ſe fracaſſa ſur les rochers. Les hommes ſe ſauverent cependant à Quimpercorentin où ils furent retenus comme Pyrates juques à ce qu'ils euſſent fait connoitre le contraire & pendant ce temps ils eurent le loiſir de depenſer le peu qu'ils avoient echappé du naufrage.

Le vaiſſeau des PP. Jeſuittes eut un pareil malheur vers les iſles Campſeau à la Cadie, puiſqu'il y fit naufrage par un coup de vent de ſueſt qui le porta ſur les rochers environ les neuf heures de ſoir, jour de Saint-Barthelmy. Ils etoient vingt quatre perſonnes dans le navire; il n'y en eut que dix qui eſchapperent, le reſte fut noyé, entre autres le P. Noyrot & Frere Louys jeſuittes. Les PP. Lalleman & Vieuxpont furent pouſſés ſur une iſle proche terre avec ſept ou huit matelots; ils y paſſerent la nuit bien trempés & froiſſés des coups de

---

(1) Falmouth.

mer qui les avoient roulés fur les roches parmi le debris du vaiffeau; le lendemain ils f'occuperent à enterrer les morts & à retirer les marchandifes que la mer avoit jetté à terre. Quatre jours après ils apperçurent une chalouppe qui venoit vers le lieu où ils etoient; ils envoyerent un matelot au maiftre du navire qui n'etoit qu'à une lieuë & demie où il faifoit pefche, pour demander paffage dans fon bord; ils l'obtinrent aifement. En attendant que la pefche de ce capitaine fut faitte, un Sauvage leur vint dire que le capitaine Daniel n'etoit qu'à 25 lieuës de là, qu'il batiffoit une maifon & y devoit laiffer des François avec le P. Vimont jefuitte. Le P. Vieuxpont, defirant fe joindre au P. Vimont, demanda à ce barbare fi il le meneroit bien; il f'y offrit & ainfy le P. Vieuxpont fe fepara du P. Lalleman pour demeurer avec le P. Vimont. Le navire bafque etant chargé de poiffon partit le fixieme octobre & après 40 jours de gros temps il f'alla brifer pres de Saint-Sebaftien. Le P. Lalleman fe jetta dans la chalouppe avec les autres; il fut mené à la ville Saint-Sebaftien, & de là f'en fut à Paris.

CHAPITRE SEIZIEME

Ce que les François ont fait pour le Canada és années 1630, 31 & 32.

LE Sr de Champlain ayant eté mis à terre à Douvres alla trouver l'ambaffadeur de France qui etoit à Londres, & luy raconta l'injuftice des Anglois d'avoir pris la Nouvelle France & quantité de navires deux mois après la paix, & toutes les vexations qu'ils avoient fait aux François de la Cadie depuis 20 ans. Mr l'ambaffadeur en fit plainte au Roy de la Grande Bretagne & à fon confeil; il fut promis que l'on rendroit Quebec. Le Sr de Champlain voyant que les affaires alloient lentement paffa en France, où il informa Mgr le Cardinal de Richelieu & Mrs les affociés de la maniere que les chofes f'etoient paffées. Mgr le Cardinal en parla au Roy qui en ecrivit au Roy d'Angleterre. Sa Majefté Britannique dans fon Confeil ordonna que l'habitation & le fort de Quebec feroient rendus, fans faire mention de la Cadie. Toutes ces negotiations eftoient de longue haleine. Les affociés vouloient aller plus vite en befogne; ils demanderent fix vaiffeaux de Roy avec 4 pataches pour reprendre Quebec. M^r le chevallier de Razilli fut choify pour eftre le general de cette flotte. Le Roy d'Angleterre apprend le fujet de cet embarquement & promet de faire reftituer ce que fes fujets avoient pris depuis la paix, ce qui fait que Sa Majefté tres chretienne contremande l'ordre qu'elle avoit donné. Cependant les Anglois envoyent deux navires à Quebec en 1630 qui retournerent bien chargés de pelleteries.

1630.

M^rs les affociés equippent deux vaiffeaux pour fecourir nos François du Cap Breton. Ils en equippent encore deux autres pour faire une nouvelle habitation à la Cadie. Ce dernier equippement etoit confiderable, le Sr Tuffet qui l'avoit fait à Bordeaux y avoit mis bon nombre d'ouvriers & d'artifans fous la conduitte du capitaine Marot. Il paffa auffy trois PP. Recollects de la province d'Aquitaine pour travailler au falut des François & des Sauvages. Le fils de la Tour à qui ces deux vaiffeaux etoient addreffés afin de faire une habitation au lieu le plus commode en donna avis à fon Pere qui etoit parmy les Anglois du Port Royal; il vient trouver fon fils, & convinrent enfemble de faire une habitation à la riviere Saint-Jean à 14 lieuës plus au nord que le Port Royal & pour ce faire, ils depechent promptement le plus petit vaiffeau des deux pour avoir plus de monde & de chofes necef-faires pour defricher la terre, batir & fe fortifier. Le Sr Tuffet fut etonné de voir revenir fi promptement ce navire fans apporter ny pelleterie ny poiſſon qui defrayaſſent l'embarquement precedent.

Preque en meme temps fur la fin d'octobre arriva un vaiſſeau peſcheur du Cap Breton dans lequel avoient repaſſé les PP. Vimont & Vieuxpont Jeſuittes qui rapporterent qu'il etoit mort 12 François du mal de terre en l'habitation du grand Cibou.

1631. M^rs les aſſociés de la Nouvelle France reſidants à Bordeaux firent charger au mois d'avril 1631 un vaiſſeau de tout ce qu'il etoit neceſſaire pour ſecourir le fort ſitué au cap de Sable, coſte de la Cadie. Laurent Ferchaud mit entre les mains du Sr de la Tour toutes les marchandiſes & ſe trouva à Bordeaux à la fin d'aouſt. Les ſuſdits aſſociés apprennant que les Eſcoſſois avoient fait venir des menages & beſtiaux au Port Royal & qu'ils ſ'y accommodoient touts les jours de mieux en mieux, montrerent pareillement par leur diligence qu'ils n'oublioient rien de ce qui etoit neceſſaire pour la peuplade & la conſervation de l'habitation nouvelle qu'ils avoient fait dreſſer à la riviere Saint-Jean puiſqu'ils y renvoyerent le meme vaiſſeau au mois d'octobre avec nombre d'ouvriers & quelques PP. Recollects pour y faire miſſion.

M^rs les directeurs de Paris & de Rouen firent auſſy equipper deux vaiſſeaux tant pour donner ſecours à l'habitation de Sainte-Anne de l'iſle du Cap Breton que pour faire traitte & peſche à Miſcou & à Tadouſſac. Le capitaine Daniel alla au fort Sainte-Anne où il trouva du defordre au fujet du commandant Baude qui avoit tué fon lieutenant appellé Martel, natif de Dieppe. Ceux de l'habitation tenoient leur commandant prifonnier. Le capitaine Daniel luy donna le fort pour prifon, d'où il fe fauva, ce qui obligea Daniel à refter afin de tenir chacun en fon devoir, & de donner la conduitte de fon vaiffeau à Michel Gallois, Dieppois, pour aller faire la pefche & la traitte à Mifcou. Il depefcha auffy en meme temps une pinaffe d'environ 20 tonneaux pour Tadouffac fous le commandement d'un appellé Sainte-Croix. Gallois trouva à Mifcou deux vaiffeaux bafques & une barque d'environ trente cinq tonneaux où commandoit un appellé Dumay. Cet homme dit à Gallois qu'il avoit commiffion de Mgr le Cardinal de vifiter les vaiffeaux pefcheurs, & que f'il le vouloit affifter ils iroient fommer les capitaines de ces deux vaiffeaux de montrer leur paffeports. Gallois crût aifement cet homme. Ils furent de compagnie trouver le maiftre d'un des deux navires qui leur montra fa commiffion en bonne forme. Ils furent enfuitte à l'autre capitaine nommé Jean Arnaudel de Saint-Jean de Luz qu'ils trouverent feul dans fon bord avec un petit garçon, fes gens etant pour lors à terre, où ils accommodoient leur poiffon; ils l'arrefterent parce qu'il n'avoit point de congé & fe faifirent des armes & munitions qu'ils tranfporterent dans leur vaiffeau avec le dit Arnaudel. Ils retournerent enfuitte dans ce navire qu'ils avoient faify & appellerent l'equipage qui habilloit le poiffon à terre à qui ils declarerent la faifie du vaiffeau. Un de ces Bafques prend la parole & commence à dire que fi leur capitaine eft arrefté, ils font le mouffe capitaine & fe mettants touts en fougue ils gagnent le bas du vaiffeau où etoient cachées quelques piques & moufquets & donnent fi vivement fur Dumay & fes gens qu'ils les obligent de fe retirer promptement dans leur chalouppe tout bleffés qu'ils etoient. Ces Bafques qui avoient la tefte efchauffée ne fe contenterent pas de cela, ils pourfuivirent Dumay juques à fon bord où ils le prefferent de fi près qu'il fut contraint pour arrefter leur violence de faire paroitre le capitaine Arnaudel fur le tillac. Ce capitaine fe voyant degagé fe jetta à l'eau, & tout veftu qu'il etoit gagna une de fes chalouppes à la nage qui le remena à fon navire. Ce fut alors qu'il commença à agir en capitaine, parce que après avoir emprunté de la poudre & des armes de l'autre vaiffeau bafque, il vint fondre fur le dit Dumay en luy lachant d'abord trois volées de canon, & luy commendant de renvoyer non feulement toutes les armes & munitions qu'ils luy avoit enlevées mais encore de luy envoyer celles de fa barque & du vaiffeau de Gallois, autrement qu'il alloit les couler touts les deux à fond. Ils etoient trop foibles pour refifter, il fallut obeir & fe voir pris par celuy qu'ils venoient de prendre. Sur ces entrefaittes la pinaffe de Sainte-Croix qui revenoit de Tadouffac où les Anglois l'avoient pillé, arriva; Arnaudel luy fit commandement de le venir trouver & de luy apporter toutes fes armes, munitions & voiles. Tout ce que pût faire Sainte-Croix fut de protefter contre luy de touts defpens, dommages & intereft, ce qui intimida ce capitaine & fut caufe qu'il luy rendit fes voiles pour fortir du port de Mifcou. Arnaudel ne fe contenta pas de cela, il perfuada aux Sauvages que les François les vouloient empoifonner par leur eau de vie; ces barbares le crurent & pillerent une chalouppe de nos François & meme tuerent un matelot. Gallois fe voyant attaqué par les Anglois, Bafques & Sauvages f'en revint au fort Sainte-Anne avec très peu de traitte & de pefche, & le capitaine Daniel laiffa fon frere pour commander à ce fort & retourna en France.

Le Sr Guillaulme de Caen obtint de Mgr le cardinal de Richelieu de traitter cette année en la Nouvelle France. Il y envoya fon neveu Emeric de Caen qui vint juques à Quebec, mais les Anglois l'empefchant de faire traitte, il revint fans avoir profité de rien.

Mr de Fontenay Mareuïl, ambaffadeur de France aupres de Sa Majefté Britannique, follicitoit fortement la reftitution du fort & habitation de Quebec & autres lieux ufurpés par les Anglois; il en vint à bout, & le Printemps fuivant M^r le cardinal, fous le bon plaifir de Sa Majefté, ordonna que la Compagnie envoyeroit un nombre d'hommes que le Sr Guillaulme de Caen jouiroit du pays une année feulement pour fe redimer des pertes paffées. L'embarquement fut grand. Le P. Paul le Jeune, jefuitte, fupérieur de la refidence de Dieppe, paffa en qualité de fuperieur du P. Le Noüe & d'un frere laic. Les lettres du Roy de France & d'Angleterre que le Sr Emeric de Caen prefenta à Louys Quer, fe luy firent ceder le Fort de Quebec. Il emporta les Pelleteries qu'il avoit amaffé & le Sr Emeric de Caen reprit poffeffion du pays au nom du Roy de France Louys 13. Le Sr Dupleffis Bouchard commendoit fous luy.

Fin de la Première Partie.

SECONDE PARTIE

———

Dans cette feconde partie qui doit s'etendre juques en l'an 1670, l'on ne doit point parler des PP. Recollects qui les premiers ont travaillé à la miffion, & à mettre le pays en etat, puifqu'ils n'ont pû revenir qu'en la fufditte année 1670, quoyqu'ils pourfuiviffent affés leur retour, fans fçavoir qui pouvoit l'empefcher.

A peine les PP. Jefuittes eurent-ils quelque liberté de retourner en Canada, que fe fouvenant de leur ancienne amitié avec les PP. Recollects, ils leur manderent le defordre du pays & le defir qu'ils avoient de les revoir.

Les PP. Recollects, jugeant à propos de n'y retourner qu'avec des privileges plus etendus que ceux qu'ils avoient la premiere fois, firent prefenter par le P. Antonin Baudron qui etoit à Rome pour les affaires de leur province, au pape Urbain huitieme, le narré de ce que leur Peres avoient fait en la Nouvelle France. Cela fit que la congregation *de Propaganda fide* donna fon decret le 28 février 1635 qui porte nouvelle approbation de cette miffion & plufieurs privileges pour y reuffir, & le Sr Ingolus fecrettaire de la ditte Congregation ecrivit de fa part le 16e Janvier & 13 aouft 1635 au R. P. Provincial & au Gardien de Paris pour les porter à favorifer cette miffion. (1) Meme le cardinal Antoine Barberin prefect de la ditte Congregation y joignit fa lettre afin d'y obliger davantage ces Peres, & de pourfuivre ce qu'ils avoient fi heureufement commencé, & Mgr l'eveque d'Afcoli, Nonce en France, ayant receu de Rome le 29e Mars & le 4 Juin 1635 encore d'autres permiffions plus amples les adreffa au P. Gardien des Recollects de Paris.

Les PP. Recollects ayant reçû toutes ces pieces refolurent de pourfuivre leur retour au Canada, mais ils y trouverent d'abord plufieurs difficultés, & comme on deguife ordinairement le veritable deffein fous quelques pretextes apparents, on leur dit deux chofes entre autres: la premiere qu'ils ne pouvoient pas f'accomoder avec les PP. Jefuittes; à quoy ils repondirent que fi ils avoient eu quelque

---

(1) Le texte original de ces lettres se trouve aux Archives de Versailles (fonds des Recollets). Voir à l'Appendice.

antipatie avec les PP. Jefuittes, ils ne les auroient pas follicité tant de fois à venir partager leur travail & leur gloire, qu'ils avoient demeuré quatre ans avec eux dans leur maifon fans avoir eu le moindre different & qu'il feroit encore plus facile à prefent qu'ils font feparés & qu'ils demeurent chés eux.

Quelques uns de cette difficulté pretendüe de vivre en paix avec les Jefuittes prirent fujet de croire que c'etoit eux qui empefchoient le retour des Recollects; meme Fr. Gervais Mohier, laïc Recollect qui avoit demeuré avec eux au Canada & qui fouhaitoit y retourner, en ecrivit un mot de lettre au P. Charles Lallemant qui dès lors de leur premiere arrivée à Kebec etoit fuperieur de leur miffion & y etoit encore retourné en cette qualité, pour f'en plaindre à ce Pere. Lequel auffitot luy fit reponfe fur tout ce qu'il luy avoit propofé & marqua dans la lettre la joye que luy & touts ceux qui etoient avec luy euffent eu de l'embraffer en ce pays & qu'ils etoient touchés fenfiblement que l'on fe perfuada qu'ils l'empefchaffent. Il ne fe contenta pas de cela & pour faire mieux voir fon fentiment & celuy de la Compagnie il en ecrivit le meme jour 11 aouft 1636 au P. Provincial des Recollects en des termes obligeants & qui faifoient voir qu'il n'avoit pas oublié la reception que ces Peres leur avoient faitte, & l'année fuivante avant reçu les lettres des PP. Recollects au lieu de leur perfonnes parce qu'on les empefchoit de paffer, ils en ecrivirent de rechef au fecrettaire du P. Provincial des Recollects du 7ᵉ feptembre 1637.

La feconde chofe que l'on objectoit aux PP. Recollects c'etoit qu'ils avoient voulu eriger le Canada en Evefché & qu'un de leur Peres en fût le premier Eveque. C'etoit la facrée Congregation *de propaganda fide* qui avoit propofé un P. Recollect de la province d'Aquitaine qui etoit grand penitencier à Saint-Jean de Latran, pour eftre Eveque de Canada, fur ce que les PP. Recollects de la province de Saint-Denys avoient reprefenté du Canada; mais bien loing que les Peres de cette province de Saint-Denys confentiffent à cela, ils f'y oppoferent & l'empefcherent, ce qu'ils avoient arrefté entre eux avant meme que le Roy & Mgr le cardinal en ecriviffent au Pape. Ces raifons etoient des pretextes & la fuitte fit affés connoitre que ce n'etoit point cela qui portoit les marchands affociés à empefcher les PP. Recollects de paffer, mais que c'etoit les PP. Jefuittes qui avoient leur intereft dans cette compagnie de marchands vû qu'ils en avoient trois parts, & qui vouloient mettre un eveque qui fût leur creature, comme ils en mirent un en effect l'an 1657, qui eft Mr de Laval, que c'etoit eux, dif-je, qui y formoient oppofition fecrete & qui faifoient agir les marchands fans qu'ils paruffent eux-memes. Les PP. Recollects preffant en 1636 Mrs les affociés fur le fujet de leur retour, ces marchands leur repondirent qu'ils ne vouloient pas continuer à entretenir fix Religieux comme etoient convenus les premiers affociés du Pays, mais donner feulement fix cent livres, avec le paffage & le retour gratis. Le P. Ignace Le Gault, alors provincial des Recollects, accepta ces offres & en donna acte & M. Lemelle Bourgeois de Paris findiq general de cette province f'obligea pour ce qu'on pourroit donner de furplus aux Recollects du Canada. Sur cet accord quelques Recollects fe difpoferent pour la Nouvelle France, mais inutilement, parce que M^{rs} les affociés ne le voulurent pas; ce qui obligea M. de Loyfel prefident de la cour des aides à Paris, findiq des Recollects, de fommer ces M^{rs} les marchands; & comme les Religieux etoient paffés juques à Dieppe pour f'embarquer & que les commis des affociés refuferent de leur donner place dans les vaiffeaux, ils en furent encore fommés une 2e fois.

Les PP. Recollects, voulant eluder le pretexte d'intereft que les affociés prenoient fur ce que ces Peres leur couteroient, confentirent de ne rien recevoir & demanderent feulement la permiffion de paffer, prefentant des perfonnes qui f'engageoient de payer pour eux tout ce qu'ils feroient obligés de prendre dans les magazins du Canada. Ce que ces M^{rs} ayant accepté ils ecrivirent au Sr Champlain de ne plus enfemencer les terres des Recollects parcequ'ils devoient paffer; ce qui n'eut point encore d'effect, & les PP. Jefuittes, furtout le P. Charles Lalleman, pour cacher mieux fon jeu, en temoigna fon deplaifir par une lettre du 7ᵉ feptembre 1637. Depuis ce temps les PP. Recollects, voyant qu'il etoit inutile de fe preffer davantage, fe font contentés de prefenter de temps en temps quelque requefte aux affociés & de fe conferver leur terres dans l'efperance que Dieu leur feroit naiftre quelque occafion d'y rentrer, & de donner un jour des preuves de leur zelle. Ce qui eft arrivé en 1669 par M. Talon. (1)

(1) Le manuscrit s'arrête là. Les pièces de l'Appendice permettent de compléter l'histoire de cette rentrée des Récollets au Canada. On y verra notamment que les religieux envoyés en cette année 1669, conformément à une lettre de cachet du Roi, furent, par suite d'un naufrage, obligés de rentrer en France. Ce ne fut donc qu'en 1670 que leur ordre fut définitivement réimplanté au Canada. Les quatre Recollets qui y passèrent cette année-là furent le R. P. de la Ribourde, le P. Simple Landon, le P. Hilarion et le Fr. Anselme Bardon.

Le 25 septembre 1675 cinq autres Recollets débarquaient au Canada, où ils s'étaient rendus sur le même vaisseau que M. de Laval, nommé récemment évêque de Québec (tout en ayant son siége à Québec, on sait qu'il avait porté jusque-là le titre d'évêque de Petrée *in partibus*). C'étaient les PP. Potentien Ozon, Chrestien Le Clercq, Louis Hennepin, Zenobe Mambré, Luc Buisset et Leonard Duchesne.

C'est l'année suivante, le 9 juillet 1676, qu'aborda le P. Sixte Le Tac, l'auteur de cette Histoire. Nous le rencontrons, en 1678, chargé de la mission des Trois-Rivières et y faisant ériger une résidence au moyen des secours fournis par la maison des Recollets de Québec (Benj. Sulte, *Hist. des Canadiens Français*, T. V, p. 43). Nous savons (voir la Notice biographique à la suite de la Préface) qu'il demeura au Canada, soit à cette résidence des Trois-Rivières, soit à Québec, soit à Plaisance, jusqu'à la fin de 1689, époque où il revint en France.

APPENDICE

Pour compléter l'*Histoire* qui précède au point de vue, qui est le sien, de l'établissement des Ordres religieux au Canada, et notamment de l'Ordre des Récollets et de leurs démêlés avec les Pères Jésuites ou avec leurs protecteurs, nous croyons devoir donner, dans cet Appendice, la nomenclature des papiers des Récollets conservés aux Archives de la Préfecture de Versailles, en ayant soin de citer, en tout ou en partie, ceux de ces documents qui nous ont semblé particulièrement intéressants pour l'histoire.

Nous observons dans cette nomenclature l'ordre chronologique, en suivant (sauf une ou deux exceptions où ces indications de date sont manifestement erronées) les dates qui ont été portées au dos de ces documents lors d'un premier classement par liasses dont ces papiers portent les traces.

(Sans date, 1618?) *Lettres patentes du Roy autorisant les PP. Récollets de la Province de Saint Denys à s'établir au Canada.*

LOUIS, PAR LA GRACE DE DIEU, Roy de France & de Navarre, A tous ceux qui ces prefentes lettres verront

Salut. Les feus Roys nos predeceffeurs fe font acquis le tiltre & qualité de très Chreftien en procurant l'exaltation de la Saincte foy catholicque, apoftolicque & romayne, & en la deffendant de touttes oppreffions, maintenans les Ecclefiafticques en leurs droictz, recevans en leur Royaulme tous les ordres de Religieux qui avec une pureté de vie fe mettoient à enfeigner les Peuples & les endoctriner tant de vive voix que par exemple. & foit ainfy que nous foyons remplis d'un extrefme defir de nous maintenir & conferver le dict tiltre de Très Chreftien, comme le plus riche fleuron de noftre couronne, & avec lequel nous efperons que toutes nos actions profpereront, Voullans non feulement imitter en tout ce qui nous fera poffible nofdictz predeceffeurs, mais mefmes les furpaffer en defir d'eftablir ladicte foy Catholicque, Icelle faire anoncer es terres loingtaines, barbares & eftrangeres, ou le St nom de Dieu n'eft point invocqué. Noftre cher & devot orateur, le Pere Provincial de la Province de St Denis en France, des Religieux de St François de l'eftroicte Obfervance, vulgairement appellez Recollectz, fe foit (1) cy devant, & en fecondant nos defirs, offert d'envoyer es pays de Canada des Religieux dudict Ordre, pour y prefcher le St Evangille, & amener a la S^{te} foy les ames des habitans dudict Pays, qui font errantes, vagabondes dans leurs fantafies, n'ayans aulcune cognoiffance du vray Dieu, & à ceft effect y en ayans envoyé nombre, leur labeur (par la grace de Dieu) n'auroit point efté inutil. Au contraire, quelques ungs des dicts habitans de Canada recognoiffans leur vieil erreur ont embraffé avec ardeur la faincte foy, & y ont receu le fainct Baptefme; nouvelle qui nous a efté auffi aggreable qu'aulcune qui nous peuft arriver (2) ; & ne refte

---

(1) M. l'abbé Verreau, dans sa brochure: *Des commencements de l'Église du Canada* (Montréal, Dawson frères, 1885) rétablit, par supposition, le texte comme s'il y avait : « se seroit » et écrit en note: « Dans Sagard on lit : *se soit*. Tous ceux qui sont venus après lui ont répété cette erreur typographique. » Nous en demandons bien pardon à l'érudit abbé, mais Sagard a copié très exactement, comme nous le faisons nous-même, le texte des Lettres patentes, ou du moins du seul exemplaire qui en soit resté, et ce n'est pas du tout une erreur typographique. Il y a bien dans l'original: « se soit », non: « se seroit », quoique cette dernière forme soit en effet plus commune dans les lettres royales de cette époque.

(2) C'est sur ce passage des Lettres patentes que M. l'abbé Verreau, dans la brochure citée plus haut, se fonde pour rejeter la date du 20 mars 1615 que le P. Le Clercq leur assigne dans son *Etablissement de la Foy*, t. I, p. 51. Comme les premiers Pères Récollets se sont embarqués pour le Canada le 24 avril 1615 et que la lettre

à prefent qu'à affermir ce qui a efté commencé par lefdits Religieux, ce qui ne peult mieulx eftre qu'en permettant aus dictz Religieux de continuer enfemble de f'habituer audict pays & y baftir aultant de conventz qu'ilz jugeront eftre neceffaire felon les temps & lieux, tous lefquelz convents, monafteres, & Religieux feront foulz l'obedience dudict Pere Provincial de la province de St Denis en France & non d'aultre, & ce pour empefcher toutte confufion qui pourroit furvenir, fy chacque Religieux à fon premier mouvement fe portoit audict pays de Canada, à quoy defirans remedier pour l'advenir, Nous avons dict, & declaré, difons & declarons par ces prefentes fignées de noftre main, noftre intention & volonté eftre que le Pere Provincial de ladicte province de St Denis en France feul puiffe & luy foit loyfible d'envoyer audict pays de Canada, aultant de fes Religieux Recollectz qu'il jugera eftre neceffaire, & quand bon luy femblera. Aufquelz Religieux Recollectz nous avons permis & permettons par cefd^{tes} prefentes de foy habituer audict pays de Canada & y faire conftruire & baftir un ou plufieurs convens & monafteres, felon & ainfy qu'ilz jugeront eftre à faire, & auquel païs de Canada aulcuns aultres Religieux Recollectz ne pourront aller, fi ce n'eft pas l'obedience qui leur fera donnée par ledict Provincial de ladicte province de St Denis en France, & ce affin d'efvitter toutte diffention qui pourroit furvenir, faifant deffences à tous les Maiftres des Portz & Havvres de permettre qu'aulcuns Religieux de l'ordre de St François f'embarquent pour paffer & aller au dict pays de Canada finon foubz l'obedience du dict Provincial, & de celuy qu'il commettra pour fuperieur, & en tefmoignans plus particullierement noftre affection envers les dictz Religieux, Nous avons Iceux, enfemble leurs conventz & monafteres pris en noftre protection & fauvegarde.

Sy donnons en mandement à noftre tres cher & aymé coufin le Sr de Montmorancy, Admiral de France ou fes lieutenantz fur tous les Portz & Havvres de ceftuy noftre Royaulme, & à tous nos aultres Jufticiers & Officiers qu'il appartiendra, que le contenu cy deffus Ilz ayent a faire garder & obferver de point en point felon fa forme & teneur

royale fait mention des succès que leur labeur y a déjà remporté, des baptêmes qu'ils y ont administrés, etc., il est évident que le document que nous citons est postérieur à l'année 1615. Comme on le verra ci-après, le texte qui est aux Archives de Versailles n'est ni daté, ni signé, ni paraphé. Aussi Sagard et Le Febvre, en le reproduisant, n'y ont-ils mis aucune date. Le Clercq, en voulant être mieux renseigné que ses devanciers, est tombé dans une erreur que d'autres historiens, Ferland entre autres, ont reproduite.

& faire publier ces prefentes par tous les Portz, Havvres & lieux de leurs jurifdictions, fans permettre qu'il y foit contrevenu. Mandons en oultre à Noftre Vice Roy de Canada, fes lieutenantz ou aultres nos officiers des lieux qu'ilz ayent a maintenir lefdictz Religieux Recollectz de ladicte province de St Denis en France audict pays, fans qu'ilz y en puiffent recevoir aulcuns qui n'ayent l'obedience dudict Provincial de la province de France, tenant au furplus la main a l'execution de cefte noftre volonté, nonobftant quelconques lettres a ce contraires, aufquelles nous avons defrogé & defrogeons par cefdictes prefentes. Car tel eft noftre plaisir. En tefmoing de quoy nous avons fait mettre noftre fcel a cefdictes prefentes. DONNÉ... (1)

1821 (18 août). *Articles de la commission votée en assemblée générale des Français résidant au Canada et remise au P. Georges Le Baillif, Récollet, envoyé en France pour faire connaître au roi les plaintes et les désirs des habitants.*

«SAICHENT TOUS QU'IL APPARTIENDRA que l'an de grâce MDCXXI, le dix huitième jour d'aouft du Regne de très hault, très puiffant & très chreftien Monarque, Louis, XIIIe du nom, Roy de France, de Navarre & de la Nouvelle France dicte Occidentale, du Gouvernement de hault & puiffant Seigneur Meffire Henry, duc de Monmorency & de Dampville, pair & admiral de France, Gouverneur & Lieutenant General pour le Roy en Languedoc & vice-roy des païs & terre de la Nouvelle France dicte Occidentale, de la Lieutenance de noble homme Samuel de Champlain, Capitaine ordinaire pour le Roy en la Marine, Lieutenant general es dictz païs & terres dudit Seigneur Viceroy, que par permiffion dudict Sr Lieutenant fe feroit faicte une affemblée

---

(1) Le manuscrit, qui est aux Archives de Versailles, s'arrête là. Etait-ce la copie ou l'original même du projet de Lettres patentes qui devait être soumis à la signature du roi ? Y a-t-il eu un exemplaire de ces lettres qui ait été daté et signé effectivement par le roi ? Nous n'avons pu nous en assurer. Les recherches que nous avons faites aux Archives du Ministère de la Marine où sont conservés les documents relatifs au Canada n'ont pu nous mettre sur les traces de cet exemplaire. Ce ne serait pas d'ailleurs le seul exemple d'une pièce qui aurait produit ses effets alors même que le point essentiel, la signature du roi, ne l'aurait pas rendue authentique. Et cela expliquerait pourquoi Sagard et d'autres restent muets sur la date de ces Lettres patentes.

generale de tous les François habitans de ce païs de la Nouvelle France affin d'avifer des moïens les plus propres fur la ruine & defolation de tout ce païs & pour chercher les moïens de conferver la Religion Cath. Apoft. et Rom^{ne} en fon entier, l'auctorité du Roy inviolable & l'obeiffance deue au dict Seigneur Viceroy; après que par lefdits Sr Lieutenant, Religieux & habitans, en prefence du Sr Baptifte Guirs, commiffaire dudict Seigneur Viceroy a efté conclud & promis de ne vivre que p^r la confervation de la dicte religion, obeiffance inviolable au Roy & confervation de l'aucthorité dudict Seigneur Viceroy. Voïant cependant la prochaine ruine de tout le païs, a efté d'une pareille voix deliberé que l'on feroit choix d'une perfonne de l'affemblée pour eftre deputé de la part de tout le general du païs affin d'aller aux piedz du Roy faire les tres humbles fubmiffions auxquelles la nature, chriftianifme & obligation rendent tous fubjectz redevables & prefenter avec toute humilité le cahier du païs auquel feront contenus les defordres arivez en ce païs & notamment cette année MDCXXI; & auffi qu'iceluy deputé aille trouver noftre dict Seigneur Viceroy pour luy communicquer femblablement des mefmes defordres & le fupplier fe joindre à leur complainte pour la demande & l'ordre neceffaires à tant de malheurs qui menacent ces terres d'une perte future & finallement pour qu'iceluy deputté puiffe agir, requerir, convenir, traitter & accorder pour le general du païs en tout & par tout ce quy fera à l'advantage du dict païs & pour ce tout d'un pareil confentement & de la mefme voix, cognoiffant la fienne ardeur à la religion chreftienne, le zele inviolable au fervice du Roy & de l'affection paffionnée à la confervation de l'autorité du dict Seigneur Viceroy qu'a toufjours conftamment & fidellement tefmoigné le reverend Pere Georges Le Baillif, religieux de l'ordre des Recollés, joint fa grand probité, doctrine & prudance, nous l'avons nommé deputé & delegué avec plain pouvoir & charge de faire, agir, reprefanter, requerir, convenir, efcripre & accorder pour & au nom de tous les habitans de cefte terre, fuppliant avec toute humilité Sa Majefté, fon confeil & noftre dict Seigneur Viceroy d'agreer cefte noftre delegation, conferver & proteger ledict reverend pere en ce qu'il ne foit troublé ny molefté de quelque perfonne que ce foit, ny foubs quelque pretexte que ce puiffe eftre, à ce que paifiblement il puiffe faire, agir & pourfuivre les affaires du païs; auquel nous donnons derechef pouvoir de reduire tous les advis à lui donnez par les particulliers en ung cahier general & à icelluy appofer fa fignature, avec ample declaration que nous faifons d'avoir pour agreable & tenir pour valable tout ce quy fera par icelluy reverend père faict, figné, requis, negotié & accordé, pour ce qui concernera ledict païs, & de plus luy donnons pouvoir de nommer & instituer ung ou deux advocatz au Confeil de Sa Majefté, cours fouveraines & jurifdictions pour & en fon nom & au noftre efcrire, confulter, figner, plaider & requerir de Sa Majefté & de fon Confeil tout ce quy concernera les affaires de cefte Nouvelle France. & nous requerons humblement tous les princes, potentats, feigneurs, gouverneurs, prelatz, jufticiers & tous qu'il appartiendra de donner affiftance & faveur aud^t reverend père & empefcher qu'iceluy allant, venant ou fejournant en France ne foit inquiété ou molefté en cefte prefente delegation, avec particuliere obligation de recognoiffance autant qu'il fera à nous poffible. Donné à Quebecq en la Nouvelle France, foubz la fignature des principaux habitans faifants pour le general, lefquelz pour authentiquer davantaige cefte delegation ont prié le très reverend Pere en Dieu Denis Jamet, commiffaire des religieux quy font en ces terres d'appofer fon feau ecclefiaftique ès jour & an que deffus.

Signé : CHAMPLAIN. F. DENIS JAMET, commiffaire. F. Joseph LE CARON. HEBERT, procureur du Roy. Gillebert COURSERON, lieutenant du prevoft. BOULLÉ. PUBREYE. LE TARTIF. J^{les} PROUX. P. DESPORTES. NICOLAS, Greffier de la Jurifdiction de Quebec & Greffier de l'Affemblée. GUIRS, Comm^{re} de Monfeigneur le Viceroy & procureur de cefte eflection & fcellé en placard du fcel du dit & P. Commiffaire. Collationné à l'original par moy Cons. & Prevoft du Roy, L. BONNET.

1634 (18 décembre). «*Lettre de M. Ingolus, fecretaire de la Congreg. de la Foy au Rev. P. Prov. sur la miffion de Canada.*»

1635 (16 janvier). *Lettre du même au R. P. Gardien des Recollets de Paris.*

1635 (13 mars). *Lettre du même au R. P. provincial des Recollets de Paris.*

Ces trois lettres, écrites en latin, tiennent les Pères Récollets au courant des délibérations conduites devant la Congrégation *de Propaganda fide* au sujet des Récollets et de leur projet d'une nouvelle mission au Canada et l'assurent de la bienveillance du signataire.

«...Ego fane P. V. operam meam in p.ta fac. Cong.ne polliceor, & femper cum ad eam recurret, curabo ut negotia fua diligentius examinentur et expediantur...»

1635 (9 août). «*Acte pour la Miffion de Canada du deffinitoire, des fuittes du decret de la Sacrée Congregation* DE PROPANDA FIDE *portant qu'on y enverroit de nouveau.*» En latin :

«Nos infra fcripti, Minister Provincialis, Ex Provincialis, et Diffinitores Provinciæ Recollectorum S^{ti} Dionyfii in Gallia capitulariter congregati, in hoc conventu Annuntiationis Beatæ Mariæ prope Parifios die nona augufti anno D.ni millefimo sexcentefimo trigefimo quinto, vifis litteris Eminentiffimi Domini Cardi.lis Barberini, facræ congregationis de propaganda fide præfecti, nec non decreto ejufdem congregationis approbante fummo pontifice URBANO OCTAVO et confirmante antiquam miffionem fel. rec. PAULI QUINTI per patres Recollectos prov. S^{ti} Dionysii in Gallia in Novam Franciam dictam Canada inceptam anno D.m.ni millefimo sexcentefimo decimo quarto, et Anglorum bellis interruptam, cum fanctissimo D.no N.ro placuerit eam novis favoribus et privilegio decorare, Unanimi omnium confensu decrevimus prædictam miffionem inftaurandam esse et Religiofos probatæ vitæ illuc quam citius fieri poterit pro temporis opportunitate mittendos. Actum die et anno quibus fupra.

(Signé) Fr. Ignatius LE GAULT, Mr Prov.alis. Fr. Vincentius MORETIUS, Ex-Provincialis. Frater Jacobus DU BOYS, primus diffinitor. Fr. Antonius DES MOYNES, fecundus diffinitor. Fr. Petrus CAILLET, 3^s diffinitor. Fr. Auguftinus VARU, 4. diffinitor.

1635. *Facultates conceffæ a fanctiffimo D. N. D. Urbano, divina Providentia papa Octavo provinciali pro tempore Parifiorum præfecto Miffionis ordinis Recollectorum ad Provinciam Canadæ Americæ feptentrionalis.*

(Pièce originale permettant aux Pères Récollets d'administrer tous les sacrements, d'absoudre, de donner dispenses en cas de consanguinité pour le mariage, de concéder des indulgences, etc., etc. Cette pièce, datée du 29 mars 1635, est signée : Card. BARBERINUS, et contresignée : Jo. Antonius THOMASIUS.)

1635 (?) «Memorial de la Miffion des Pères Recollects en la Nouvelle France dite communement Canada. (Au dos est écrit: Mémoire de l'affaire de Canada dreffé par le P. Potentien qui eftoit noftre fuperieur dans cefte miffion. 1637.»)

1637. «Memoire qui [a efté] fait pour l'affaire des Peres Recolletz de la province de St Denis, dicts de Paris, touchant le droit qu'ils ont depuis l'an MDC quinze dans le Quanada fous l'authorité de Sa Majefté & miffion des Souverains Pontifes fous la faveur defquels ils ont bafty un couvent & Efglize à Quebecq & ont célébré la S^{te} meffe en divers autres endroits dud^t pays les premiers.»

(Ce document, de même que le précédent, a été reproduit *in extenso* par M. P. Margry dans son ouvrage. Pour cette raison, nous ne les reproduisons pas ici.)

1667. «*Contrat conventionnel pour les RR. PP. Recolectz touchant leur habitation au Canada.*»

C'est le texte par devant notaires et sur parchemin de la convention passée à Paris entre: «Meffire Claude de Briou, chevalier, Baron de Survilliers, etc. au nom & comme findicq general & apoftolique des Pères Recollets, de la province de Sainct Denis en France, affifté en la prefence & du confentement de Reverend Pere Germain Allard, gardien des Recollects du convent de cette ville de Paris, au nom & comme procureur de Reverend Pere Caffian Huguyer, provincial de ladicte province & [des autres Reverends Peres dont les noms figurent au bas de ce document], & de Me Romain Becquet, notaire gardenottes en la ville & prevofté de Quebec, capitalle de la Nouvelle France, y demeurant eftant de prefent en cette ville de Paris, logé rue de la Harpe au *Bras d'Hercule*, & Romaine Boudet, fa femme, de lui auctorizée à l'effet des prefentes, difans lefdites parties qu'il appartient aufdicts Reverends Peres une pièce de terre fcize près la ville de Quebec, au lieu dit: *les Recolectz,* fur partie de laquelle eftoit cy devant bafty une Eglife & un couvent avec grange & autres commodités, defquels baftimens ne refte à prefent que quelques veftiges & foffes, le tout ayant efté ruiné faute d'entretenement & d'habitation, une autre partie de laquelle terre contenant huit & neuf arpens en haults bois & fridoches, le tout tenant & joignant enfemble. Et d'autant que lefdicts Reverends Peres ne font point prefentement en eftat de f'aller reftablir audict lieu, lefdicts

Becquet & fa femme ont offert aufdicts Reverends Peres de f'habituer fur ledict Lieu aux conditions qui enfuivent... C'eft à fcavoir que lefdicts Becquet & fa femme ont promis de faire deferter & défricher tout ce qui refte de ladicte terre planté en haults bois & fridoches & icelle mettre en labour pour y recueillir tout grain qu'ils adviferont qui fera pour leur profict particulier à la referve d'un arpent du plus grand bois & propre à baftir qui fera refervé pour l'edifice & conftruction de l'eglife; plus de faire baftir fur ledict lieu une maifon logeable, grange, eftable, fournil, cour & jardin, le tout faire enclore, auquel lieu ils feront actuelle refidance & mettront le tout en eftat le pluftoft que faire fe pourra & entretenir lefdictes terres en bonne valleur, faire faire, planter & entretenir une croix de bois de vingt pieds ou plus de hauteur au lieu ou aparament a efté l'Eglife tant affin d'y conferver la memoire & le nom des Recoletz que pour empefcher ledict lieu d'eftre profané par aucun autre ufage temporel. A efté convenu qu'au cas que lefdicts Reverends Peres Recolectz vouluffent retourner f'habituer & reftablir audict lieu de Quebec pour y faire refidance, lefdicts Becquet & fa femme, leurs hoirs & ayans caufe feront tenus de leur habandonner & remettre ladicte terre en rembourfant par eux aufdicts Becquet & fa femme les deux tiers de l'augmentation qui aura efté faicte fur ladicte terre tant pour le deffrifchement que baftiment suivant l'eftimation qu'ils en feront faire par gens à ce cognoiffans dont ils conviendront amiablement chacun de leur part; & pour l'autre tiers lefdicts Becquet & fa femme le remettent & habandonnent aufdicts Reverends Peres & parens trefpaffés telles prieres qu'ils adviferont bon eftre a leur difcretion pour le repos de leurs ames... Faict & paffé audict convent des Recoletz eftablis au fauxbourg Sainct Laurent les Paris l'an mil fix cens foixante fept le unz^e jour de mars.»

Au dos est écrit: «Le préfent contract nous ayant efté leu dans la troifiefme feance de noftre cong.g.a.on celebrée à Paris, nous l'avons authorifée & fignée aujourd'huy vingt-deuxiefme avril mil fix cent foixante & sept.»

Signé: Fr. Caffian Huguier, provincial. Fr. Olivier Voysembert, ex provincial. Fr. Jean Damafcene Le Bret, cuftode. Fr. Bibuard, Martin, deffiniteur. Fr. George Morin, definiteur. Fr. Marcel Desmaretz, definiteur. Fr. Polycarpe Millet, definiteur.

1669. *Original de la lettre de cachet adressée « au Reverend Père Allart, Provincial des Recollects de la province de Saint Denis » pour lui demander d'envoyer des Récollets au Canada.*

En voici le texte :

« Revd Pere Allart, eftant neceffaire pour le bien de mon fervice & le falut de mes fujets qui compofent la colonie de la Nouvelle France d'y envoyer quelques uns des Religieux Recollects de voftre Province, J'ay bien voulû vous efcrire ces lignes pour vous dire que mon intention eft que vous donniez obedience aux PP. Herveau, Romuald & Hilarion qui font a prefent au Convent de Paris, deppendant de voftre province, pour f'embarquer fur le premier vaiffeau qui partira pour ce pays là ; Et m'affeurant que vous y ferez bien difpofé, je prie Dieu qu'il vous ayt, Revd Pere Allart, en fa f^{te} garde. Efcrit à St Germain en Laye le 15e May 1669. (Signé :) LOUIS (et plus bas :) COLBERT.

1670. *Original de la lettre de cachet adressée « au Reverend Pere Allart, Provincial des Religieux Recollects de la province de Saint Denis » pour lui demander de passer lui-même au Canada avec quatre religieux de son ordre.*

En voici le texte :

« Revd Pere Allart, ayant efté informé qu'autreffois les Religieux de l'ordre St François Recollects eftoient eftablis en Canada & qu'ils defirent rentrer dans la poffeffion de tout ce qui leur appartenoit aud^t pays affin de pouvoir f'appliquer entierement a la confolation fpirituelle de mes fujets, Je vous fais cette lettre pour vous dire que vous ne fçauriez rien faire qui me foit plus agreable que de paffer audit pays avec quatre Religieux dud^t ordre pour reprendre & fortiffier les eftabliffemens qui y ont efté cy devant fais par ceux dud^t ordre, & en mefme temps travailler a l'advancement du Criftianifme & a la converfion des Sauvages, ayant pour cet effect ordonné aux Srs Evefque de Petrée, de Courcelles gouverneur & mon lieutenant general aud^t pays, & Talon Intendant, de vous affifter dans tous les befoins que vous pourrez avoir de l'autorité fpirituelle & temporelle qu'ils ont fur mes fujets. Sur ce je prie Dieu qu'il vous ayt, Revd Pere Allart, en fa S^{te} garde. Efcrit à St Germain en Laye le 4 avril 1670. (Signé) LOUIS (et plus bas :) COLBERT.

1670. « *Coppie collationnée d'une lettre du Roy à Monsieur l'Evesque de Petrée.* »

« Monsieur l'Evesque de Petrée, ayant consideré que le restablissement des Religieux de l'ordre de St François Recolez sur les terres qu'ils ont cy devant possedées en Canada pouvoit estre d'une tres grande utilité pour la consolation spirituelle de mes sujets & pour le soulagement de vos éclesiastiques audit pays, Je vous fais cette lettre pour vous dire que mon intention est que vous donniez le pouvoir au R. P. Allart provincial & aux quatre Religieux qu'il mene avec luy, d'administrer les sacrements à tous ceux qui en auront besoin & qui auront recours à eux, & qu'au surplus vous les aydiez de vostre authorité afin qu'ils puissent se remettre en possession de tout ce qui leur appartient audit pays, à quoy je suis persuadé que vous donnerez volontiers les mains par la connoissance que vous avez du soulagement que mes sujets en recevront. Sur ce je prie Dieu qu'il vous ayt, Monsieur l'Evesque de Petrée, en sa sainte garde. Escrit à Saint Germain en Laye le 4 avril 1671. Signé : Louis, et plus bas : Colbert, et scellé du petit sceau de Sa Majesté. »

1670. *Original, signé & scellé, des lettres patentes, en latin, de l'évêque de Petrée, donnant autorisation aux Récollets de fonder un monastère de leur ordre dans leur ancienne habitation de Quebec, et d'y vivre selon leurs règles et statuts.*

Datum Quebeci Anno millesimo sexcentesimo septuagesimo, die decima novembris.

Signé : Franciscus, Petraensis episcopus.

Contresigné : Petit.

1671. « *Inscription de ce que nous avons mis dans les fondements de nostre Eglise gravé sur une Lame de cuivre.* »

DIE XXII JUNII ANNO 1671
HVJVS ÆDIS IN HONOREM DOM.NÆ ANGELORUM CONSECRANDÆ
PRIMUM LAPIDEM POSUIT
VIR ILLVSTRIS DD. JOA. TALON
REGIS FRANCORUM LUD. XIV A SECRETIOR. SANCTIORIBUS QUE
CONCILIIS, etc.

1673. «Homologation au Conseil Souverain de la Nouvelle France de la transaction faicte avecq le Sindicq des Reverends Pères Recollez (Meffire Daniel De Remy, chevallier, Seigneur de Courcelles, cy-devant gouverneur en Canada, Acadie etc.) & les Relligieufes hofpitallières touchant leurs terres le 23ᵉ janvier 1673. »

(Voir, pour la teneur de cette transaction, la pièce suivante.)

1673. « *Copie de Tiltres pour les Reverends Peres Recollez donnés par Monfeigneur le Comte de Frontenac, Gouverneur.* »

Nous reproduisons tout au long cette pièce intéressante :

«LOUIS DE BUADE FRONTENAC, CHEVALLIER, COMTE DE PALLUAU, Confeiller du Roy en fes confeils, Gouverneur & Lieutenant general pour Sa Majefté en Canada, Accadie, Ifle de Terre Neufve & autres pays de la France Septentrionalle, A tous ceux qui ces pr.tes lettres verront, SALUT.

« Sur ce qui nous a efté remonftré par le Reverend Pere Gabriel de la Ribourde, Vicaire provincial & Supperieur des R. P. Recollets de ce pays que dès l'an MDC quinze plufieurs Relligieux de leur ordre de la province de Paris eftans paffez en cedit pays pour l'inftruction des Sauvages infideles de ces contrées où eftans arrivez ils auroient pris poffeffion d'une certaine quantité de terres qui leur avoit efté données fur le bord de la rivière Sᵗ Charles fur laquelle ils f'eftoient baftis & faict conftruire une chapelle appelée Noftre Dame des Anges & y auroient demeuré & refidé faifant les miffions dans le pays & les fonctions de curé en cette ville de Quebecq jufques en l'an MDC vingt-neuf qu'ils furent obligez de repaffer en France parce que cedᵗ pays avoit efté pris des Anglois qui l'ont poffedé quelques années, depuis lequel temps lefdᵗˢ Peres Recolletz n'y feroient point retournez pour en avoir efté empefchez par plufieurs confiderations, & n'en avoir obtenu permiffion qu'en l'année MDC foixante-neuf qu'ils f'embarquerent avecq leurs tiltres pour revenir en cedᵗ pays f'y eftablir & reprendre poffeffion audᵗ lieu de Noftre Dame des Anges & terres en deppendantes, mais ayant efté obligez de relacher en Portugal Dieu auroit permis qu'ayant faict voille du havre de Lifbonne pour retourner en France ils firent naufrage & y perdirent leurs tiltres concernant la proprieté de ce qui leur appartenoit de terres audᵗ lieu de Noftre Dame des Anges fans qu'il leur en demeuraft aucun, & s'eſtant rembarquez l'année ſuivante pour la meſme fin avecq quatre lettres de cachet du Roy dattées à St Germain en Laye du quatre avril MDC ſoixante-dix ſignées Louis & plus bas Colbert & adreſſées : la première au R. P. Germain Allart lors provincial deſd^{ts} Pères Recolects de lad^{te} province portant ordre de paſſer en ced^t pays avecq quatre Relligieux de ſon ordre qui furent led^t R. P. de la Ribourde, le Père Simple Landon, le Père Hilarion & Frère Ancelme Bardon, pour reprendre poſſeſſion de leurſdites terres, la ſeconde à Monſieur de Courcelles, lors Gouverneur de ce pays portant ordre d'appuyer de ſon authorité ledit Reverend Pere Allart & de procurer le reſtabliſſement deſdits Peres Recolletz, la troiſieme à Monſieur l'Eveſque de Petrée pour la meſme fin & la quatrieſme à Monſieur Talon lors Intendant de ce pays, auſſy pour le meſme ſubject, Ils ſeroient arrivez icy a bon port & ſe ſeroient mis en debvoir de reprendre ce qui leur appartenoit des terres aud^t lieu de Noſtre Dame des Anges ſuivant leſd^{tes} lettres de cachet & Memoires qu'ils avoient peu recouvrer en leur couvent de Paris & par pluſieurs antiens habitans de ce pays, mais ils en auroient eſté d'abord empeſchez par diverſes perſonnes qui s'en eſtoient entierement emparez, meſme trouvé que la plus grande partie avoient eſté donnée & conceddée pendant leur abſence par Monſieur Davaugour lors Gouverneur & Lieutenant General pour le Roy en ce pays & René Louis Chartier Eſc^{er}, Sr de Lobiniere, en fief & Seigneurie avec droict de juſtice par tiltre du vingt-neuf janvier MDC ſoixante deux Signé Dubois Davaugour, lequel Sr de Lobiniere leur en auroit faict remiſe par acte paſſé par devant Rageot, Notaire Royal en cette ville le XXIIIe Octobre MDC ſoixante dix, & le ſurplus ſe ſeroit trouvé eſtre poſſeddé d'un coſté par les relligieuſes hoſpitallières de cette ville, d'autre par la veuve & heritiers du feu Sieur de Repentigny, leſquels Peres Recollets pour eviter à procès & vivre en vrais Relligieux, avoient tranſigé avecq leſdites Relligieuſes pour leſdites terres qu'elles poſſedoient par acte paſſé pardevant Becquet, Not^{re} Royal en cettedite ville le deuxième novembre MDC ſoixante-douze & eſchangé une partie d'icelles avecq les meſmes Relligieuſes comme repreſentant & ayant acquis les terres de ladite veuve & herittiers dudit feu Sr de Repentigny par contract paſſé pardevant ledit Becquet, notaire le vingt^e jour d'avril dernier, tellement que leſdits Peres demeurent en poſſeſſion de cent ſix arpens de terre ſur dix de front ſur ladite Riviere St Charles. Nous, requerant ledit Pere de la Ribourde, audit nom, qu'il nous plaiſe, attendu la perte de leurs tiltres, accorder audit couvent de Noſtre Dame des Anges tiltre nouveau de la dite eſtendue de cent ſix arpens de terre ſur dix de front & le droit de peſche ſur ladite Riviere St Charles au devant des terres dont jouit preſentement ledit Couvent & ce pour l'utillité d'icelluy, à quoy inclinant & voullant favorablement traiter leſdits Peres Recolletz pour les obliger davantage à continuer les ſecours ſpirituels qu'ils donnent en ce pays, Après avoir veu & examiné leſdites lettres de cachet ſignées par collation Chaſſebras, Consr Secretre du Roy, Maiſon & Couronne de France, & les tiltres & contracts cy deſſus enoncés avec l'enregiſtrement d'iceux au Conſeil ſouverain, Nous, en vertu du pouvoir à nous donné par Sa Majeſté & pour bien remplir ſes inſtructions, AVONS par ces préſentes donné, conceddé & accordé, donnons, conceddons & accordons aux Reverends Peres Recollets la quantité de cent ſix arpens de terre ſur dix de front ſur la Rivière St Charles au devant des terres dont jouiſſent preſentement leſdits Peres Recollets & tenants d'un coſté & d'autre aux terres des relligieuſes hoſpitallieres avecq le droit de peſche ſur ladite riviere St Charles dans toute ladite eſtendue, pour jouir par leſdits Reverends Peres Recollects deſdites terres à perpetuité & en tout droit de fief & de Seigneurie portant la foy & hommage au chaſteau de Quebecq ſuivant la couſtume de la prevoſté & vicomté de Paris à la reſerve de la Juſtice qui ſera exercée en la juridiction de Quebecq le tout ſoubs le bon plaiſir de Sa Majeſté de laquelle Ils feront tenus de prendre la confirmation des preſentes dans un an du jour d'icelles, en teſmoing de quoy nous avons ſigné ces preſentes & a Icelles faict appoſer le ſceau de nos armes & contreſigner par l'un de nos Secretaires. Donné à Quebecq le vingt-neufe jour de may MDC ſoixante treize. Signé Frontenac & plus bas : Regiſtré l'arreſt de ce jour à Quebecq au Conſl Souverain le 11e juin MDC ſoixante treize. »

1673. *Autre copie callationnée de la même pièce.*

1676. *Même titre que dessus*, mais portant confirmation et ratification de la décision de M. de Frontenac par une Lettre patente du Roy, «donnée au Camp de Condé, au mois d'avril MDC ſoixante & ſeize, Signée : Louis, & ſur le replis : Colbert.» Copie collationnée par Guillon de Fonteny, notaire, garde nottes du Roy à St Germain en Laye, l'an mil ſix cent ſoixante dix ſept le trente-un mars.

1677. « *Arrêt d'amortiſſement de Sa Majeſté pour le Couvent des Recollets de Quebec, du 9 may 1677.* »

(Comme il a été reproduit dans la publication des Actes du Conseil souverain de Quebec, nous ne le reproduisons pas ici).

1675. *Conſultation ſur pluſieurs cas du pays, notamment ſur la Difficulté touchant le commerce des boiſſons enyvrantes avec les ſauvages de la Nouvelle France reponduë par les docteurs de l'Univerſité de Tholoze.*

« M. l'Eveſque de Kebec fait un cas reſervé et pretend que c'eſt un peché mortel de vendre de l'eau de vie & autres boiſſons enyvrantes aux ſauvages de la Nouvelle France en quantité ſuffiſante pour les enyvrer quoyqu'ils n'en abuſent pas pour lors & qu'ils la portent ailleurs pour la boire.

« Sa raiſon eſt que tous les Sauvages ne boivent que pour ſ'enyvrer, ce qui eſt veritable y en ayant tres peu qui ne boivent trop lorſqu'ils ont de la boiſſon à diſcretion. Il eſt vray encore que dans les excès ils commettent pluſieurs deſordres qui en ſont inſeparables. Cependant il eſt à remarquer qu'il y a deux ſortes de Sauvages : les uns tellement ſoumis aux Français qu'on n'a rien à craindre d'eux & qu'on peut leur commander abſolument; il ſeroit bon de ne pas vendre à ceux là des boiſſons enyvrantes & de les accouſtumer à l'ordre & à la diſcipline quoi qu'ils ne ſoient pas chreſtiens & que le peu de converſions qui ſ'y font marque aſſez le peu de diſpoſitions à la foy. Les autres comme les Iroquois & lès Loups ou Mahingans ne nous ſont nullement ſoumis, nous ont fait par le paſſé de ſanglantes guerres qu'ils peuvent recommencer avec plus de deſavantage pour nous que jamais ſous la protection des Hollandois et autres ennemis de l'Eſtat dont ils ſont voiſins & qui les ſollicitent continuellement à une rupture avec nous qui iroit à la deſtruction du pays & à l'extirpation de la foy par l'obſtacle qu'ils apportent à la publication de l'Evangile chez les autres nations, ce qui a paru par l'ambaſſade que les Hollandois envoyerent en 1673 aux Iroquois pour les engager à une guerre contre nous et par le meurtre qu'ils firent faire aux Loups la meſme année en la perſonne de 16 de nos alliez pour commencer la guerre.

« Ces ſauvages devenant nos ennemis peuvent ruiner le pays, feront inconvertibles & oſteront le moyen de convertir les autres nations. Ils ont dèsjà et auront autant d'eau de vie & de boiſſons qu'il leur plaiſt des Hollandois & Anglois qui se servent de notre scrupule pour les menager contre nous en leur fournissant de ces denrées qui font leur principal commerce.

« On sçait asseurement que sans ce commerce on ne peut obvier à tous ces inconveniens parceque les autres marchandises estans trop chères chez nous on ne peut faire de commerce avec les nations, ny par consequent entretenir la paix qui depend absolument de pouvoir les engager à venir souvent chez nous, ce qu'on ne peut obtenir sans traffic. On demande, ce que dessus supposé très véritable comme il l'est asseurement, si on ne peut pas en conscience, pour conserver le pays et la paix, permettre aux Loups et aux Iroquois d'emporter chez eux telle quantité de boissons qu'ils voudront, pourvu qu'ils ne s'enyvrent point actuellement, quoy qu'on prévoye moralement qu'ils en abuseront dans le pays.

« Et comme ceux qui proposent ce cas de conscience scavent bien qu'ils se tromperoient eux mesmes s'ils imposoient à ceux qu'ils consultent, ils supplient les personnes qui auront la charité d'y répondre de mettre leur ame en repos en s'asseurant aussi de la verité de l'hypothese. »

Responfe des docteurs de l'Univ. de Tholofe.

« Nous sous. Prof. en th. de l'Un. de Tholoze declarons que notre sentiment est que M. l'Evesque de Kebec ne peut licitement faire un peché mortel et moins un cas reservé de la vente des eaux de vie, particul^t à ceux qui ne sont pas soumis : 1° parceque pretendant empescher un mal, il ne l'empesche point, comme il est porté par le cas proposé et que d'ailleurs ceux qui vendent de l'eau de vie ne font point une chose illicite d'elle-mesme, mais qui est absolum^t licite ; il n'y a que l'abus qui en est mauvais lequel n'est pas moral^t present & que d'ailleurs il est inevitable ; mais surtout parce que l'on peut & l'on doit tolerer un moindre mal pour en eviter un plus grand tel qui est d'estre cause d'une guerre & d'empescher la predication de l'Evang. qui sont asseurement de plus grands maux que l'ivresse & les accidens qui en proviennent qui sont contre l'intention de ceux qui en vendent. C'est notre sentiment. Donné à Tholoze ce 28 Juin 1675. Signez : F. Joseph Brunet, Rel. Aug. & prof. du Roy. F. Antonin Reginald, de l'ordre des F. prech. Deexéa, rel. de l'ordre de Cisteaux, prof. en théologie. »

« Par ce Memoire on expose

« 1° Que toute la queſtion ſçavoir ſi on doit permettre le commerce de l'eau de vie ſe reduit au tranſport que deux nations ſeulement d'entre tous les Sauvages en font pour la revendre en leur pays dont pluſieurs ſ'enyvrent, mais ils en auront autant qu'ils voudront des Angloiſ quand on leur en refuſera et ce refus pourra cauſer une guerre avec eux;

« 2° Que l'utilité du commerce des eccléſiaſtiques, l'eſtabliſſement de leur credit en excuſant leurs creatures & excommuniant les autres & leur attache à toutes leurs penſées ſont les veritables motifs de cette deffence;

« 3° Quoy qu'ils en alleguent d'autres, ſçavoir que c'eſt un obſtacle à la foy, que cela cauſe de grands deſordres, que le Conſeil l'a deffendu par ſes arreſts, que c'eſt la ruine du commerce, que les Angloiſ de Baſton ne le tolerent point & que la Sorbonne eſt d'avis contraire;

« 4° Que l'experience des Hurons & Iroquois qui demeurent parmy nous fait voir que les Sauvages ſont fort capables de regle là deſſus & que les converſions ne ſont pas plus frequentes où les Sauvages ne boivent point;

« 5° Que les deſordres ſont plus rares qu'en Bretagne & Allemagne à proportion;

« 6° Que le Conſeil a permis ce commerce par ſon dernier arreſt;

« 7° Que l'abondance des pelleteries depuis la permiſſion de ce commerce montre bien que cette liberté y eſt utile.

« 8° La ſeverité que Baſton a apporté à le deffendre les engage à une guerre qui les ruine.

« 9° Que la Sorbonne aurait repondu comme l'Univerſité de Tholoze ſi le fait euſt eſté expoſé ſans paſſion;

« 10° Le party qu'on propoſe par le commerce feroit un nouveau piege pour nuire à ceux qu'on voudroit;

« 11° La reponſe de l'Univ. de Tholoze cy jointe juſtiffie ce commerce. »

1676. *Copie de la lettre de cachet du Roy au RP. Cuſtode pour aller en Canada 16 avril 1676.*

« A notre cher & bien amé le P. Pottentien Ozon, Cuſtode de la province de Paris.

« De part le Roy.

« Cher & bien amé nous avons été informé que les religieux de votre ordre de la province de Paris etant obligé d'envoyer en Canada un commiſſaire provincial pour avoir la conduitte du couvent de Quebek & de toutte leur maifon en qualité de fupérieur majeur, ils vous ont choify pour faire la fonction, & comme nous fommes fatiffait du choix qu'ils ont fait de voftre perfonne, ce que nous efperons que vous vous acquitterés de cet employ au zele & l'edification de cette colonie, nous vous faifons cette lettre pour vous dire que notre intention eft que vous paffiés infttamment en Canada pour en qualité de fupérieur majeur avoit la conduitte du couvent de Quebek, et des miffions de votre ordre qui font etablies dans ce pays; fy ny faites faute. Car tel eft noftre plaifir. Donné a St Germain en laye le 16e Avril 1676, signé Louis, et plus bas Colbert. »

1676. *Copie infinuée de la Donation faite pardevant Pierre Duquet, notaire à Quebec aux RR. Peres Recollets*, à la date du 22 novembre 1676, « par les fieurs Charles Bazire, Recepveur general des droits du domaine du Roy en ce pays, tant en fon nom que comme ftipulant en cette partie pour Charles Aubert fieur de la Chefnaye, Marchand de la ville de la Rochelle, fon intereffé, Et Pierre Denys, efcuyer, fieur de la Ronde, demeurant en cette ville (de Quebec)... d'une habitation de quatre arpents de terre de front fur quarante de profondeur à prendre fur leur feigneurie dans la Rivière St Pierre...; de plus une petite maifon fcize à l'Ifle Percée proche la grève où lefdits Reverends Peres font defjà etablis, avec un arpent de terre en quarré pour leur faire un jardin... »

1676. *Ordre d'enregiftrement de la precedente donation*, le 24 novembre 1676, figné : Pour Louis Theandre Chartier, efcuyer, fieur de Lotbinière, Lieutenant general civil & criminel à Quebec, RAGEOT.

1677. *Original, fur parchemin, de la lettre de confirmation, au nom du Roy, de la donation precedente,* donnée à Quebec le 28 octobre 1677, fignée FRONTENAC, & plus bas, Par Monfeigneur, BARROIS.

1677. *Conceſſion faite aux PP. Recollets, par devant Pierre Duquet, notaire royal à Quebec,* « par Robert Cavelier, efcuyer, fieur de la Salle, gouverneur pour le Roy du fort Frontenac et Seigneur des terres qui en dependent, prefent en fa perfonne... de quinze arpents de terre de front sur vingt de profondeur fitués fur le grand Lac Ontario, bornez d'un cofté par la conceſſion faicte au fieur Yfon, fergent de la garnifon dudit fort & d'autre cofté par celles qui feront données du cofté dudit fort, avec tous droits de chaſſe et de pefche dans toute l'etendue dudit lac & rivières qui en defpendent, plus le pouvoir & permiſſion de prendre du bois dans l'ille de Buade autant qu'il leur en fera neceſſaire foit pour leur chauffage ou pour la conftruction des baftimens qu'ils y voudront faire conftruire... » Paſſée à Quebec en l'hoftel de Monfeigneur le Gouverneur le 22ᵉ jour de mars l'an mil fix cent foixante & dix fept.

1677. *Ordonnance d'inſinuation et d'enregiſtrement de la precedente conceſſion, delivrée le 22 juin 1677 par M. Chartier de Lotbinière.* Signée RAGEOT.

1677. *Lettre de confirmation, au nom du Roy, de la conceſſion precedente.* Donnée le 28 octobre 1677. Signé FRONTENAC, Et plus bas, Par Monfeigneur, BARROIS.

1678. *Original ſur parchemin, en double exemplaire, de l'acceptation par M. de Frontenac, agiſſant comme syndic des Recollets, d'une donation de terrain à eux faite par M. de la Vallière à l'île Percée.*

« Louis de Buade, comte de Frontenac, Confeiller du Roy en fes Confeils, Gouverneur & Lieutenant g.nal pour fa Majefté en Canada, Acadie, Iſle de Terre Neuve & autres païs de la Nouvelle France;

« Veu la donation faite par le Sʳ de la Valliere, feigneur de Beaubaſſin dans l'Acadie et Damˡˡᵉ Denis, fa femme, aux RR. PP. Recollets & que nous avons accepté pour eux en qualité de leur Protecteur, Père fpirituel & fcindic apoftoliq, en ce païs, de fix arpens de front qui font en prairies dans lad. feigneurie de Beaubaſſin fur la rivière appellée la

Rivière Brouillée vis-à-vis la pointe de Beauféjour en montant au Nord-eft & des terres qui fe trouveront dans la profondeur depuis lad[te] pointe jufques à moitié chemin des habitations des nommez Martin & La Vallée ainfi qu'il eft porté plus au long dans le contract de lad[te] donation paffé aux Trois Rivières le 2e feptembre 1678 pardevant Ameau, Notaire roïal & lefdits Pères Nous ayant requis de leur accorder au nom du Roy noftre confentement pour l'effet & l'exécution dud[t] contract, Nous en tant qu'en nous eft, fous le bon plaifir de fa Majefté & jufques à ce qu'elle ayt agreable de donner fes lettres de confirmation, avons confenty & confentons que lefd[ts] Pères Recollets pour donner à leur zèle le moïen de vaquer plus facilement à l'inftruction des fauvages en la manière que Sa Majefté l'ordonne, jouiffent de l'effet de lad[te] donnation & f'etabliffent ès lieux qui y font defignez leur permettant de baftir une petite maifon & chapelle audit lieu,

« En temoin de quoy nous avons figné ces préfentes fait à icelles appofer le fceau de nos armes & contrefigner par l'un de nos fecretaires.

« A Quebec le quatriefme de Novembre mil fix cens foixante & dix huit. [Signé] FRONTENAC.

[Sceau de fes armes.]

1678. *Copie collationnée des Lettres royales portant confirmation de l'autorifation donnée aux Recollets de f'etablir à l'Ifle Percée et au fort Frontenac.*

« Louis, etc. . . Les relligieux recolets de noftre pays de la Nouvelle France Nous ont tres humblement fait remonftrer qu'ils fe font depuis fix ans eftablis fous noftre bon plaifir à l'Ille Percée & au fort Frontenac fuivant la permiffion quy leur a efté accordée par le fieur comte de Frontenac, Gouverneur & Lieutenaut general audit pays, & d'autant qu'ils ont befoin de nos lettres pour confirmer cet eftabliffement, ilz nous ont très humblement fait fupplier de leur accorder. A quoy nous aurions d'autant plus volontiers incliné que nous connoiffons le zele de ces relligieux pour la converfion des fauvages, & pour donner à nos fujets habitans dudit pays tous les fecours fpirituels dont ils ont befoin. A ces caufes & autres à ce nous mouvans, ... Nous avons par ces prefentes fignées de notre main approuvé & confirmé, approuvons & confirmons l'eftabliffement defdits relligieux recolets au fort Frontenac & à l'ifle Percée, enfemble les conceffions quy leur ont éfté faictes pour ledit eftabliffement, voulons & nous plaift que lefdits relligieux puiffent acquerir par toute donnation, efchange & autrement tous les terres et heritages quy feront neceffaires pour leur maifon clofture & lieux reguliers, et pour leur fubfiftance & entretenement, amortiffons dès à préfent celles qu'ils poffedent prefentement comme à Dieu dediées et confacrées, voulons qu'ils les tiennent en main morte, & franches & quittes de tous nos droits d'Indemnité, nouveaux acquests & tous autres, fans payer pour ce aucune finance dont nous leur avons fait don. . .

. . . Donné à Saint Germain en Laye le 12º jour de May l'an de grace mil fix cens foixante dix huit & de noftre regne le trente-cinquiefme. Signé: Louis, & fur le reply, Par le Roy, Colbert.

Collationné par nous Confeiller fecretaire du Roy, maifon couronne de France et de fes finances. [Signé] LEGERE.

1678. « *Copie de la Requefte de Meffieurs de Montréal pour un eftabliffement en faveur des Recollets.* »

A Monfeigneur le comte de Frontenac, Confeiller du Roy en fes Confeils, Lieuten^t general & Gouverneur de toute la France feptentrionale.

SUPPLIENT & vous remontrent tres humblement les principaux Bourgeois de Montreal & habitans de ladite Ifle que Sa Maj. ayant par une bonté fpéciale pour le Canada envoyé dans led^t pays les R. P. Recollets, Religieux de l'ordre St François, affin de fervir de confolation & rendre des affiftances fpirituelles à ces peuples de la Nouvelle France,

Il vous plaife fous fon bon plaifir & pour accomplir fes intentions, accorder à la ville de Montreal un eftabliffement pour un aufpice (*fic*) aufdits Pères, attendu que les peuples dudit lieu et de ladite Ifle f'eftans multipliez & fe multiplians tous les jours ont befoin plus particul^t de cette affiftance tant pour le repos & foulagem^t de leurs confciences que pour eftre aidez & fecourus de ces bons religieux & augmenter par leur moyen le fervice de Dieu,

C'eft pourquoy il vous plaife les favorifer de cet eftabliff^t & interpofer voftre mediation auprès de Monfeigneur l'Evefque pour en obtenir le confentement que fa charité ne leur fçauroit defnier veu le grand zele qu'il tefmoigne pour le falut de leurs ames & de leur part ils f'offrent de fournir aufdits Peres un emplacement propre pour les baftir en cas que les feigneurs du lieu n'en vouluffent point accorder aufdits Peres, & ils feront tenus de prier Dieu pour voftre profperité et fanté.

Signez: Daillebouft, Baillet, Baffet, Belleftre, Jean Gervais, Jean Obuchon, Maurel, Carrion, Devanchy, Sabatier, Bouat, Jean Vatigul, Jean Boufier, Guillory, M. Foreftier, Du L'Hut, Fezeret, Perthuis, Jean Defprez, Nicolas Hubert, de Fay, Laurent Bory, Pierre Caille, F. Bailly, Gilles Lauzon, Claude Pothier, Laurent Teffier, Gilbert Barbier, Rolland B. C., Langevin, J. Nafrechoux, J. La Planche, Afford, Laurent Gloria, Le Sueur, Maffé, Carrierre, Pougnet, Dugué.

1878. *Copie de la donation faite par devant Romain Becquet, notaire à Quebec, aux PP. Recollets par Jean Gibaut & Sufanne Benet, fa femme, demeurant à Beauport...*

... lefquels, confiderants que depuis un long temps ils ont la volonté de fe doner entierement à Dieu en lui offrant leurs perfonnes & leurs biens pour eftre employez à fon honeur & fervice & qu'ils ne pouvoient accomplir leur deffein plus advantageufement qu'en fe donnant à une maifon religieufe pour y vivre & mourir en rendant à Dieu & à la communauté tous les fervices dont ils feroient capables & ayant une particuliere devotion à leur père St François dont ils ont profeffé le tiers ordre, f'eftoient pour cet effect retirez par devant hault & puiffant feigneur Meffire Loüis de Buade Frontenac chevalier comte de Palluau, confeiller du Roy en fes confeils, gouverneur & lieutenant general pour Sa Majefté en ce pays de Canada, etc... au nom & comme protecteur & père fpirituel des Reverends Peres Recóllets de l'ordre de St François eftablis en ce dict pays au lieu dit Noftre Dame des Anges & leur findicq apoftolique & lui auroient propofé de se doner entierement au fervice des dicts Reverends Peres Recolectz en leur couvent & maifon de Noftre Dame des Anges en quelques employs où ils voudroient les mettre le refte de leurs jours comme perfones donées à la dicte maifon,..... fuppliant mon dict feigneur le Gouverneur qu'il leur foit pour cet effect doné fur les terres du dict lieu de Noftre Dame des Anges une petite maifon de dix-huict piez en caré avec fes autres baftiments neceffaires hors la clofture du dict couvent où ils puiſſent loger & demeurer le reſte de leurs jours, & comme il y a de la dépence à baſtir, ils ſ'offrent de fournir la moiſtié des frais qu'il conviendra faire pour leſdits baſtiments qui demeureront touteffois à l'uſage & pour le ſervice du dict couvent, renonçant à tout droict de propriété, nonobſtant qu'ils contribuent aux frais de leur conſtruction, comme auſſi qu'il leur ſoit donné par ledict couvent leur nouriture tant qu'ils vivront & toutes les aſſiſtances néceſſaires tant ſpirituelles que corporelles.... & pour une plus grande abnégation & deſtachement de touts biens ne veulent à l'advenir en poſſeder auxcuns ſoit meubles ou immeubles, leſdits Gibaut & Benet, ſa femme, donnent, quittent, délaiſſent & abandonnent.... à mon dict ſeigneur au dict nom, tous leurs biens meubles & immeubles... conſiſtant en une habitation ſituée au dict Beauport ſur laquelle ils ſont demeurants quelques beſtiaux & meubles ſans aucune choſe par eux en reſerver ny retenir, le tout montant environ à la ſomme de deux mil cinq cents livres, & attendu que les dits Reverends Peres Recollez, en vertu de leur proffeſſion, ne peuvent ny ne veulent poſſeder auxcuns biens en propre, les dicts Gibaut & ſa femme ſupplient tres humblement mon dict Seigneur le Gouverneur de faire vendre les dicts biens tant meubles que immeubles pour des deniers en provenant eſtre pris la ſomme de quinze cents livres pour eſtre employez à la batiſſe d'une chappelle qui ſera faicte & conſtruite joignante & attenante l'egliſe des dits Reverends Peres Recollects qui ſera deſtinée pour ſes aſſemblées & devotions des Freres & Sœurs du tiers ordre & dediée à St François, St Elzear & Ste Delfine, dans laquelle les dicts donateurs auront droit de ſépulture pour leurs perſones ſeulement comme auſſi pour touts les frères & ſœurs du dict tiers ordre qui le requereront, plus ce qu'il faudra pour fournir à la moitié de la dépenſe qu'il conviendra faire pour la baſtiſſe de la dicte petite maiſon & autres baſtiments comme dict eſt.... toutes leſquelles clauſes & conditions ont eſté acceptées & agreées par mon dict ſeigneur le gouverneur à ce préſent, au dict nom...

Faict & paſſé au chaſteau de St Loüis de Quebecq l'an mil ſix cents ſoixante & dix huict, le dix-huictyeſme jour de juillet, en preſence de Maiſtre Guillaume Roger, premier huiſſier du Conſeil ſouverain de ce païs & de Jean Marnay, clercq demeurant au dict Quebecq appellez pr teſmoins qui ont ſigné en la minute des preſentes avec mon dict Seigneur le Gouverneur, Gibaut, & notarié & a la dicte Benet declaré ne ſçavoir eſcrire ny ſigner de ce enquiſe ſuivant l'ordonance.

1679. « *Acceptation de trois arpents de terre donnez par le S*^{r} *Pepin habitant des Trois Rivieres en Canada aux Recoletz du Canada par M. le comte de Frontenac gouverneur.* » *Original, sur parchemin, signé et scellé.*

Louis de Buade, comte de Frontenac, etc.

Veu les contrats de vente faite par le Sr Pepin bourgeois de la ville des Trois Rivieres aux RR. PP. Recollets et que nous avons acceptée pour eux en qualité de leur Protecteur, Père spirituel, & Scindic apostolique en ce païs,

de trois arpens de terre situez hors l'enceinte de la d^{te} ville, proche la maison du Sr de Varrenne Gouverneur en datte du 13 avril 1675 & d'une augmentation de huit perches de profondeur sur cinq de front y joignant accordée par le Sr Crevier seigneur de la Rivière St François en datte du 3e octobre 1679... sur lesquelles terres les d^{ts} PP. Recollets auroient fait bastir une maison & jardin fermé pour la commodité de leurs Religieux qui, depuis neuf ans, y exercent les fonctions de missionnaires avec beaucoup d'édification;

Et la Requeste à nous présentée et signée de principaux habitans de lad^{te} ville & des environs tendante à ce qu'il nous plust pour les raisons y contenues permettre auxd^{ts} PP. Recollets de s'etablir esd^{ts} lieux, et les d^{ts} PP. Recollets nous aïant requis de leur accorder nôtre consentement pour l'execution desd^{ts} contrats,

Nous, eu egard à ce que dessus, avons autant qu'en nous est sous le bon plaisir du Roy, & jusques à ce que sa Majesté ait agréable de donner ses lettres de confirmation, consenti & consentons que lesd^{ts} PP. Recollets jouissent de l'effet des susd^{tes} donations & continuent de s'etablir ès lieux qui y sont designez.

En temoin de quoy nous avons signé ces presentes à sceller fait apposer le sceau de nos armes & contresigner par l'un de nos secret^{res}.

A Quebec, le 4e novembre 1679.

[Signé] Frontenac, [et plus bas]

Par Monseigneur, Barrois.

1681. « *Copie collationnée des lettres patentes pour la concession d'une place dite la Senefchauffée à Quebec & pour l'eftabliffement d'un hofpice.* »

Louis, par la grace de Dieu, etc. Nos chers & bien amez les religieux Recollets refidens en noftre pays de la Nouvelle France nous ont tres humblement fait remonftrer que leur maifon eftant efloignée d'une demie lieüe de la ville de Quebek ils auroient befoin d'y avoir un hofpice pour f'y retirer lorfque la nuit & le mauvais temps les furprend dans les fonctions de leur inftitut au lieu qu'ils pourroient les continuer plus facilement f'il nous plaifoit leur accorder une place inutile à noftre fervice fcituée dans la haute ville de Quebek où eftoit cy devant la fenefchauffée.

A ces caufes, defirant traitter favorablement lefdits expofans nous leur avons fait & faifons don par ces prefentes fignées de noftre main de la ditte place scituée dans la haute ville de Quebek où eftoit cy devant la fenechauffée, circonftances et defpendances, pour en faire & difpofer par lefdits PP. Recollets comme de chofe à eux appartenant. Si donnons en mandement à nos amez & feaux les gens tenans noftre Confeil fouverain à Quebek & autres nos officiers & fujets qu'il appartiendra... qu'ils ayent... du contenu en icelles faire jouir & ufer les dits expofans, etc.

Donné à Verfailles le vingt-huitiefme jour du mois de may l'an de grace mil fix cens quatre vingt un & de notre regne le 39^{eame}. Signé Louis, & au dos, par le Roy: Colbert et fcellé du grand fceau de cire jaune.

Collationné à l'original en parchemin, ce fait à l'inftance rendue par les Confeillers du Roy notaires au châtelet de Paris fouffignés ce jourdhuy 20e juin 1681. Signé : Cadot. Castries.

1681. « *Copie du Verbal de prife de poffeffion de la fenechauffée dans la haute ville de Quebec par les Recolletz.* »

Le trentième jour de Juillet mil fix cent quatre vingt un, nous Jacques du Chefneau, Chevalier, Conf^r du Roy en fes confeils, Intendant de la juftice, police & finances en Canada & pays de la France feptentrionale, fuivant les ordres de fa Majefté contenus dans la lettre dont elle a plu nous honorer, dattée à Verfailles le trentième avril dernier par laquelle elle nous mande qu'elle a accordé aux Pères Recollects de ce pays la place où eftoit cy devant la fenechauffée dans la haute ville de Quebec & que fon intention etoit que nous donnaffions les ordres neceffaires pour les mettre en poffeffion de ladite place, nous en aurions donné avis dès le jour d'hier au Père Valentin Le Roux, fuperieur des miffions defdits peres Recollects, & au Père Hilarion Guenin, fon vicaire, lefquels nous etans venus trouver nous auroient fuplié de vouloir bien auparavant de les mettre en poffeffion de la place ou eftoit baftie ladite fenechauffée, leur accorder le temps d'en parler à monfieur l'evefque de cette dite ville de Quebec qui etoit abfent, ce que nous leur aurions accordé. Signé : Du Chefneau, frère Valentin Le Roux & f. Hilarion Guenin.

Et le dix neufieme de feptembre au dit an mil fix cent quatre vingt un, feroient venus en l'hoftel de nous Intendant fufdit lefdits pères Valentin Le Roux et Hilarion Guenin, lefquels nous auroient dit qu'ils n'auroient pû voir mondit fieur l'Evefque que depuis peu de jours a caufe de la maladie qu'il avait euê après fon retour en cette dite ville & que l'ayant entretenu au fujet de la grâce qu'ils avoient receue de fa Majefté & des ordres qu'elle nous avoit envoyés il avait agréé leur etabliffement audit lieu.

Pourquoy nous ferions transporté ledit jour, deux heures de relevée avec lefdits Peres Recollects fuivis de n.tre fecretaire fur ladite place où etoit la fenechauffée, où eftans, nous aurions fait mefurer l'emplacement qui en depend par Le Rouge, arpenteur, & nous aurions trouvé que ledit emplacement avoit treize toifes de front fur la Ruë qui va du fort aux Urfulines à prendre depuis la maifon de la damoifelle Denys jufques à une autre Rue qui defcend le long de la place d'armes vers l'eglife parroiffiale, vingt-une toifes de longueur, en defcendant ladite Rue jufques à la maifon du nommé Chapelin, feize toifes deux pieds huit poulces de profondeur par le bas depuis ladite Ruë jufques à l'emplacement de ladite damoifelle Denys, vingt fix toifes deux pieds en remontant vers le vieil Baftiment de ladite fenechauffée, & onze toifes deux pieds & demy de largeur depuis la maifon de ladite damoifelle Denys jufques à ladite Rue qui defcend le long de ladite place d'armes, de tout lequel emplacement nous aurions fait faire le plan qui demeure joint au prefent procès verbal (1) après avoir été paraphé par nous, lefdits Peres Recollects & noftre fecretaire.

Et nous avons mis lefdits Peres Recollects en poffeffion

---

(1) Les papiers des Récollets renferment en effet un plan qui doit être celui dont il est question dans cette pièce.

dudit emplacement, de laquelle poffeffion ils ont fait acte & nous avons dreffé ledit prefent proces verbal pour leur fervir en temps & lieu, ce que de raifon, le jour & an fufdit. Signéz : du Chefneau, F. Valentin Le Roux, frère Hilarion Guenin, J. Le Rouge, arpenteur, & Chevalier.

Collationné fur l'original ce douzième novembre mil fix cent quatre vingt un.

[Signé] F. VALENTIN LE ROUX, comm^{re} pro.^{al} des miffions des Recolletz dans la Nouvelle France.
F. HILARION GUENIN, vicaire.
F. LUC FILIASTRE, Directeur du tiers ordre.

1681. « *Copie collationnée de l'Arrêt du Confeil fouverain de la Nouvelle-France, portant l'enregiftrement des Lettres patentes du Roy pour l'hofpice des Recollets à la fenechauffée dans la haute ville de Quebec.* »
(Voir le Recueil des arrêts du Confeil fouverain de Quebec.)

1681. « *Eclairciffement néceffaire pour l'eftabliffement d'un hofpice que Sa Majefté nous a accordé dans la haute ville de Quebek.* » (1)

Les Pères Recollets de la province de Paris eftant venus en Canada par l'ordre du fouverain pontife & du Roy en l'année 1615 en qualité de premiers Apoftres de l'Amerique feptentrionale choifirent pour le lieu de leur refidence & chef des maifons qu'ils pouvoient efpérer un jour une terre fcituée à une bonne demie lieue de Quebek, capitale de la France feptentrionale & qu'ils nommerent depuis Noftre Dame des Anges, honorant ainfy le premier convent de ce Nouveau Monde du mefme nom que noftre Pere St François avoit donné à la première maifon de fon ordre.

De ce lieu ces nouveaux apoftres fe font refpandus l'efpace de 12 ans à quatre & cinq cent lieues avant dans le pays, par maniere de miffion pour annoncer les premices de l'Evangile à differentes nations fauvages ou l'on en voyt encor les veftiges. Ils ont efté auffi les feuls durant ce temps

---

(1) Copie d'un Mémoire sans signature qui a dû être rédigé par l'un des Pères Récollets de Notre-Dame-des-Anges pour être communiqué aux supérieurs de l'ordre en France.

là à administrer au petit nombre des François qui fe trouvoient alors en Canada jufqu'à ce que en eftant chaffés par les Anglois, le Roy les a renvoyé pour y reprendre leur eftabliffement en mil fix cent foixante-dix.

Le Reverendiffime Pere Germain Allard, alors provincial de la province de Paris & aujourd'huy evefque de Vences, f'expofa en perfonne par le principe d'un zele apoftolique pour venir jeter le fondement de cette miffion. Sa fageffe ne pouvait trouver un lieu plus propre pour la premiere maifon que les fufdittes terres de Noftre Dame des Anges, foit parce que ce lieu nous debvoit eftre en finguliere veneration comme le premier endroit ou Dieu ayt jamais efté honoré dans l'Amerique feptentrionale par l'eftabliffement de nos anciens Peres qui y avoient bafti une eglife & un convent regulier, lequel neanmoins f'eftoit detruit par la fucceffion du temps, foit parce que nous y trouvions une terre toute deffertée, le projet regulier des jardins & des baftimens, foit parce que c'eft en effet un lieu de la plus agreable fcituation la plus commode & la plus propre en toute chofe pour une maifon religieufe, foit parce qu'eftant à propos de f'eftablir d'abord dans un lieu où l'on pût former des miffionnaires pour fervir utilement dans les miniftres apoftoliques, les recueillir après avoir efté employés les mois et les années dans l'exercice diffipant de leurs fonctions, la folitude de Noftre Dame des Anges eft très favorable pour ces fins, & l'on ne peut affés loüer le projet d'y avoir le convent principal & le chef de touts les autres, foit enfin parce que monfieur Talon, pour lors intendant en Canada, fe propofant de tranfporter la ville de Quebek dans la plaine de Noftre Dame des Anges, noftre maifon auroit efté d'une grande utilité pour le fervice des peuples; il y avoit mefme pour lors un tres grand nombre d'habitations françoifes aux environs de noftre maifon qui font à prefent abandonnées.

Le couvent de Noftre Dame des Anges fubfiftant toufjours comme la feule maifon reguliere que nous puiffions efperer de long temps dans la Nouvelle France, il est neceffaire que nous ayons un petit hofpice dans la ville de Quebek;

1° Parce que noftre fufdit convent eft pluftot une maifon de retraite & de recollection qu'une miffion qui puiffe fervir à l'utilité des peuples; nous fommes envoyés en ce pays pour y foulager les confciences eftrangement gehennées par une conduite auffi extraordinaire que celle des autres (1).

---

(1) C'est-à-dire des jésuites et de l'évêque de Petrée qui les soutenait.

Les clameurs de touts les peuples ont obligé le Roy de leur accorder un eftabliffement de Recollets, & notre maifon eft dans un lieu où il eft impoffible de les foulager puifque les deux tiers de l'année il eft inacceffible & que nous ne faurions fortir & les peuples y venir qu'avec des tres grandes peines. La maifon de Noftre Dame des Anges fera toufjours un convent de retraite & l'hofpice fera la miffion de Quebek;

2º Il paroit affez furprenant à nos Religieux qui arrivent de France en ce pays de voir qu'ils ont abandonné leurs patrie & le foin de leurs province dans un efprit d'ardeur & de zele pour travailler au falut & à la conquefte des ames lorfque tout d'un coup on les enfepvelit dans une maifon où ils trouvent moins de travail en un an qu'ils n'en trouveroient en un jour au moindre convent de nos provinces f'ils ne vont eux-mêmes chercher de l'employ dans les coftes où à la verité ils en trouvent abondamment, mais touts ne font pas naiz pour ces courfes extraordinaires de la miffion; il faut mefme du temps pour y difpofer les plus propres & en attendant ils demeurent chés nous tout à fait inutils pour leurs miniftere, regrettans quelquefois d'avoir quitté leurs province où ils auroient trouvé au moins le mefme fort;

3º La ville de Quebek eft non feulement la capitale & la plus apparente du pays qui donne le branfle à tout le refte, mais encor le concours de la plufpart des François des villes & des villages efloingnés y viennent tous les ans plufieurs fois pour menager leurs affaires, l'abord des navires qui y féjournent durant tout l'eftée. Le moyen effentiel de nous rendre utils & neceffaires en Canada eft de nous mettre en eftat de rendre fervice à touts d'autant plus que touts les peuples nous y defirent avec ardeur;

4º La regularité de noftre maifon de Noftre Dame des Anges y eft tout à fait intereffée. Il arrive touts les jours que la neceffité de plufieurs affaires domeftiques, les neceffités publiques & particulieres de vifites de charité ou de civilité nous obligent d'aller à Quebek. Les chemins font fort incommodes, l'efloignement confiderable, les faifons fort inconftantes: on part le matin pour revenir le foir, il faut prendre fa refection à Quebek, on est furpris de la nuit ou du mauvais temps; fi nous n'avons un lieu de retraitte pour y prendre nos repas avec nos frères pour y coucher dans la necessité, nous nous expofons à de très grands inconveniens contraires à l'exactitude religieufe & l'on peut dire que ce feul endroit eft ce qui nous a attiré fouvent les foupçons & les reproches quoique mal fondés de Sa Grandeur;

5° S'il arrive que Dieu nous afflige de maladie, nous sommes à Nostre Dame des Anges esloigniés des secours, des remèdes & des soulagements necessaires; on s'est trouvé de 2 ou 3 jours de tempeste et de temps rigoureux sans pouvoir faire venir un medecin; nous sommes obligés d'aller a l'hospital ou dans une maison de la ville pour y rechercher du soulagement; un hospice à Quebek nous serviroit en mesme temps d'infirmerie où l'on porteroit les religieux malades. Il faut adjouter à cela que si nous avons jamais des vieillards, des personnes caduques, infirmes, habituellement incommodés en qui les peuples de Quebek ayent pris quelque confiance, il seroit impossible de satisfaire ceux-cy sans un hospice qui servît de demeure aux religieux & qui les mît en estat de satisfaire aux necessités de leurs ministères.

6° Comme nostre pauvreté seraphique nous engage à vivre d'aumosne, nous n'en tirons aucune de la ville parce que nous ne luy rendons que tres peu ou point de secours; elles nous viennent des costes circomvoisines & arrivent à Quebek touts les jours sans que nous en soyons informés; il s'en dissipe la plus grande partie, il s'en perd, il s'en gaste beaucoup plus que nous n'en consumons faute d'avoir là des personnes seures et zelées qui les reçoivent. Nostre hospice y estant, avec deux ou trois religieux de service, on s'adresseroit à eux comme à des fidels depositaires & qui nous advertiroient ou conserveroient nos petites affaires jusque a ce que on trouvât les occasions de les transporter;

7° Nous sommes les aumosniers ordinaires du fort, de la guarnison et de Monseigneur le gouverneur qu'il sera toujours à propos de mesnager beaucoup & ses successeurs de mesme, lesquels, selon le train du pays, ne s'accorderont jamais avec la cabale immortelle du pays(1) qui est par un mesme principe opposée à nostre establissement. Pour nous acquitter à cet esgars de nos fonctions, la Providence ne pouvoit nous poster plus avantageusement que dans le lieu que nous avons receu cette année de la libéralité du Roy, lequel est scitué proche du fort, n'y ayant que la place d'armes entre deux.

8° Pour la subsistance de nostre maison de Nostre Dame des Anges, l'on pourroit esperer certaines aumosnes qui viennent à propos quand on les mesnage, certaines retributions de messes dont les communautés de Quebek ont

---

(1) On devine, là encore, de quelle « cabale » il s'agit.

aſſez & au dela du nombre des preſtres qu'ils y entretiennent. On pourroit auſſi ſe rendre néceſſaires aux communautés religieuſes des filles dont on tireroit quelques ſecours : noſtre eſloignement nous en exclud. Le ſeul hoſpice de Quebek pourroit y ſuppleer car nous ne recepvons pas la retribution de cent meſſes par année.

9° Si nous n'avons cet hoſpice de Quebek nous ne ſçaurions efficacement ſoulager les conſciences des habitans de la ville & de ceux qui y concourent. Nous ſommes obligés, allant & venant à Quebek, de les confeſſer en ſecret, leur donner des rendez-vous à certaines heures & en certains lieux, de nous reſerver l'exercice de ces miniſtères dans les coins des chambres et des maiſons, parce que les penitens ne veulent pas que l'on le ſçache. Ces confeſſions extraordinaires qui ſe font à nous ne pouvant à cauſe de la diſtance ſ'y confeſſer ordinairement, nous n'exerçons icy nos miniſtères que comme dans une Hollande & dans une Angleterre. Quand il arrive meſme que par accez des ſéculiers viennent à noſtre égliſe, quittants leurs confeſſeurs ordinaires de Quebek & que quelqu'un les y remarque, des gens de character ont couſtume de les ſcandaliſer. Ces inconveniens qui ont beaucoup de ſuittes facheuſes font que noſtre eſtabliſſement nuit pluſtot qu'il ne ſert à la liberté des conſciences, ſi nous n'avons un hoſpice à Quebek où il nous ſoit permis d'exercer nos fonctions; alors tous ces penitens qui nous tirent en ſecret lorſque nous ſommes à la ville ou qui viennent icy à la dérobée pour des confeſſions extraordinaires, choiſiſſant chez nous à Quebek un confeſſeur ordinaire, on ſ'accouſtumeroit peu à peu à les y voir & ils le pourroient faire ſans conſequence contre leur honneur; il arrive meſme que les preſtres du ſeminaire & les jéſuittes font des enqueſtes à leurs penitens ordinaires pour ſçavoir ſ'ils ne ſont point venus à nous quand ils ont manqué d'aller à eux à confeſſe; les penitens ſont obligés de mentir ou ſ'ils advouent la choſe ils ſont auſſitoſt ſujets à l'inquiſition, ſcandaliſez et perſecutez, de ſorte que la plus-part les abandonneroient ſi la commodité leur permettoit de choiſir ouvertement un confeſſeur aux Recollets et de ſ'en ſervir publiquement lorſque leurs devotion le demanderoit.

Ceux qui ont eſté ſur les lieux peuvent mieux repreſenter que nous ne le ſçaurions faire de quel concert ces deux eſtabliſſements de Notre Dame des Anges nous ſeroient pour toute choſe & les ſecours reciproques qui ſe donneroient à l'avenir & à touttes nos miſſions. La maiſon de Noſtre Dame des Anges ſeroit comme un ſeminaire general où l'on formeroit les miſſionnaires, où ils pourroient ſe recüeillir; il y aura mefme toufjours preffe pour y demeurer preferablement à tout autre ; on f'y preparera pour les miffions & on f'y recüeillera après les courfes. Les religieux neamoins qui y feront de communauté pourront trouver une retraitte favorable à l'hofpice de Quebek dans les neceffités différentes qu'il leur furviendra : deux religieux et un frère fuffiront habituellement dans l'hofpice pour le fervice de la ville & quand on en aura à Noftre Dame des Anges en qui les peuples prendront quelque confiance, dans les feftes mefme extraordinaires & dans les jours folemnels ils pouront aller à Quebek pour y fecourir dans les conffeffions les deux religieux de l'hofpice.

Il y a cent raifons que l'on pourroit ajouter icy & qui tendent à noftre bienfeance fans aucuns inconveniens, comme par exemple des affemblées du tiers ordre auquel beaucoup de perfonnes devotes de la ville font agregées & qui ne fçauroient fe trouver que rarement aux jours ordinaires à Noftre Dame des Anges. L'on pourroit alors y suppléer ainfi de beaucoup d'autres utilités publiques et particulieres qui ont follicité efficacement la providence, la follicitude et le zèle de noftre Reverendiffime Pere et de la Province pour nous mefnager cet hofpice auprès de Sa Majefté.

Il y a longtemps que nous en avions fait le projet, mais nous ne l'efperions pas de le voir encor executé cette année lorfque le 29ᵉ jour de julliet dernier, fans que nous en euffions receu aucun advis de France, monfeigneur l'intendant, après l'arrivée du vaiffeau le *Mouton Blanc*, efcrivit au Pere Superieur que Sa Majefté nous ayant accordé la place où eftoit cy devant la fenefchauffée nous euffions à le venir trouver le lendemain pour nous en mettre en poffeffion. Le P. Superieur ayant obéi à fes ordres luy alla rendre fes civilités au jour & à l'heure marquée & quant à la prife de poffeffion le pria de la differer jufque à ce qu'il euft le moyen de communiquer la chofe à monfeigneur l'evefque qui eftoit pour lors abfent de Quebek dans le cours de fes vifites & d'obtenir fon agréement.

Peu de jours après, fa grandeur eftant de retour tomba malade d'une maladie dangereufe dont, l'efpace de 15 jours, on n'efperoit que la mort, mais Dieu nous ayant fait la grace de le reftablir en convalefcence & dans fa premiere fanté, les PP. fuperieur et vicaire le feroient allés voir pour luy demander fon agreement aux fins de noftre eftabliffement au fufdit hofpice, lequel il auroit accordé verbalement de la manière du monde la plus obligeante ; avec cette parole de Sa Grandeur, il fe feroit tranfporté à l'hoftel du dit feigneur intendant pour luy demander l'execution des ordres du Roy, lequel ayant efgard à leurs tres humbles fuppliques auroit fait, le jour mefme 19ᵉ feptembre, defcente fur les lieux en perfonne accompagné de fon fecretaire, des fufdits Peres fuperieur & vicaire & d'un nommé Le Rouge, arpenteur juré & après avoir toifé cette place nous en auroit fait & donné fon verbal.

En mefme temps après il courut un bruit de la ville que le Roy nous avoit accordé l'alternative ou de la fenefchauffée dans la haute ville ou du vieux magazin du Roy dans la baffe ville & que l'un ou l'autre eftoit en noftre choix. Monfeigneur l'evefque, eftrangement effrayé de cette nouvelle que l'on debitoit comme feure fift appeler le Père fuperieur pour luy en demander la verité, mais quelque certitude qu'on lui donna du contraire il en douta toufjours, en forte que, pour prendre les devants, il fit faire un autel au vieu magazin pour y faire en mefme temps celebrer la fainte meffe, comme une espece de poffeffion qu'il en prenoit en cas que les ordres de la cour arrivaffent conformement à ce qu'il apprehendoit. Ledit feigneur evefque ayant de rechef fait appeler le Père fuperieur luy renouvela fes inftances pour prendre au pluftot poffeffion de la fenefchauffée avec la croix & les ceremonies ordinaires, affin d'appaifer les difcours & les tumultes des peuples de la baffe ville qui tefmoignoient de concert leurs defirs pour y avoir un eftabliffement de Recollets.

Le Père fuperieur, pour marquer la fincerité de fes intentions & fatiffaire monfeigneur l'evefque fift en même temps venir fa communauté, & monfeigneur nommant Mr. de Bernier fon grand vicaire pour faire la ceremonie, monfieur Süart, preftre du feminaire de Montreal pour affiftant, en alla planter la croix le vingt-cinquiefme de feptembre.

Le mefme jour le vaiffeau nommé le *Saint François* arriva de France devant Quebek & nous rendit les patentes du Roy pour le fufdit eftabliffement. Monfeigneur l'evefque, monfeigneur l'intendant n'y trouverent pour lors aucunes difficultés; elles ont efté depuis les vacations enregiftrées au confeil, de forte que pour le temporel il paroitroit que partout ailleurs que dans un pays de chicanne nous en ferions paifibles poffeffeurs.

Ayant jugé à propos, auparavant que de rien entreprendre, d'obtenir de monfeigneur l'evefque fa permiffion par efcrit pour le regulier de noftre hofpice & pour le libre exercice de nos fonctions, nous l'aurions efté voir plufieurs fois à ce deffein jufque à ce que enfin, le 3ᵉ d'octobre, il nous envoya fon grand vicaire avec l'efcrit cy joint tout rempli d'artifice, fort esloigné de ce qu'il nous avoit promis de parole, de la teneur des patentes & des intentions du Roy & des fins necessaires de nostre establissement, — vû que la ditte permission ne se termine qu'à nous donner le pouvoir de celebrer la sainte messe en particulier lorsque nous y aurons des malades & jusque à ce qu'ils soient en estat de s'en retourner au convent de nostre Dame des Anges.

1º Il est visible que par cet escrit il nous restreint à une maison purement seculière dont nous sommes incapables selon nostre estat, ne pouvant avoir aucune terre à nostre usage que par forme d'establissement regulier & permanent;

2º Il nous restreint la concession du Roy qui se sert du terme d'hospice, adjoutant que c'est pour plus facilement exercer les fonctions de nostre institut, à une simple infirmerie dont le Roy ne parle point;

3º Il nous permet ce qu'il ne nous sçauroit contester mesme dans un interdit qui est de dire la messe en particulier *januis clausis,* puisque nous le pouvons dans nos establissements.

Par cette adresse qui lui a esté plustot suggerée par ceux qui le conduisent que par son propre esprit, il obtient toutes ses fins : il nous interdit à Quebek en vertu de son escrit & nous exclud du ministère pendant que la distance des lieux, les pluyes & les neiges, les bois & la difficulté des chemins interdisent les peuples des secours qu'ils espereroient de nous à Nostre Dame des Anges.

4º Il se réserve par là de nous inquieter & de nous chicaner dans cette figure d'hospice que nous aurions à Quebek selon sa restriction pour nous faire naître tous les jours des incidens & des sujets de reproche lorsque nos religieux s'y arresteroient estant une maison non regulière;

5º Il nous la rend inutile à toutes les fins publiques & particulières que nous avons marquées cy dessus au commencement de cet escrit puisque ny pouvant y faire demeurer habituellement des religieux & encor moins des données des personnes seculières ceux qui reviennent de la campagne la nuit en canot, ceux qui se trouvent à la ville arrestés par les pluies & le mauvais temps ne pourróient y trouver de retraitte, les peuples n'en recepvroient aucun secours, nostre maison de Nostre Dame des Anges aucun foulagement.

Sa Grandeur fait paroistre que sa mauvaise volonté n'est pas seulement contre quelque particulier dont il s'enteste successivement pour nous tenir en haleine, mais contre le corps de l'ordre et qu'il nous a extremement en jaloufie pour l'exercice de nos fonctions puifqu'il ne f'agit pas ici de l'interdire à un particulier mais à l'ordre qui y placeroit des fujets.

Il nous fait dire foubs mains par fes emiffaires que pour nous montrer qu'il ne defire pas de nous ofter, de nous reftreindre le libre exercice de nos fonctions, qu'il nous donnera quand nous voudrons un confeffionnal à la paroiffe comme nous l'avions les deux premières années depuis noftre retour & noftre reftabliffement en ce pays. L'artifice eft fpécieux à qui ne fçauroit pas les differentes traverfes que luy & les fiens nous faifoient naître autant de fois que l'on fe prefentoit alors au fufdit conceffional & que l'on oftoit ceux & celles qui f'y addreffoient pour les mettre à l'inquifition, les decrediter & les fcandalizer par les detours ordinaires de leurs adreffes. Le feul moyen de lever cet inconvenient feroit de nous accorder le libre exercice de nos miniftères dans noftre hofpice & c'eft ce qu'il nous refufe foubs pretexte encore foub main que la paroiffe & les jefuittes suffifent pour le fervice des peuples et qu'il y auroit trop d'eglifes ouvertes à Quebek, comme f'il pouvoit y avoir de l'excès dans le nombre des églifes, des meffes et des devotions publiques & de juftes inconveniens à donner lieu aux fujets du Roy de choifir des confeffeurs ordinaires. Les exemples de l'inquifition (1)...

Il a eu deux fins par cet efcrit : l'une de gagner du temps & de faire fes diligences en cour cette année pour obtenir la revocation de la conceffion du Roy; nous fçavons de bonne part qu'il doibt mettre en œuvre touts les moyens affin d'en venir à bout; je crois que fon pretexte le plus apparent fera de produire la conceffion provifionnelle qui en avoit efté faitte la mefme année de la fenefchauffée à Mr. Denys par nos feigneurs gouverneur & intendant fous le bon plaifir du Roy, lequel ne l'ayant pas agréé & nous ayant donné la préference, la poffeffion prife, la croix plantée, les lettres enregiftrées, un baftiment de foixante pieds qui y fera elevé l'efté prochaine avant l'arrivée des vaiffeaux, nous ne voyons pas qu'à cet efgard fes pretentions puiffent avoir leurs effets.

L'autre fin dans laquelle il fe retranche eft de nous rebuter

---

(1) Phrase incomplète par la faute sans doute du copiste. On peut suppléer le sens, par exemple : « Les exemples de l'inquisition exercée naguère contre ceux qui nous prenaient pour confesseurs extraordinaires prouvent assez la nécessité d'éviter pareille inquisition à l'avenir. »

de l'eſtabliſſement en le rendant preſque inutile à noſtre uſage & au ſervice de ſes peuples, mais comme il ne produit ouvertement d'autre pretext & n'allègüe point d'autres excuſes que l'equivoque des lettres patentes du Roy qui ne ſ'exprime, dit-il, favorablement pour nos intentions & qu'il apprehende de ſe faire une affaire en cour ſ'il nous accorde un eſtabliſſement regulier *ad populum* juſque à ce que le Roy ſ'en ſoit déclaré, veü que Sa Majeſté deffend aux eveſques de favoriſer de pareils eſtabliſſements ſans ſon authorité expreſſe, il ne ſ'agiroit que d'obtenir une lettre de cachet par forme de declaration des intentions de Sa Majeſté qui auroient eſté de nous accorder cet hoſpice comme un eſtabliſſement regulier non ſeulement pour y retirer les religieux de Noſtre Dame des Anges, mais encor pour y eſtablir une communauté d'hoſpice qui ſervît au ſoulagement & à la conſolation des conſciences de ſes ſujets.

L'on doibt faire eſtat qu'il faudra abandonner bientoſt cet hoſpice pretendu ſi nous le recepvons avec les reſtrictions de monſeigneur l'eveſque, ſans obtenir une declaration du Roy qui nous ſerve toujours de droit pour obtenir toutte liberté d'un autre eveſque après la mort de celuy-ci qui, ſelon toute apparence, ne ſçauroit vivre longtemps. Comme nous n'avons d'autres intentions que de procurer en cela la ſeureté, l'utilité & la regularité de nos miſſions, l'honneur de la religion qui eſt fort engagé dans cet endroit, le ſalut des ames & la gloire de Dieu, nos ſuperieurs en eſtant les premiers depoſitaires, nous recepvrons tout ce qu'il leur plaira d'en decider & de meſnager auprès de Sa Majeſté, ſans nous rendre cautions des inconveniens qui en arriveroient ſi on négligeoit de ſoutenir cet affaire après l'avoir entrepris.

1681. « *Permiſſion de l'hoſpice par Monſeigneur.* »

François, par la grâce de Dieu et du Saint Siège, premier évêque de Quebec, A nos bienaymez les frères mineurs Recollets de l'ordre de St François, du couvent eſtably proche Quebec, Salut. Nous ayant repreſenté des lettres patentes du Roy expédiez de Verſailles le 28 du mois de may dernier par leſquelles il a plü à Sa Majeſté de vous accorder une place ſcituée en la haute ville de Quebec ſur laquelle eſtoit cy devant baſtie la maiſon de la ſenechauſſée, ſur ce que vous lui avez remontré que vous y auriez beſoin d'un hoſpice pour vous retirer lorſque vous y eſtes ſurpris de la nuit & du mauvais temps, & nous ayant auſſy d'autre part repreſenté la neceſſité que vous avez de retirer audit lieu vos religieux lorſqu'il leur arrive quelque accident de maladie à raiſon de la plus grande commodité des remedes & autres ſoulagemens neceſſaires,

« Nous, par ces conſiderations & en conſequence deſdittes Lettres patentes de Sa Majeſté & de noſtre permiſſion que vous nous auriez humblement ſupplié de vous accorder, deſirant faire de noſtre part tout ce qui eſt en noſtre pouvoir pour voſtre ſoulagement & conſolation, nous vous permettons lorſque vous aurez une maiſon baſtie ſur la ditte place & que quelqu'un de vos religieux y ſera retenu par maladie, d'y faire celebrer la ſainte meſſe par un de vos religieux en particulier, & lorſque les infirmiers ſeront en convaleſcence de la celebrer eux-meſmes juſqu'à ce qu'ils ſoient en eſtat de pouvoir retourner audit couvent.

« En foy de quoy nous avons à ces preſentes ſignées de noſtre main & contreſignées par noſtre ſecretaire fait appoſer le ſceau de nos armes.

« Donné à Quebec le vingt-ſeptieſme jour d'octobre mil ſix cent quatre-vingt un. Signé : François, eveſque de Quebec. Et plus bas, par commandement de Monſeigneur, Francheville.

« Collationné à l'original en papier, ce fait, à l'inſtant rendu au Rᵈ Pere Exupere Dethune, par Franc. Genaple, notʳᵒ gardenottes du Roy noſtre Sire en ſa Prevoſté de Quebec en la Nouvelle France. Audit Quebec ce deuxieme jour de novembre MDC quatre vingt-trois. Signé : GENAPLE. [Signature viſée & certifiée par M. Jacques de Meulles, Seigneur de la Source, Chevalier, intendant de la juſtice, police & finances en Canada, etc. Signé : DE MEULLES. [Scellé] & plus bas : Par Monſeigneur : LE CHASSEUR. »

1681. Autre copie de ce même verbal de l'Eveſque de Quebec, collationnée le 14 novembre 1691 par BECQUET notaire, en préſence du Sʳ Charles de MONTSEIGNAT & de Louis Hazet, clerc.

1681. « *Articles en faveur des PP. Recollets envoyez à M. l'Intendant du Canada par Mons. de Seignelay ſur le démêlé de l'hofpice.* » (Ordres de la Cour pour les Recollets) [Canada, contre Fr. Anfelme].

[Nous n'avons trouvé que la couverture de ce doffier avec les fufcriptions ci-mentionnées, & nous ne pouvons dire avec certitude quelles étaient les pièces qui compofaient ce doffier.]

Sans date. 1681 ? *Copie de la Requête de MM. de Montreal pour un etabliffement des PP. Recollets.*

A Monfeigneur le comte de Frontenac Confeiller du Roy en fes confeils, Lieut^t general & Gouverneur de toute la France feptentrionnale.

« Supplient & vous remontrent tres humblement les principaux Bourgeois de Montreal & habitans de lad^{te} Ifle q. fa Maj. ayant par une bonté fpeciale po^r le Canada envoyé dans led^t pays les R. P. Recollets Religieux de l'ordre St François affin de fervir de confolation & rendre des affistances fpirituelles a ces peuples de la Nouvelle France :

« Il vous plaife fous fon bon plaifir & pour accomplir fes intentions accorder a la ville de Montreal un eftabliffement pour un aufpice (*fic*) aufdits Peres, attendu que les peuples dudit lieu & de ladite Ifle f'eftans multipliez & fe multiplians tous les jours ont befoin plus particul^t de cette affistance tant pour le repos & foulagem^t de leurs confciences que pour eftre aidez & fecourus de ces bons religieux & augmenter par leur moyen le fervice de Dieu.

« C'eft pourquoy il vous plaife les favoriser de cet eftabliffem^t & interpofer voftre mediation aupres de Monfeigneur l'Evefque pour en obtenir le confentement que fa charité ne leur fçauroit defnier veu le grand zele qu'il tefmoigne pour le falut de leurs ames, & de leur part ils f'offrent de fournir aufdits Peres un emplacement propre pour les baftir en cas que les Seigneurs du lieu n'en vouluffent point accorder aufdits Peres & ils feront tenus de prier Dieu pour voftre profpérité & fancté. »

Signez : DAILLEBOUST, BAILLET, BASSET, BELLESTRE, JEAN GERVAIS, JEAN OBUCHON, MAUREL, CARRION, DEVANCHY, SABATIER, BOUAT, JEAN VATIGUL, JEAN BOUSIER, GUILLORY, A. FORESTIER, DU L'HUT, FÉZERET, PERTHUIS, JEAN DESPREZ, NICOLAS HUBERT, DE FAY, LAURENT BORY, PIERRE CAILLE, F. BAILLY, GILLES LAUZON, CLAUDE POTHIER, LAURENT TESSIER, GILBERT BARBIER, ROLLAND, BL. LANGEVIN, J. NAFRECHOUX, J. LA PLANCHE, ASSORD, LAURENT GLORIA, LESUEUR, MASSÉ, CARRIERRÉ, POUGNET, DUGUÉ.

1681. « *Copie de la lettre de Mr Dollier, fuperieur du feminaire de Montreal adreffée au reverend Père Valentin le Roux commiffaire fur touttes les miffions des RR. PP. Recollets dans la nouvelle France au fujet de notre etabliffement du Montreal.* »

« Mon reverend pere,

« Le fejour de M^r le comte qui a efté un peu plus long a Montreal qu'on ne croyoit pas a retardé la prefente refponfe fur celle qu'il vous a plu de m'efcrire & celle que vous avez vü de monfieur Tronçon pour l'agreement de voftre etabliffement au Montreal (1), par ce que c'eftoit bien affez de vous l'envoyer par celuy de vos peres qui eftoit chargé de ces deux lettres & de toutte cette negotiation. J'ay été avec luy fur le peu de terre qui nous refte a donner dans la ville & heureufement il f'eft trouvé un fort bel efpace pour faire noftre etabliffement, je crois qu'il aura bien deux harpents de front & que fa profondeur qui ira jufque fur une autre rue n'aura pas moins d'eftendue. Le tout dans un tres agreable terrein pour la veue & pour tout : voftre maifon n'aura que la rue à traverfer pour aller au fleuve et comme il n'y aura aucune maifon vis a vis, ce fera plutot une teraffe qu'une rue dont l'afpect fera tres beau, y ayant tres peu d'apparence qu'on baftiffe jamais du cofté de la riviere, & quand cela feroit on laifferoit toujours une belle iffue à voftre maifon pour y aller. Le terrein fera fec en tout temps & à l'abry des mauvois vents; il eft vray qu'il eft un peu dominé du cofteau mais tout le montreal l'eft tellement de mefme par tout qu'il n'y a aucun lieu où l'on fe puiffe garantir de la vüe fi ce n'eft par le moyen des arbres, mais les pruniers ne font pas rares dans ce pays icy. Le pere Chreftien & le pere François qui l'accompagnoient ont eté tres contents auffy. A vous dire le vray je le trouve plus beau que le noftre que vous sçavés n'eftre pas laid. Le pere Chreftien m'a demandé un contract, mais je luy ay repondu que celle-cy & ma parole que je luy donnois devoit fuffire & que je ne debvois pas paffer plus outre que monfeigneur n'y euft marqué fon agréement, eftant jufte que je rendiffe cette deference à noftre evefque. Au refte je vous dirois que je fuis le plus content du monde des procedés des reverends peres Luc,

---

(1) M. Tronçon était alors supérieur des Messieurs du Séminaire de St.-Sulpice à Paris. Le P. Chrestien Le Clercq et le P. François Wasson venaient de remettre à M. Dollier de Casson une lettre de lui qu'ils avaient apportée de France.

Chreſtien & François; ce ſont de grands ſerviteurs de Dieu & dignes religieux; ils en ont tout trois donné des marques bien edifiantes; ils ne veulent que le ſervice & la gloire de Dieu, ni nous non plus; ils marchent dans la ſimplicité qui eſt le chemin que noſtre Maiſtre a tenu & que nous ambitionnons; de meme ils ne ſont point enfarinés de cette peſte la plus nuiſible de l'egliſe auſſy bien que la plus ſcandaleuſe & neanmoins la plus univerſelle qui avilit egalement le clergé & les religieux, qui eſt une certaine zizanie & ſemence diabolique d'antipreſtre & d'antimoine qui gate tout & fait accroire à un preſtre qu'en aviliſſant les religieux il exalte ſon eſtat, en quoy ſa ſuperbe eſt bien trompée & à un religieux elle fait accroire que rendant les preſtres contemptibles (1) & les contrecarant dans leurs fonctions cela releve beaucoup l'eſtat religieux, qu'il ne ſe trompe pas moins que le premier dont je viens de parler, car enfin nous ſommes tous expoſés ſur le chandelier de l'égliſe & le peuple ayant les yeux attachés ſur nous comme ſur ceux qui luy ſont donnés pour les modèles de la perfection chrétienne apperçoit incontinent cette honteuſe ambition & le fond d'orgueil dont elle emane : ainſy, au lieu de nous eſtimer davantage, de la il conclud comme les uns et les autres & rend à tous le juſte mepris qui leur eſt deut : cela m'a eſté ſi clair en France que j'ay une horreur mortelle & incomparable pour ce poiſon & à vous dire franchement voilà l'unique choſe que j'ay apprehendé au ſujet de voſtre etabliſſement en ce lieu. Vous me dirés peut-etre que ma franchiſe vous choque & que je fais un cruel jugement temeraire, mais, mon pere, faiſons-nous juſtice a tous, vous ne me condamnerés pas & m'avouerés franchement que cette plus dangereuſe de touttes les peſtes a tellement gagné partout qu'il eſt douteux ſ'il y a un corps tant ſoit peu nombreux qui ne ſe reſſente de cette confuſible contagion et meme je ne ſcais si on recueilloit touttes les voix du clergé & des religieux & qu'après un profond examin on les vouluſt rendre avec ſincerité, je ne ſcais, dis-je, ſ'il ſ'en trouveroit ou point du tout qui n'advouaſſent que par fois en certaines occaſions la tentation ſur ce ſujet leur fait connoitre que ſi leurs cœur n'eſt pas vaincu & gagné de cette peſte, ils en reçoivent des atteintes dans les regions circum voiſines auquelles il leur faut donner ordre par une ſainte exiſtence; je crois que la candeur de votre reverence apres y avoir bien reflechy tombera d'ac-

---

(1) *Mépriſables*, de contemner (latin : *contemnere*, mépriſer). Dictionnaire de l'ancien langage françois.

cord de cette funeste verité, & qu'il vaut beaucoup mieux se decouvrir un aussy pernicieux mal *inter fratres & conservos ejusdem Domini* afin d'y remedier que de se vouloir voiler les yeux afin de ne les pas reconnoistre & ainsy les laisser hors de tout espoir de guarison.

« Je me suis ouvert totalement aux Reverends Peres François & Chrestien sur cette matiere, & mesme je leur ay nommé deux des vostres dont je ne suis pas entierement satisffait en autre chose, mais specialement sur ce subjet. Les choses avoient esté assez connues pour ne leur pas faire tort en parlant ainsy a leurs confreres pour prendre de la occasion de les entretenir de la maniere dont nous devions vivre les uns avec les autres, et la trempe des esprits que je demandois a vostre Reverence lorsqu'il lui plairoit d'en envoyer en ce lieu : pour moy je lirai la presente a nos messieurs & leur parlerai fortement en faveur de la charité mutuelle. Leur fidélité à Dieu me fait vous assurer que j'en serai bien escouté. Je leur dirai comme, suivant St Paul, loin de porter envie aux cooperateurs de l'Evangile ils doibvent faire nostre joye, & que la tristesse de ce qu'un bien se faist plutost par un autre que par nous ne marque pas l'amour du Seigneur mais plutost l'amour de soy-mesme & un fond d'orgueil bien esloignié de l'humilité chrestienne qui nous doibt persuader que tout autre sera plus propre que nous au service d'un aussi grand Seigneur. De votre part, mon Reverend Pere, je vous supplie lorsque vous envoyrés icy des relligieux pour s'establir de nous choisir des personnes qui ne recherchent que la destruction du pecché & la gloire de nostre commun maistre dans l'esprit que je viens de toucher; Que nous soyons tous remplys de charité les uns pour les autres. Si les habits sont differens, que les cœurs & les langues ne soient qu'un : Que nous parlions les uns des autres en prennant les interests mutuels comme des vrays frères en Jesus Christ qui s'ayment tres cordialement, & cela plus charitablement mil fois en l'absence qu'en la presence; si on vient dire aux Recolets que nos messieurs ou moy mesme parlons a leur desadvantage, dont Dieu nous preserve, qu'ils ne parlent que tres advantageusement de nous, bien que loin de nos merites si cela estoit : ce faisant ils seront loués des hommes et encor plus du Createur; ensuitte ils auront la bonté de nous en advertir en charité : si les Recolets parloient mal de nous en condamnant nostre conduitte & nos sentiments ce que j'espere de leur charité n'estre pas, je recommanderai à nos messieurs & tacherai par mon exemple de leur persuader efficacement qu'il ne faut jamais cesser de prendre leurs interest & d'en parler avec toutte la charité imaginable, enfuitte dans le mefme principe je m'en iray franchement m'ouvrir a eux de ce qui fe fera dit ou paffé, & enfuitte fi la chofe le requeroit je vous en donnerois advis, mais en tout cela je demande qu'on me faffe la juftice de croire que ce fera toufjour avec toutte la cordialité poffible.

« J'oubliais a vous dire que j'ay propofé au pere Chreftien qu'on ne fift rien pour voftre eftabliffement que dans l'automne prochain, non que j'ay aucun befoin des nouvelles de France après celles que j'ay reçeu de monfieur Tronfçon, mais a caufe du baftiment de noftre Eglife paroiffiale qui ne pourroit f'achever, les habitans divifans dans leurs efprits la charité qu'ils voudroient faire ce qui les empefcheroit abfolument, eftant auffi miferables qu'ils font, de parachever l'edifice en commancé dont je ne fçais pas même comment ils viendront a bout, M^r.... qui ne donne rien & ne fait aucune depenfe vivant quafi tout par fon commerce fupprenant (?) ce qui rend le lieu dans la derniere mifere. Dieu ayt pitié de fon peuple! Ce que je vois de plus fafcheux, c'eft que ce chatiment divin n'eft pas operé fans que le peché fe multiplie beaucoup par nos pauvres infulaires ce qui pourra rendre la punition d'une plus longue durée. Le nom du Seigneur foit loué a jamais!

« Je fuis, mon très Reverend père, voftre tres humble & tres obeiffant ferviteur

« FRANÇOIS DOLLIER, p^{re}

« à Montreal, ce 22 fep. 1681. »

1681. « *Copie de la lettre de Monfieur Dollier au très reverend Pere Commiffaire des Recollets au fujet de la conceffion faite par luy aux Recollets pour leur eftabliffement au Montreal.* »

« Mon reverend pere

« Il y a plufieurs jours que noftre contract eft fait mais l'embaras des affaires de France l'a retardé jufque à demain matin que je vous l'envoyray avec la prefente. Dieu donne fa benediction à touttes chofes. Monfieur Suart m'a parlé, mais monfeigneur ne m'a pas efcrit depuis fa maladie. Vous ferés les maiftres de venir quand vous aurés ce que vous attendés de la cour. Il n'y a que noftre eglife (1).... fi vous

---

(1) Sous-entendu : Qui soit inachevée.

veniés l'an prochain, fi Mr le comte (1) ce qu'il m'avoit promis dès l'automne, nous aurions eu quelques retours dès l'eftée & cela avec le fecour de la France nous auroit mis en eftat de pouffer l'ouvrage plus vifte, mais les chofes eftant ainfy vous nous ferés plaifir de ne pas venir que de l'automne qui vient en un an, car cela divifant les charités en deux ouvrages la pauvreté du lieu ne le pourra supporter. Je demanderai à Mr le comte que les deux canots qu'il m'a promis pour l'eglife partent le petit printemps pour nous avancer dans nos travaux & faire diligence. Sur ce que vous me mandés de l'Ifle Percée je vous dirai que Mr Trouvé m'a efcrit & m'a prié de vous faire fes compliments fur le Père que vous y aviés (2), qui en a ufé avec luy bien charitablement; il ne fe loüe de mefme de ceux de fa compagnie qui firent touts leurs efforts pour l'empefcher de paffer jufque à en fcandalifer beaucoup le capitaine Pallier qui pour cela plus que pour autre chofe ne les voulut paffer. Il eft vray que d'ailleur il eftoit embaraffé de poiffon, que Mr Trouvé luy avoit demandé le premier, qu'il vouluft malgré toutte chofe guarder fa parole et, pour faire ceffer les pourfuittes contraires, il feignit avoir un ordre de Mr l'intendant quoyque il n'euft de luy qu'une lettre de civilité au premier capitaine qui partiroit dont Mr Trouvé f'advifa par hazard de fe precautionner en partant: Mr le comte eft trop raifonnable pour avoir du chagrin de cette lettre parce que f'il avoit eté à Quebek quand M. Trouvé partit & f'en advifa il la luy euft demandé.

« On me dit auffy que Mr le comte fe plaint que Mr Trouvé avoit paffé des papiers de Mr l'intendant contre luy. Pour moy je vous affure que je n'en fçais rien ny monfieur Trouvé non plus, car me mandant les autres chofes il m'auroit mandé cela; f'il a porté quelque paquet de Mr l'intendant il n'a pas pû favoir ce qui eftoit dedans ny deut f'en enquerir. Ces demeflées de ces meffieurs font pleins d'amertumes de toutte part. Dieu donne fa paix a ce pauvre pays!

« Je fuis, mon tres reverend pere, voftre tres humble & tres obeiffant ferviteur

« FRANÇOIS DOLLIER, p{re}

« Au Montreal ce 29e octobre 1681. »

[P. S.] Au nom du Seigneur, dans noftre union au Montreal, point de Pere Louys je vous en conjure!

---

(1) Phrase encore incomplète, peut-être par la faute du copiste. Il faut lire : « Si M. le comte (nous avoit tenu) ce qu'il m'avoit promis. »
(2) Ce devait être alors le P. Claude Moreau qui remplaça le P. Chrestien Le Clercq dans cette mission, au départ de celui-ci pour la France au commencement de 1681.

1682. « *Eſtat de la Miſſion des PP. Recolets de Canada, Par le R. P. Ferdinand Coiſſaird* (?) (1).

« Cette miſſion comme vous ſçavés, M. R. P., a eſté commencée par nos Religieux en 1615, continuée juques en 1629, interrompue juques en 1670 & recommencée depuis ce temps juques à preſent.

« Cette miſſion d'un pays ſi ample & ſi etendu nous eſt devenue fort etroitte & reſſerrée par l'entrée que y ont fait les PP. Jeſuittes & les preſtres ſeculiers. Ils ſe ſont emparés de touts les emplois, de touts les poſtes, en ſorte que de tout ce grand pays nous n'avons que trois endroits prèque deſerts & inhabités où nous ayons lieu de pouvoir dire la S^{te} meſſe & y faire quelques petites fonctions :

« Noſtre Dame des Anges,

« Le fort Frontenac, autrement dit Catarogouy, & l'iſle Percée.

« Noſtre Dame des Anges eſt un convent preque baty quand on y aura fait encore quelques depenſes, ſitué au milieu des bois au bout d'une grande prairie. Ce convent eſt ſans emploi pour Quebec, mais pour les coſtes il eſt d'un grand ſecours. Il peut nourrir bravement une douzaine de Religieux ſi ils y ſont, mais ſi il n'y en a que 2 ou trois comme il y a à preſent, ils ne pourront pas y ſubſiſter par ce qu'ils ne pourront entretenir les queſtes ou bien il faut qu'ils laiſſent le convent les trois quarts de l'année avec un religieux ſeulement, ce qui eſt la plus grande honte que puiſſe recevoir l'ordre de St François, de voir une grande maiſon ſans religieux.

« L'iſle Percée eſt à l'embouchure du fleuve St Laurent ſur le bord de la mer. Il y a en ce lieu trois ou quatre habitants & huit ou dix navires de peſcheurs pendant l'eſté ; 2 preſtres y ont de l'employ pendant ce temps, & pendant l'hiver un religieux peut ſ'appliquer à la miſſion des Sauvages & l'autre reſter en ce lieu pour les François. F. Didace noſtre charpentier y eſt actuellement à y faire une egliſe de 50 pieds de long & des chambres pour les Religieux.

« Le fort Frontenac dit Catarogouy eſt à 60 lieues du

---

(1) La copie de cet état est de la main du P. Sixte Le Tac, l'auteur de l'*Histoire chronologique*. Son auteur, le R. P. Ferdinand Coissaird (?), nous est inconnu, — peut-être était-ce un pseudonyme ou un sobriquet que prenait Le Tac : « Quoi sert ? »

Mont Réal fur le bord du lac Ontario. Nous y avons une maifon & un Religieux. Ce pofte eft tres confiderable pour ce que l'on y pourroit faire quelque miffion de fauvages fi il y avoit deux religieux, & pour ce qu'auffy c'eft l'œil & l'entree de tous ces grands lacs & de ces grands pays d'En Haut.

« Je ne parle point des Trois Rivieres où nous avons une maifon fans Religieux veu que l'on l'a quittée depuis trois ans par ordre de Mfgr. l'eveque, non plus que de Beau Baffin où eft actuellement le R. P. Claude, veu qu'il le faut abandonner par l'ordre de voftre Reverence qui le rappelle fans envoyer de Religieux qui puiffe remplir fa place. Ces deux derniers poftes donnoient un employ honnefte & payfible à 2 religieux en ce pays, & l'on ne devroit pas ainfi les abandonner veu que les religieux ne peuvent pas fe tenir longtemps en ces quartiers fans cela, & que l'on travaillera à etablir toft ou tard l'Acadie.

« Nous n'avons donc que Noftre Dame des Anges, l'Ifle Percée & le Fort où nous puiffions faire quelque chofe, mais où nous ne pouvons pas fubfifter longtemps foit pour l'envie de nos adverfaires qui nous les veulent ofter, foit auffy pour les changements, peu de ftabilité & attache que les Religieux ont en ce pays.

« Le Convent de Noftre Dame des Anges, outre qu'il eft preque inutile pour le public, eft encore fort refferré & preque toujours attaqué & chicané par le feminaire. Il n'eft frequenté que 2 jours dans l'année, fçavoir le jour de noftre Dame des Anges & de St François mais furtout le premier accaufe de la grande indulgence & du nom que porte noftre eglife, mais jaloux que l'on eft d'y voir une fi grande affluence l'on travaille à en detourner le monde, 1º en voulant empecher d'expofer le St Sacrement qui eft le feul jour que nous avoit refervé Mfgr. de Laval, 2º en difant que le pape a revoqué toutes les indulgences des Réguliers. Les preftres font le 1er & M^r l'abbé de St Valier le 2^d.

« Le fort Frontenac nous a penfé eftre ofté cette année, & les PP. Jeffuittes ne pouvant fouffrir qu'il y euft un pere Recolet en ce lieu qui eft la feule miffion des fauvages que nous ayons, nous l'ont voulu ofter par l'entremife de Mfg^r le marquis de Denonville comme il apparoift par les ordres qu'il m'en avoit donné & qu'il a retirés vers luy.

« Enfin je ne doubte point pour noftre troifieme pofte qui eft l'ifle Percée que le Seminaire ne manquera pas de nous en chaffer bientoft; veu qu'ils commencent depuis 2 ans à envoyer un preftre de ce cofté là.

« Et ainſy vous voyés, mon R^d Pere, que cette miſſion des Canadas que nous avons ouverte, autrefois, nous eſt fermée maintenant de touts coſtés ; touts les employs ſoit de confeſſion ſoit de prédication ſoit de miſſion nous eſtans oſtés à Quebéc & ailleurs par les puiſſances qui ſe portent unanimement contre nous.

« De Remedes à tout cela il n'y en a point d'autre ſinon premierement pour rendre le ſejour du Convent de Noſtre Dame des Anges agreable & utile à la miſſion qui en feroit volontiers ſon ſeminaire et ſa retraitte ſi il y avoit quelques Religieux qui euſſent de l'employ à Quebec. Ce feroit d'obtenir ſi l'on peut de M^r l'abbé St Valier quand il retournera en France ou immédiatement de la cour l'ouverture publique de noſtre chappelle St Antoine, ſans quoy & l'hoſpice eſt inutile & le Convent eſt une priſon & un exil ; choſe qui eſt de la derniere conſequence & qu'il ne faut pas negliger cette année qui doit eſtre une année d'accommodement entre nous & le Seminaire pour ce point, car autrement la conceſſion du Roy pour l'hoſpice nous eſt inutile, le Seminaire nous chicanant ſans ceſſe là deſſus. Si on laiſſe quelquefois la porte de la chappelle ouverte, auſſitoſt un grand vicaire ou Mſgr l'eveque luy méme vient dire que cette porte doit eſtre fermée comme il fiſt à mon egard un jour. Si quelques Religieux ſe tiennent dedans ſans eſtre malades, l'on vient auſſitoſt trouver le Superieur pour luy dire qu'il ayt à retirer les religieux de ce lieu, ces meſſieurs pretendant que nous n'y tenions qu'un valet ou un frère dedans pour le garder, ce qui nous eſt impoſſible veu qu'il n'y a point d'occupation pour un frere qui y reſteroit & ainſi cette hoſpice ne nous ſert ny pour eſté ny pour hyver, à moins que quelqu'un ne tombe malade & alors il faut que la moitié des Religieux de la Communauté ſ'y tranſportent pour l'aſſiſter, un infirmier, un preſtre & un valet, & puis après le convent demeure tout ſeul, les auſtres eſtant obligés de ſortir ſoit pour dire la S^{te} meſſe en quelque coſte (1), ſoit pour queſtes, ce qui eſt preſque toujours arrivé tant que j'ay eſté icy.

« Et ainſi ce Convent ne ſera jamais en ordre & en repos

---

(1) « Ce mot de *coſtes*, — écrivait La Hontan vers la même époque (octobre 1685), — n'eſt connu en Europe que pour coſtes de la mer, c'eſt-à-dire les montagnes, les dunes et tout autre ſorte de terrain qui la retiennent dans les bornes, au lieu qu'icy, où les noms de bourgs ou de villages ſont inconnus, on nomme *coſtes* certaines ſeigneuries dont les habitations ſont écartées de deux ou trois cents pas et ſituées ſur le rivage du fleuve Saint-Laurent. On dit par exemple : telle coſte a quatre lieues d'étendue, une autre en a cinq. »

fi il n'y a 2 ou 3 religieux dans l'hofpice de Quebec pour y faire librement les fonctions de leur etat, ce qui eft la derniere neceffité dans ces temps furtout où l'on va faire la guerre aux Iroquois, veu que nous ferons dans l'impoffibilité d'aller à Quebec, a moins que l'on n'ait une efcorte dans le bois & le chemin d'une demie lieüe fans maifons ou bien que l'on ne f'expofe à avoir la tefte caffée comme le R^d P. Gabriel La Ribourde vers les Illinois. Outre qu'un vieillard ou une perfonne qui n'a pas bonne jambe ne peut aler à la ville fans f'expofer a refter à Quebec ce qu'il ne peut faire f'il n'y trouve perfonne dans l'hofpice. C'eft pourquoy il faut qu'il cherche à manger & à loger dans une maifon feculiere.

« Voila les fuittes de ce qu'on ne fait pas affés d'inftances pour l'hofpice de St Antoine, & ce qui fait dire à tout le monde que les Recolets en Canada ou font folitaire à Noftre Dame des Anges, ou reclus à St Antoine, ou hermites au fort, à Beaubaffin & ailleurs.

« Un fecond Remede aux defordres de la miffion c'eft d'envoyer des Religieux zellés & capables, qui font de la Province (1) & non de celle de St Antoine, veu que ces derniers ne regardant la miffion que comme etrangere à leur province, ne fe foucient pas d'y refter, et ainfy cette pauvre miffion demeure fans religieux intelligents dans les affaires du pays & capables de la conduire et de la fervir, & ainfy il n'y aura plus bientoft ni œconomie dans le convent ny conduitte pour le dehors, veu que les Religieux qui font envoyés de France raifonnant de ce pays cy comme du leur, fe trompent tout à fait n'ayant pas la connoiffance d'iceluy que l'on ne peut acquerir qu'apres de longues années, ny des langues des fauvages que l'on ne peut apprendre qu'avec une grande application.

« Un troifieme Remede c'eft de prendre en France plus à cœur les affaires du Canada, ou de permettre comme les autres communautés de ce pays font, d'y tenir un Religieux exprès qui en ait foing, car d'attendre de France du drap pour fe veftir, des aumofnes fi neceffaires, & n'en point recevoir, des Religieux & n'en pas voir un, c'eft le moyen de voir bientoft finir la miffion & l'aumofne du Roy que l'on menace de retrancher pour le peu de Religieux que l'on voit icy. »

(1) De la Province de Saint-Denys, dont ressortissaient les Récollets du Canada.

1681. « *Copie collationnée de la conceſſion de l'eſtabliſſement des Recollets au Mont Réal donné et concedé par Monſieur Dollier.* »

« Pardevant le Greffier et tabellion de l'iſle de Montreal en la Nouvelle France et teſmoins ſoubzſignés ſont preſents Meſſire François Dollier de Caſſon, preſtre, ſuperieur du ſeminaire dudit Montreal & procureur de Méſſieurs les Eccleſiaſtiques du ſeminaire de Saint-Sulpice de Paris, ſeigneurs & proprietaires de laditte iſle, Lequel ſur le deſir que luy a teſmoigné cy devant le Reverend Pere Valentin Le Roux, commiſſaire des Recollets de Quebec, que les pères de leur compagnie avoient de venir ſ'eſtablir audit Montreal affin de ſe joindre à Meſſieurs les Eccleſiaſtiques de ce ſeminaire pour travailler d'un cœur unanime en ce lieu au ſalut des ames & ſ'eſtant mondit ſieur d'Ollier tranſporté cet eſté dernier avec les Reverends Pères Chreſtien & François, recollets, qui eſtoient pour lors en cedit lieu ſur un emplacement jugé propre à leur pieux deſſein, auroit par ces preſentes, aſſiſté de Monſieur Raunier, Eccleſiaſtique, ſecretaire & econome dudit ſeminaire & de Meſſieurs leſdits ſeigneurs, donné et concedé, donne & concede auſdits Reverends Peres Recollets un emplacement de terre ſcize & ſcituée au deſſouz du coſteau Saint-Louis du coſté de la grande rivière, ſcavoir deux arpents de front le long & ſur la rüe qui ſera marquée ſur l'eſcor(1) du fleuve Saint-Laurent ou grande riviere à prendre depuis la terre & conceſſion de Mathurin Langevin en continuant leſdits deux arpents de front vers & du coſté de la ville juſqu'à l'emplacement de Jean Lemir, pour lequel a eſté reſervé demy-arpent enſuitte deſdits deux arpents de front, lequel emplacement ſufconcedé auſdits Reverends Peres ſera borné par la rüe qui ſera marquée au deſſouz dudit cotteau pour les charroys, & par l'emplacement dudit Lemir qui va meſme proffondeur, lequel emplacement n'eſt concedé à autres fins que pour l'eſtabliſſement d'un couvent de leur ordre, ſans pouvoir jamais eſtre allienté pour autre choſe auquel cas ou celuy de l'abandon ledit emplacement retourneroit de plain droit en la poſſeſſion deſdits ſeigneurs, et pour reconnoiſſance de laditte terre concedée, leſdits Reverends peres Recollets feront tenus de dire à perpetuitté tous

---

(1) Le mot du manuſcrit ne peut ſe lire qu'*eſcor*. Nous n'avons trouvé ce mot dans aucun dictionnaire. Le mot qui s'en rapproche le plus eſt *eſcorrée* (vieux français) employé pour déſigner des *côtes*, des freſſures de bête tuée. *Eſcor* pourrait ainſi ſignifier la *côte*, la *berge* du fleuve.

les ans une meſſe baſſe chaque premier jour chaque année dans le convent qui ſera eſtably ſur icelle pour le ſalut & bien deſdits ſeigneurs, & pour que cet acte renferme cette obligation, ce preſent contrat ſera ſigné en ſa minute par ledit Reverend Pere commiſſaire audit nom ou procureur pour luy à cet effet, faute de quoy ſera de nul valleur, car ainſy etc. Fait & paſſé audit Montreal en une ſalle dudit ſeminaire avant midy le vingt ſixieſme jour d'octobre mil ſix cent quatre vingt un, en preſence de Mrs François Bailly, huiſſier & de Louis Marin Boucher, ſieur de Boiſbuiſſon, juré arpenteur temoins y demeurans & ſoubſiſgnez avec Meſſieurs Dollier de Caſſon & Ranuyer en la minute des preſentes. Signé MOUGUE, notaire avec paraphe.

« Collationné ſur l'original par BECQUET, notaire royal etc. en preſence de ANDRÉ BRILLOUET & de LOUIS HUYOT, clerc. »

1682. « *Copie du procès verbal de deſcription de l'eſtat auquel eſt le baſtiment des Recollets de la haute ville de Quebec 13° novembre 1682.* »

« Aujourd'huy, datte des preſentes, en la preſence des temoins cy aprez nommez, & à la requiſition de Meſſire Louis de Buade, comte de Frontenac, cy devant gouverneur & lieutenant general pour le Roy ès païs de la Nouvelle France, au nom & comme protecteur & premier ſindic des R. P. Recollets de ce pays, nous notaire gardenotes de S. M. en noſtre prevôté de Quebec, nous ſommes tranſportez ſur un emplacement ſcis en la haute ville dudit Quebec pour y faire un inventaire & deſcription de l'eſtat des baſtimens que mondit ſeigneur le comte de Frontenac y a fait conſtruire pour leſdits R. P. Recollets, & en outre pour y prendre & recevoir des ouvriers qui ont travaillé à la conſtruction d'iceux, leur declaration du prix deſdits ouvrages par eux faits, où eſtant, nous aurions trouvé un baſtiment de charpente de ſoixante & quatre pieds de long & de dix-huict de largeur placé ſur un fondement de pierres, eſlevé d'environ deux pieds hors de terre, couvert de planches ſeulement preſtes à y placer le bardeau, conſiſtant en une chapelle, trois petites chambres ou cellules, un refectoire & une cuiſine, où il y a une cheminée de pierres, au long duquel baſtiment reigne d'un coſté d'iceluy un colidor de charpente, & tout à l'entour dudit emplacement une cloſture de pieux en couliſſe contenant vingt-deux travées la maçonnerie duquel baſtiment a eſté dit monter, par Louis L'Eveſque, maſſon, à la ſomme de ſix cent livres, cy . . . . 600 L.

« Par Louis Bedard, charpentier, a eſté dit, la ditte charpente dudit baſtiment montera la ſomme de ſix cent cinquante livres cy. . . . . 650 L.

« Et les vingt-cinq travées de la cloture avec la porte revenir à la ſomme de deux cent ſoixante livres, à raiſon de dix livres la travée, cy . . . . 260 L.

« Par Robert Pepin, couvreur, que la couverture eſtant parachevée elle coutera tant en bardeaux, cloux & planches que pour la façon & travail en tout la ſomme de cinq cent quatre vingt & dix livres, cy . . . . 590 L.

« Et par le nommé Vincent Poitevin, menuſier, a eſté dit auſſi que tous les planchers & cloiſons dudit baſtiment montoient à la ſomme de quatre cent livres, cy. . . . 400 L.

« Et le tout ſuivant les marchés & prix faits avec les dits ouvriers.

« Toutes leſquelles ſommes enſemble ſupputées & calculées, pour la deſpenſe de laditte maiſon & cloture ſe trouvent faire enſemble celle des deux mille cinq cent livres dont le détail ſi que deſſus mondit ſeigneur le comte de Frontenac a requis acte, pour ſervir à qui il apartiendra.

« Fait à Quebec dans le ſuſdit baſtiment desdits R. P. Recollets, après midy le troiſieſme jour de novembre mille ſix cent quatre vingt deux en preſence de Robert du Prat, & Jean Gibaud demeurant audit Quebec, temoins qui ont avec mon dit ſeigneur de Frontenac & notaire ſignez, & ont auſſi leſdits Vincent Poitevin, menuſier, & Louis L'Eveſque maçon, auſſi ſigné, & a ledit Pepin declaré ne ſcavoir ce faire ainſi que ledit Louis Bedard, charpentier, de ce interpelé. FRONTENAC, J. ROBERT DU PRAT, JEAN GIBAU, VINCENT POITEVIN, L. LEVESQUE, GENAPLE. »

1683. « *Deſcription de l'eſtat & diſpoſition de l'hoſpice des Rds P. Recollets. 14e juin 1683.* »

« Aujourd'huy quatorzieme jour de Juin MDC quatrevingts trois, avant midy, à la Requiſition du tres Reverend Pere Exupere Dethune, vicaire du Convent des Reverends Peres Recollets de Notre Dame des Anges, lais Quebec; au nom & comme deputé de toutte la communauté des autres religieux dudit Convent, & en prefence des temoins cy apres nommés, Nous François Genaple, notaire etc... nous sommes tranfportés en l'hofpice defdits R^{ds} Peres Recollets, feiz à la haute ville dudit Quebec, au lieu dit cy devant la fenechauffée pour y faire une defcription de l'état & difpofition dudit hofpice; ou eftant nous l'aurions trouvé eftre fcitué au milieu d'une cour fermée & clofe de pieux en couliffe, conftruit entièrement de charpentes & pierres auffy en couliffes les unes fur les autres, ayant foixante & trois pieds de longueur & dix fept de largeur de dehors en dehors, fur fept pieds & demi d'elevation du quarré dudit baftiment hors terre, au bout & au devant de la principale porte duquel tirant au nord'eft, il y a une grande croix arborée. Enfuitte de quoy nous fommes entréz par ladite porte dans une petitte chapelle ou oratoire que nous avons trouvé de vingt-fept pieds de longueur & de feize de largeur faite en voûte & lambriffée toute à l'entour, dans laquelle il y a un petit hoftel (*fic*) garny de fes ornemens, & à cofté dudit hoftel deux petittes portes qui conduifent fcavoir l'une dans une petitte chambre, dans laquelle il y a une cabanne d'où un malade puiffe entendre la meffe; ladite chambre ayant fix pieds de largeur & dix de longueur; & l'autre porte dans un colidor de cinq pieds de largeur, regnant depuis ladite chapelle jufqu'à l'autre bout dudit baftiment, au cofté droit duquel colidor il y a enfuitte de la dite petitte chambre deux cellules de la meme grandeur environ, avec un grabat dans chacune garny d'une paillaffe & couverture. Plus, en fuitte defdites cellules un petit refectoire de dix pieds de longueur & de dix de largeur & au bout une petitte cuifine de dix pieds de largeur fur feize de longueur. Après quoy nous fommes montez dans le comble dudit baftiment où nous avons trouvé un petit oratoire intérieur, fcitué audeffus de ladite petitte chambre qui eft derriere l'hoftel de ladite chapelle formé par des cloifons dans ledit comble, & lambriffé partout; à la réferve d'un cofté tirant au nord; dans lequel oratoire il y a une feneftre de chaque cofté; & au-dessus dudit oratoire interieur un petit clocher de bois de charpente de quatre pieds & demy en quarré de dehors en dehors & eflevé de fix pieds & demy de poteaux au-deffus du faifte dudit baftiment, & de quatre pieds de comble. Lequel comble eft couvert de planches avec ardoifes par deffus & le reftant du quarré dudit clocher depuis l'appuy de fes petittes feneftres en bas, garny à l'entour de planches feulement, auquel carré eft encore l'efchafault qui a fervy à couvrir ledit comble.

«Dont & de quoy ledit Reverend Pere Exupere Dethune a requis acte audit notaire & temoins, ce qui lui a efté accordé pour lui fervir & valoir à telles fins que de raifon.

« Fait & paſſé leſdits jour, heure & an que deſſus dans le ſuſdit hoſpice, en preſence du ſieur Antoine Caddé, bourgeois en cette ville & de Jacques Turet, cordonnier y demeurant, temoins qui ont avec ledit R^d P. Exupere & notaire ſigné en la minute des preſentes. [Signé] GENAPLE. [Signature légaliſée par M. DE MEULLES intendant, à Quebec le IX novembre 1683.] Par Monſeigneur, LE CHASSEUR.

1683. « *Deſclaration de Robert Pepin & Pierre Dron. 16e juin 1683.* »

« Aujourd'huy ſont comparus en l'eſtude & pardevant François Genaple, notaire etc. & temoins ſoubſignés, Robert Pepin & Pierre Dron, couvreurs en ardoiſes & bardeau, demeurant en cette ville de Quebec, leſquels à la requiſition verbale du tres Reverend Pere Exupere Dethune, vicaire de Convent des R^{ds} Peres Recollets de Notre Dame des Anges lais Quebec, au nom & comme deputé de toutte la communauté des autres Religieux dudit Couvent, ont dit, déclaré, certifié & affirmé à tous qu'il apartiendra devant ledit notaire & temoins qu'ils ont commencé à couvrir le petit clocher de l'hoſpice deſdits Reverends Peres Recollets, ſciz en cette haute ville, le vingtcinquieme jour de May dernier, & avoir ceſſé & diſcontinué le lendemain vingt-ſixième dudit mois, veille de la feſte de l'Aſcenſion, pour aller faire quelques travaux qu'ils avoient à faire ailleurs; & que le deux ou le troiſieme du preſent mois, eſtant ſur le point d'aller continuer & parachever de couvrir ce qui reſte, il leur fut dit par led^t R^d Pere Exupere que Monſieur l'Eveſque de Quebec ne pretendoit pas qu'on y travaillaſt davantage, ne voulant point qu'il y euſt de clocher audit hoſpice. Pourquoy ils ont laiſſé ledit clocher en l'eſtat qu'il eſt ſans couverture depuis ledit comble en bas, & ſans y avoir fait aucune choſe, depuis ledit jour vingt-ſixieme de May qu'ils le laiſſerent comme dit eſt, leur eſchafaut y eſtant meme touſjours demeuré depuis ledit temps juſqu'à preſent. Declarans & certifians encor en outre leſdits Pepin & Dron que les Pluies gaſteront & feront pourrir ce qui reſte à couvrir dudit clocher à faute de le parachever. Ce qu'ils ont d'abondant affirmé veritable en leur ame & conſcience. Dont & de quoy ledit Reverend Pere Exupere Dethune a requis acte audit nom pour ſervir a ce que de raiſon.

« Ce fut ainſy fait reconnu & accordé audit Quebec, en l'eſtude dudit notaire, après midy, le ſeizieme jour de juin mil fix cents quatrevingts trois en prefence des fieurs Charles de Monfeignat, cy devant commis de Meffieurs les intereffez en la ferme du Roy en ce pays, & Antoine Caddé, bourgeois de cette ville temoins qui ont lefdits Reverend Pere Exupere, Pepin & notaire figné en la minutte des prefentes. Et a ledit Dron declaré ne fçavoir efcrire ny figner de ce interpellé. » [Signé] GENAPLE. [Signature legalifée par Jaques DE MEULLES, intendant, etc. Par Mfgr. LE CHASSEUR.]

1684. « *Memoire inftructif contenant la conduitte des Pères Recollets de Paris en leur miffion du Canada depuis l'année 1615 jufques en la prefente année 1684.* »

Cet intéressant mémoire — qui commence par : « L'année 1615, le Pere provincial des Recollets de Paris, en vertu des ordres de Paul 5e données à fon nonce, etc. ». & qui finit par : «...Efperant que S. M. aura la bonté de leur marquer fes ordres & fes volontés fur les articles precedents auxquels ils obeiront avec une entiere foumiffion » — ayant été déjà publié par M. Margry dans son recueil de documents sur l'Amérique, nous ne le reproduisons pas ici.

1684. «*Articles qui regardent les R. Peres Recollets tirez des depefches de Monfeigneur le Marquis de Seignelay envoyez cette année en Canada, à Monfieur de Meulle Intendant.*»

« J'ecris fortement audit fieur evefque de la part de Sa Majefté que fon intention eft qu'il employe les Recollets foit en miffion dans les lieux où les peuples n'ont pas le fecours dont ils ont befoin, foit mefme dans les cures dans lefquelles les preftres de fon feminaire ne croiront pas de pouvoir fubfifter. Ne manquez pas d'exhorter ledit fieur evefque à fuivre en cela les intentions de Sa Majefté pour le bien de la Colonie & l'avantage du fervice de Dieu.

« Elle a examiné les differents memoires qui luy ont été prefentés de la part de Mr l'Evefque de Quebec & de celle des Recollets fur le fujet de leur hofpice. Son intention n'eft pas que ces Religieux eftabliffent un couvent regulier fous pretexte de cet hofpice, mais elle veut les maintenir dans la grâce qu'elle leur a accordé, eftant jufte qu'ils ayent un lieu pour fe retirer dans la ville puifque leur couvent eft eloigné.

« A l'egard du clocher, ils n'en doivent pas faire baftir un contre le confentement de l'evefque & fi vous les pouvez porter à fe contenter des fix mille livres qu'il offre de leur donner tant pour l'emplacement qui leur a efté accordé que pour le baftiment qu'ils ont fait faire, Sa Majefté y donnera les mains ; finon elle tient qu'ils foient maintenus dans cette poffeffion, à condition qu'ils ne pourront ouvrir leur portes aux eftrangers pour les y recevoir publiquement & qu'ils ne pourront dire la meffe à cet hofpice que quand il y aura de leurs pères actuellement malades, auquel cas ils pourront la dire dans une chapelle particuliere à porte fermée : bien entendu qu'ils ne pourront tenir qu'un ou deux de leurs pères dans cette maifon pour en avoir foin.

« J'eftime qu'il eft neceffaire mefme à l'egard de ces Religieux que dans la difficulté où l'on eft de trouver des preftres neceffaires pour l'adminiftration des facrements dans l'etendue du pays où la plus part des habitans n'entendent la meffe que trois ou quatre fois l'année & qui font mefme fouvent privez à la mort du fecours des facrements, Sa Majefté a efté furprife d'apprendre que ledit fieur Evefque refufe auxdits Recollets les permiffions neceffaires d'aller en miffion & pour faire leurs fonctions hors de leur couvent, puifque par cette conduitte, il prive les habitans d'un fecours auquel il ne peut suppléer par d'autres eccléfiaftiques, Et Sa Majefté defire que vous vous employez de concert avec ledit fieur de la Barre à faire ceffer autant qu'il vous fera poffible les fujets de plainte qu'il fait contre les Recollets n'y ayant rien qui puiffe eftre plus utile pour le bien du pays... »

Voilà ce qui nous regarde de la lettre du Roy à Monfieur l'Intendant qui n'a pas jugé, non plus que M^r le gouverneur, que l'intention du Roy fuft qu'on mift bas le clocheton ; les ayant fait les arbitres des intentions de Sa Majefté, ils ont jugé qu'on le devoit laiffer en l'eftat qu'il eft & eftoit quand Monfieur l'evefque a fait fa premiere oppofition verballe.

« *A Monfeigneur de Meulle, Intendant pour Sa Majefté en la Nouvelle France.* »

« Supplient très humblement les Religieux Recollets du Couvent de Noftre Dame des Anges lez Quebec & vous remontrent que Monfeigneur de la Barre, Gouverneur general de la Nouvelle France leur auroit envoyé par fon fecretaire le 5ᵉ octobre mil six cent quatre vingt quatre, un extrait de la lettre du Roy, en ces termes :

« J'ai examiné les differens memoires qui m'ont esté présentés de la part de l'evesque de Quebec & de celle des religieux recollets sur le sujet de leur hospice, etc... »

[Le reste comme au document précédent, jusqu'à...] « n'y ayant rien qui puisse estre plus utile pour le bien spirituel du pays où vous commandez. »

« Auquel extrait Mondit seigneur le Gouverneur auroit adjouté : Je prie les Reverends Peres Recollets de me faire dans le jour de demain une responsse positive de ce qu'ils desirent faire en consequence des ordres du Roy & sur la demolition du clocher de leur hospice de l'edifice duquel le Roy n'est pas content afin d'estre par nous ensuitte ordonné ce qui sera de raison. Fait ce cinquiesme octobre mil six cent quatre vingt quatre. Signé : Le Febvre de la Barre.

« Auquel ordre ils auroient respondu ce qui s'en suit :

« Ce jourdhuy sixiesme octobre mil six cent quatre vingt quatre, la communauté des Recollets du Couvent de Nostre Dame des Anges, situé dans une solitude à une demie lieue de Quebec en la Nouvelle France, capitulairement assemblée au son de la cloche, où estoient les PP. Exupere Dethune, Gardien dudit Couvent & Commissaire provincial de laditte maison, Adrien Ladan, ancien Lecteur en Theologie, Sixte Le Tac, directeur du Tiers ordre & père maistre des novices, Chrestien Le Clerc, missionnaire des Gaspesiens, Ambroise Pellerin & Simon de la Place prestres missionnaires soussignez;

« Le Reverend Pere Exupere Dethune, Gardien & Commissaire provincial ayant proposé que Monseigneur le Gouverneur luy avoit fait signifier par son secrétaire le cinquiesme octobre mil six cent quatre vingt quatre un extrait de la lettre du Roy du 10ᵉ avril 1684, & au bas un ordre d'y respondre couché en ces termes : « Je prie les RR. PP. Recollets de me faire dans le jour de demain une reponse positive de ce qu'ils desirent faire en consequence des ordres du Roy, & sur la demolition du clocher de l'hospice de l'edifice duquel le Roy n'est pas content, afin d'estre par nous ensuitte ordonné ce qui sera de raison. » Il a esté arresté que nous desirans conformer en tout & par tout aux volontez de Sa Majesté, nous devions nous en rapporter à nos seigneurs le Gouverneur & Intendant qui en sont les Interpretes dans ce pays, & leur declarer tres humblement que s'ils avoient des ordres precis du Roy pour la demolition du clocher de l'hofpice dont fa Majefté nous a gratifié, nous eftions tout prefts de nous y conformer comme fes très obeiffants & tres fidels fujets, mais que fi Sa Majefté n'ordonnoit pas de l'abattre, ils auroient la bonté de le laiffer en l'eftat où il eft & de nous maintenir dans la donation que le Roy nous a fait dudit hofpice et de f'employer à ce que nous fuffions reftablis dans le libre exercice de nos fonctions de miffionaires, fuivant les intentions de Sa Majefté. Que nos dits feigneurs feroient cependant fuppliez de confiderer que le Roy parle d'un clocher erigé contre le confentement de Monfeigneur l'Eveque de Quebec, ce que nous ne croyons pas avoir fait attendu la permiffion de fa grandeur pour l'etabliffement dudit hofpice en confequence des lettres patentes du Roy, la ceremonie de la croix plantée folennellement par Monfieur de Berniere fon grand vicaire & Monfieur Souart, ancien fuperieur de Montreal, qu'on ne demande pas à l'ordinaire une permiffion particulière & diftincte pour la bâtiffe d'un clocher quand il la donne une fois pour quelque etabliffement que ce foit, & qu'enfin fa Majefté n'ordonne pas de l'abbattre, quoy qu'elle dife que nous ne le devons pas faire baftir contre le confentement de mondit feigneur l'evefque que nous croyons avoir eu fuffifamment en confequence de celuy qu'il nous a donné pour l'etabliffement de l'hofpice, que nofdits feigneurs feroient priez d'avoir egard à l'humble remontrance que nous leur ferions fur ce que nous n'avons pas pretendu, conformement aux intentions de fa Majefté, d'établir un couvent regulier fous pretexte d'hofpice, mais que nous avons toufjours efperé de jouir de la grace qu'elle nous a accordée, Sa Majefté ayant jugé qu'il eft jufte que nous ayons un lieu pour nous retirer dans la ville puifque noftre couvent eft eloigné. Et qu'enfin Sa Majefté nous ayant fait la grace de nous avoir envoyé en ce pays pour le bien fpirituel de fes peuples, nous ferions toufjours gloire de feconder avec zele fes pieufes intentions lorfque Monfeigneur l'Evefque voudroit nous le permettre. Fait en noftre couvent fufdit le jour & an que deffus. Signé au bas les fufnommés.

« Sur quoy, Monfeigneur, il vous plaife comme interprete des volontez du Roy, leur communiquer un extrait de la lettre que vous avez receu de Sa Majefté & leur declarer fes intentions fur les articles fufmentionnés afin qu'ils f'y puiffent conformer en tout & pour tout comme fes tres obeiffans & tres fidels fujets.

« Fait au couvent de Noftre Dame des Anges, ce feptiefme octobre mil fix cent quatre vingt quatre.

[Signé] F. Exupere Dethune, Recollet, gardien & commiſſaire provincial de la miſſion.
F. Adrien Ladan, P. R. Ind.
F. Sixte Le Tac.
Frère Chrestien Le Clercq, P. R. miſſionnaire des Gaſpeſiens.
F. Simon Gerard de la Place.

« En conſequence des extraits de la lettre du Roy datée du dixième d'avril mil ſix cent quatre vingt quatre que nos ſeigneurs les Gouverneur & Intendant nous ont communiqué, au ſujet de l'hoſpice dont le Roy nous a gratifié; de la bâtiſſe d'un clocher ſur ledit hoſpice; & des intentions que Sa Majeſté temoigne avoir que nous ſervions ſes peuples par le libre exercice de nos miniſteres. Attendu même que Monſeigneur l'evêque ne ſouhaite pas de nous y retablir que nous n'ayons auparavant abbatu le dit clocher;

« Nous ſoubſignés, capitulairement aſſemblés avons jugé à propos pour le bien de la paix de faire cette preſente declaration à nos dits ſeigneurs le Gouverneur & Intendant que quoy qu'il ne nous conſte pas que le Roy nous ordonne de demolir le clocher de la chapelle & que noſdits ſeigneurs auxquels nous nous ſommes addreſſés pour connoiſtre la volonté de Sa Majeſté ne nous ayent rien déclaré de deciſif ſur la demolition dudit clocher, Nous l'abbatrions cependant volontiers pour concourir aux fins pour leſquelles Sa Majeſté a la bonté de nous maintenir en ce pays, ſeconder ſes pieuſes intentions pour le bien ſpirituel de ſes peuples, ſuivre le conſeil de Monſeigneur l'intendant & pour complaire à mondit ſeigneur eveque ſ'il nous l'ordonne, eſperant que par cet acte de notre ſoumiſſion ſa Grandeur aura la bonté de ſuivre les intentions de Sa Majeſté.

« Fait ce quatrieſme novembre mil ſix cent quatre vingt quatre. »

Je declare à tous qu'il apartiendra que les R. P. Recollects de la ville de Quebec m'ont remis entre les mains la declaration cy deſſus & qu'elle a eſté preſentée à Monſieur l'eveſque de ce païs. En teſmoin de quoy j'ai ſigné, A Quebec le 13ᵉ 9bre 1684.

De Meulles.

1685. *Original d'une Lettre de M. de St Valier, nommé à l'évêché de Quebec, aux Peres Recollets.*

[Suscription] « *Pour nos tres chers freres les Miſſionnaires Recolets, En Canada.* »

« Je defirerois de tout mon cœur, Mes très chers Peres & freres en notre Seigneur, vous aller bientoſt voir, mais comme je prevois que notre Seigneur m'arreſtera encore icy cette année (1), je ſatiſfais à mon défir en vous aſſeurant par cette lettre que je conſerve icy toute l'eſtime & l'affection que doit avoir un Eveſque pour de bons & ſts miſſionnaires comme vous l'eſtes. Je m'unis de tout mon cœur à tous les travaux & à toutes les fatigues que vous endurerez pendant mon abſence pour N. S. Je vous donne la paix, c'eſt le preſent qu'a fait notre Seigneur en venant au monde, je ne croy pas vous pouvoir faire un plus grand preſent : *pax vobis!* mais il faut que ce ſoit une paix inaltérable & que rien au monde ne puiſſe la diminuer pendant mon abſence. Vous me permettrez de vous dire ce que je penſe de ce bien : il eſt ſi grand qu'on luy doit ſacrifier tous les autres, & il faut que ce ſoit le charactere qui diſtingue l'Egliſe du Canada de toutes les autres que la paix & l'union. Je prie N. S. de la conſerver & de la rendre auſſi longue que ma vie. Conſolez-moy, mes tres chers Peres, dans l'exil ou je ſuis, par quelqu'une de vos lettres, & me croyéz auſſi cordialement que je le ſuis, dans l'amour de notre Seigneur, de toute l'eſtandüe de mon cœur, tout à vous,

« De St Valier, Né à l'Eveſché de Quebec. »

[En bas] « Pour les pères Recolets. »

1685. *Autre lettre, du Même.*

[Suscription] « *Pour noſtre cher frère le Supérieur des Recolets, En Canada.* »

« Je ſuis bien ayſe, mon tres cher Pere, de ne pas laiſſer partir les premiers navires ſans vous donner de mes nou-

---

(1) A Paris, où M. de Saint-Valier se trouvait en 1685 et d'où sans doute (quoiqu'il n'y ait aucune indication de lieu d'origine) il écrivit aux Récollets du Canada.

velles, & vous affeurer que je conferve en France comme en Canada toute l'eftime & toute l'affection poffible pour vous & pour tous vos pères, aufquels j'efcris à tous enfemble une lettre que vous aurez la bonté de leur faire lire (1) & de l'envoyer à ceux qui ne feront pas dans votre maifon.

« J'ai veü le nouveau Provincial qui avoit efté efleü, je luy ay demandé les Pères que vous m'aviez nommé, mais ils ont efté tous nommez à des charges par le chapitre, quelques jours auparavant que je fuffe arrivé; ainfi j'auray bien de la peine à les avoir. Le Père Provincial auquel j'en ay demandé plufieurs m'a promis de faire ce qu'il pourra pour m'en donner qui me donneront beaucoup de fatiffaction. Deux de vos Pères, le Pere Chreftien & le Père François (2) qui me font venu voir m'ont appris que depuis quelque jours le Père provincial avoit remis la charge à caufe de fon incommodité, & qu'on nommeroit à fa place un vicaire provincial. Ce changement m'obligera de revoir vos Pères qui font icy, & de leur réiterer la mefme priere. J'efpère que ce que vous avez efcris & que ce que vous efcrirez tous les ans attirera tous vos meilleurs religieux à vous aller joindre. Pour moy je m'eftime heureux de vous avoir dans le Canada & je conte de vous y conferver longtemps, & voudrois bien aller bientoft vous rejoindre pour paffer le refte de ma vie dans cette chere patrie, mais je n'y vois gueres d'apparence, n'y ayant encore rien de reglé pour mes bulles (3).

« Vous apprendrez par trop de gens comment nos affaires auront efté reglées. J'ay eü occafion dans l'audiance que j'ay eü du Roy, & dans plufieurs que j'ay eü du miniftre de dire du bien de vos Pères, & de les affeurer de la paix & de l'union dans laquelle nous vivrons. Comme je ne pafferay pas cette année (4), & que Monfieur de Quebec (5), mon predeceffeur, paffera felon toutes les apparences, je vous fupplie de vouloir agir avec luy avec tout le refpect & toute l'union qui vous fera poffible.

(1) C'est évidemment la lettre qui précède et qui aura été envoyée par le même navire.

(2) Évidemment Chrestien Le Clercq et François Wasson déjà mentionnés dans une lettre de M. Dollier de Casson.

(3) Les bulles d'institution canonique que le pape devait donner pour compléter la nomination faite par le Roi de France.

(4) C'est-à-dire : comme je ne passerai pas en Canada.

(5) M. de Laval, en remplacement de qui M. de Saint-Valier avait été nommé par le roi évêque de Québec.

« Priez le bon Dieu pour moy, mon très cher Pere, & engagez tous vos Peres à en faire autant, & faites des prieres publiques pendant la guerre pour la feureté du pays; vous reglerez cela avec Meffieurs les grands vicaires.

« J'ay deux petites chofes à vous recommender : la 1ere de vouloir bien donner un compagnon au Père Jofeph (1) qui eft à l'Ifle Percée, furtout quand le frère Didace qui eft avec luy pour achever la petite eglife & la maifon en fera retiré. Je vous confeille cependant de ne le pas retirer de longtemps, mais quand vous luy donnerez un miffionnaire donnez-lui en un capable d'entretenir la paix & l'union qui doit eftre entre des miffionnaires & qui entre veritablement dans l'efprit de régularité qu'il a eftably dans cette miffion qui eft plus capable que toutes les autres à gafter des miffionnaires. Je croirois le Père Simon plus capable que tous les autres à y faire bien du bien, car ces pefcheurs ne font pas des gens bien ayfés à convertir; je fuppofe que vous n'ayez pas deftiné ce cher miffionnaire à un autre employ plus important. La 2e eft de bien vous perfuader que je vous eftime & que je vous ayme tres cordialement auffi bien que tous vos Peres, & que je fuis content de tous à l'exception d'un feul, dont je vous ay parlé en fecret, & que vous m'avez fait efperer qu'il pafferoit cette année en France; je ne doute pas l'envie que vous avez de me faire plaifir; après que vous aurez leü ces deux lignes, effacez-les de manière qu'elles ne paroiffent pas. Je me recommande de tout mon cœur une feconde fois à vos prières & fts facrifices, & vous conjure d'eftre perfuadé que perfonne n'eft plus cordialement que moy dans l'amour de N. S.

« Voftre très humble & très obéiffant ferviteur

« DE St VALIER, né à l'Evefché de Québec.

« *Pour les Pères Recolets.* »

---

(1) Le P. Joseph Denys, qui était alors missionnaire à l'Ile Percée.

1686. *Instructions pastorales données au P. Joseph Denys pour l'exercice de son ministère à l'Isle Percée.* 4 septembre 1686.

« *A nostre Très cher Frère en nostre Seigneur le Père Joseph Recollect, missionnaire à l'isle Percée, salut & bénédiction.* »

« Estant venu à l'isle Percée pour m'instruire par moy-même de ce que j'avois pû apprendre pendant le cours de ma mission & visite dans l'Acadie que la regularité n'estoit point encor etablie parmy les missionnaires Recollects qui y estoient, j'ai trouvé avec bien de l'edification qu'elle estoit heureusement commancée par le Pere Joseph, lequel, suivant la reigle & l'esprit de ce diocèse, a pris soin de se separer des laïcs dans les cabanots desquels il ne prend aucun repas, ayant connû par sa propre experience qu'il luy avoit esté impossible de conserver longtemps l'esprit religieux dans un commerce aussi frequent, surtout dans les temps des repas où l'on se licentie encor plus volontier que dans les autres.

« J'ai esté aussi très satisfait d'apprendre & de voir par moy-même que sa conduitte a esté approuvée par ses supérieurs qui ne respiroient que la regularité, qui n'avoit pû encor estre introduitte par ceux qui l'avoient devancé. Je croy estre obligé de temoigner combien j'approuve cette conduitte que je crois absolument necessaire dans le lieu d'un si grand abord, laquelle je souhaite y estre toujour maintenüe & plus religieusement observée, ainsi que je le demanderay à N. S., laquelle outre une infinité d'autres biens ne manquera pas de produire celuy-cy de faire prendre garde de plus près aux aumoniers des vaisseaux qui pourront venir dans les suittes à leur conduitte, voulant & desirant que s'ils veulent dire la S^{te} messe dans le diocèse, & avoir les autres privileges des missionnaires, ils se resolvent à suivre les reigles qui sont s.tement establies qui sont dans l'extérieur, d'avoir au moins la soutanne longue pour dire la messe, s'ils ne la portent pas tous les jours, à quoy neanmoins je les exhorte comme estant s.tement pratiqué dans ce diocèse, les cheveux courts, de sorte que les bouts des aureilles paroissent à la couronne, & qu'ils soient toujours habillez de maniere qu'ils puissent estre connus pour des bons ecclésiastiques, leur deffendant sur tout d'aller à la chasse, l'entrée des cabarets & une trop grande liberté de manger de cabanot en cabanot, ne voulant qu'ils suivent les lieux où ils prevoyent que l'on fera la meilleure chère, mais voulant qu'ils se tiennent plus ordinairement dans le cabanot du capitaine dans le vaisseau duquel ils seront venus, la probité duquel ils seront toujour plus asseurés comme le connaissant de longue main. Je defire auffi qu'ils n'adminiftrent aucun facrement & qu'ils ne faffent aucune fonction eccléfiaftique quand ils feront à terre que par la permiffion du miffionnaire qui fera icy, puifque autrement ce feroit mettre le renverfement partout & jetter les ames dans l'erreur, lefquelles croyant recevoir validement les facrements, ne les recevroient pourtant pas faute d'approbation de l'evêque qui eft abfolument neceffaire.

« Il faut donc que le Père Jofeph & ceux qui feront dans les fuittes les fonctions de miffionnaire prennent garde de près à la conduitte des aumôniers qui pouroient venir pour m'en donner advis inceffamment, afin de pouvoir remedier à leur conduitte fi elle eftoit mauvaife par des remedes plus efficaces que ne pourroient eftre les advis d'un fimple miffionnaire, furtout le Père Jofeph & ceux qui y feront dans les fuittes auront foin de fe faire montrer par les aumôniers l'*exeat* de leur evêque, leur approbation de vie & de mœurs & leurs lettres de prêtrife, & c'eft le premier pas qu'ils doivent faire après leur arrivée.

« Comme les miffionnaires font quafi les feuls qui fcavent ecrire, & qui peuvent par cette raifon eftre preffez par les cabaretiers de ce lieu d'ecrire leurs comptes ou ecrire quelqu'autre acte de juftice qui feroient enfuitte fignifiés ce qui ne manqueroit pas de produire de mauvais effects & aliener les efprits, je defire qu'ils fe tiennent aux reigles & aux canons de l'Eglife qui leur ordonnent de ne fe point mêler des affaires temporels de ceux dont ils doivent conduire les ames, que f'ils font fidels à fuivre cet advis de leur evêque que je crois un des plus importants, ils feront beaucoup plus en feureté d'établir & de maintenir la paix & l'union entre ceux qui compofent & qui compoferont dans la fuitte cette petite colonie, laquelle ne fe trouve point prefentement parmy le peu d'habitans qui y font, qui ne confervent point la charité entre eux. C'eft de quoy j'ay fujet de gemir & de craindre que les efforts que j'ay pû faire pour mettre la paix & l'union où elle doit eftre, ne foit pas de durée. Mais il y a un remede plus efficace qui eft entre les mains du miffionnaire qui confifte dans le retardement ou le refus de l'abfolution. C'eft dans ce temps-là que vous devez les obliger à fatisfaire à ce qu'ils doivent faire pour eftablir la paix qu'ils auroient pû rompre, defirant que vous ne vous contentiez pas de toutes les promeffes qu'ils pouroient faire de pardonner ou demander pardon, mais que les chofes foient faites & la paix établie, devant que l'abfolution foit donnée, eftant un fcandal trop grand & trop public de voir des perfonnes qui ne voudroient pas fe faire du bien

& parler avantageufement les uns des autres particulierement à la table de J. C.; laquelle conduitte je vous conjure de garder nonfeulement dans les cas des inimitiez, mais dans toutes les habitudes inveterées ou des occafions prochaines ou des ignorances des myftères de noftre religion, ou de ce qu'ils doivent fcavoir pour leur état, ou dans la volonté de retenir le bien d'autruy ou de ne point payer les debtes qui font les 5 cas dans lefquels l'Eglife nous oblige de differer l'abfolution.

« Je defire auffi qu'ils tiennent la main qu'on affifte toujour à la S^{te} meffe les jours de feftes & dimanches de laquelle ils ne fe difpenferont jamais, ceux auxquels ils. . . d'aller à la pefche (1).

« Ils exhorteront auffi d'affifter aux autres offices divins, comme vefpres, le fermon & le catéchifme, pendant lefquels ils ne permettront jamais qu'on vende du vin dans les cabarets, prenant foin que les portes des maifons foient fermées; que f'ils n'en peuvent venir à bout, ils m'en donneront advis, afin que par des remedes plus efficaces, en implorant le fecours du bras féculier, je puiffe y remedier.

« Ils auront foin d'advertir que la difpenfe qui eft donnée aux pêcheurs de travailler les feftes & les dimanches ne regardent point les habitants qui n'ayant point de travail preffé ne doivent pas profaner les fts jours, mais les garder ftrictement.

« Je defire encor que les miffionnaires prennent de près à la conduite des Sauvages, en faifant tout ce qu'ils pouront pour les efloigner des cabarets, eftant un defordre deplorable, ne voir quafi aucun fauvage qui ne f'enivre par la trop grande facilité qu'on a de leur donner de la boiffon, d'où il arrive fouvent de grands inconvenients.

« Surtout je defire qu'ils f'en tiennent à la reigle de ce diocèfe pour le baptême des enfans & des adultes fauvages, ne baptifant les uns & les autres que dans la g^{de} neceffité & danger de mort, prenant foin furtout de ne point baptifer d'adultes qui ne foient fuffifamment inftruits, les interrogeant & faifant interroger par les interpretes des myfteres qu'ils doivent fcavoir, au moins de ce qui eft abfolument neceffaire à falut. Ce que je crois de plus feur, c'eft de renvoyer lefdits Sauvages à la miffion établie à Miramichi pour y eftre baptifez.

« Cette lettre n'étant pour autre bien, je la finis en vous

---

(1) Un mot manque dans la copie.

conjurant de croire que je demanderay à N. S. la grâce dont avez befoin pour vous acquitter dignement de l'œuvre qu'il vous a mis entre les mains. Souvenez-vous auffi de prier pour votre Evêque qui eft de toute l'étendue de fon cœur dans l'amour de Jefus-Chrift.

« J. de la Croix de St Valier,
« n^é par le roy à l'évêché de Quebec

« Par mon dit feigneur,

« Trouvé. »

1689. « *Contrat paffé pour l'acquifition d'un établiffement des PP. Recollets à Plaifance* (île de Terre Neuve). »

« Le feptieme du mois de feptembre mil fix cent quatre vingt neuf dans la maifon de Madame la Veuve Charpentier au grand Plaifance par devant les S^{rs} De Harenardere & David, marchands, Dupré & Gilbert, habitants dudit Plaifance, Témoins, a été prefent en fa perfonne le fieur Jean Georges Jougla, habitant dudit lieu, lequel a declaré avoir une habitation confiftant fçavoir en une grave (1) bornée par le nord au Terrein de l'Eglife du dit lieu, & par le fud par celuy de Mad^e la veuve Charpentier, à l'oueft par la grave du Sr Gilbert, par le norrouueft par celle de Mre Philippe Zeimar, par l'eft par l'efchaffault de Monfieur le Gouverneur, un Efchaffault, un Trouil (2) pour l'huile, une maifon gifante devant l'efchaffault de mon dit feig^r le gouverneur, Terrein proche de la ditte maifon, à elle appartenant & une cabane qui fert de logement aux pefcheurs attenante à celle de mon dit Seig^r le Gouverneur, ce qui eft de la connoiffance des habitants dudit lieu, le tout defriché, travaillé & acquis par fes foings, labeurs & depens conformement à l'ordonnance de Sa Majefté. Dont voulant fe defaire de fon bon gré & volonté, en a fait vente en prefence des dits temoins à Monfieur Paftour de Coftebelle, lieutenant commendant les foldats de la Garnifon du fort de Plaifance & fcindic des Reverends Pères Recollects du dit lieu, pour leur fervir

---

(1) « Grave. » Grève. Aujourd'hui encore rivage de Terre-Neuve, où l'on sèche les morues au soleil. *Dictionnaire historique de l'ancien langage françois,* par La Curne de Sainte-Palaye.

(2) « Trouil », treuil ou pressoir.

d'etabliſſement ſelon le reglement & ordre de Monſeigneur l'Eveque de Quebec pour la ſomme de douze cent livres que le dit Sr Jougla dit de la Foreſt confeſſe avoir reçeu du dit ſieur Paſtour en la ditte qualité & promet que jamais demande ne luy en fera faitte, moyennant quoy le dit ſieur Jougla veut & conſent que les dits R^{ds} Pères jouiſſent en toutte propriété de la ditte habitation, appartenances & dependances comme il eſt expliqué cy deſſus ainſy qu'il en a jouy luy-meme à la reſerve de ce qu'il a accordé à mon dit Seig^r le Gouverneur par un billet du dernier may de cette preſente année 1689, ledit Sr Jougla garantiſſant la ditte habitation libre de toutes debtes, hypothèques & pretenſions quelleſconques, & hypothequant dès à preſent ſes biens meubles & immeubles pour la ſeureté de la preſente vente qu'il pretend devoir eſtre valable comme par devant Notaire. En foy de quoy il a ſigné en bas avec les temoins. Fait & paſſé au dit Plaiſance en Terreneuve le dit jour & an.

« Signé à l'original : JOUGLA. PASTOUR DE COSTEBELLE. PERNARON DE HARANEDER. F. DAVID. BONAFOUS dit DUPRÉ. P. GILBERT.

« Nous Antoine PARAT, Gouverneur pour le Roy à Plaiſance & Iſles de Terreneuve avons ratifié le contract cy-deſſus ſoubs le bon plaiſir de Sa Majeſté, & y avons appoſé le cachet de nos armes & fait ſigner par nôtre ſecrettaire. Fait au fort de Plaiſance ce huitieſme de ſeptembre mil ſix cent quatre-vingt neuf. Signé : PARAT, avec le cachet de ſes armes, & plus bas, Par Monſeigneur, COURAUD.

« *Collationné ſur ſon original demeuré viers nous pour y avoir recours,* PARAT. (1) »

(1) Extrait d'une lettre de M. Parat du 29 juillet 1689 (*Archives de la Marine*).

« Monſeigneur,

« ....M. l'eveſque de Quebec eſt arrivé icy le 21e juin & party le 21e du courant. Il m'a remis une lettre de cachet du Roy avec un ordre pour faire embarquer l'aumoſnier de ce lieu. Je l'executeray pontuellement. Il a etabli deux Recollés pour Curé & Aumoſnier & m'a prié de vouloir payer à ces peres le reſte des apointemens de l'aumoſnier de la preſente année ce que jay faict d'abord, quoy que je n'aye pas des nouvelles s'ils ont eſté payés en France ou envoyés comme je m'étois donné l'honneur de vous le demander. Mais il me ſemble qu'il eſt bien rude de n'avoir point d'aumoſnier au fort, car ils ſe ſont logés à la grave pour leur comodité & il nous faut paſſer l'eau.... M. l'eveſque eſt party pour St Pierre avec ſon

1692. « *Extrait des intentions du Roy, fignifiées par Mr. de Ligny pour nos miffions.* 17 mars 1692. » (1)

« Le quinzième du courant mois de Mars, Mſgneur l'Evefque nous fiſt l'honneur de diner chez nous en communauté. Nous avions apris qu'il ſ'eſtoit fortement interreſſé en noſtre faveur auprès du Roy & du miniſtre.

« Le lendemain feizième, Mʳ l'Evefque efcrivit au provincial & au Père Cuſtode que le Roy nous avoit accordé cinq cens livres de gratification pour le Canada, comme il venoit d'aprendre de Mr. de Lagny, prefident du commerce & navigation de France & que ledit Mr. de Lagny avoit à nous dire plufieurs chofes de la part du Roy touchant nos miffions, qu'à cet effet il falloit aller parler audit fieur.

« Sur cet advis, le Pere fecretaire fuſt deputé par le Pere Provincial à Mʳ de Lagny le dix-feptieme & euſt une bonne

baſtiment. Je luy ay donné le Sʳ Paſtour pour l'acompagner dans l'eſtandue de mon gouvernement. Je fuis obligé d'armer un baſtiment de douze thonneaux pour faire venir ledit Sʳ Paſtour, les foldats quy l'ont accompagné & un pere recollé & à mefme temps faire chercher avec de l'argent du pain quy eſt icy fort rare. »

Extrait d'une autre lettre de M. de Parat, gouverneur de Terre-Neuve (Archives de la Marine).

« Du fort Plaifance, le 4ᵐᵉ Septembre 1689.

« ....Quand aux Pères (Recollets), Ils ont achepté une habitation à la grand grave d'un habitant quy ne peut demurer en ce pays pour y eſtre toufjours malade & quy ſ'en va en France. Il leur couſte 1200 ll. cabanes, grave & efchafaut & pour 4 chaloupes de pecherie. Ils en ont payé environ la moitié des charités qu'ils ont receu cette année. Le Père Sixte ſ'en va en France. Il vous dira que j'ay faict beaucoup de difficulté parce que cela occupe la plus belle grave & dans le deſſain qu'ils ont d'anclore tout, cela fera un grand defordre pour la comodité publique. La grave eſt rare & faute de grave, je manque d'avoir davantage d'habitants... Je vous affeure, Monfeigneur, que deux feculiers, un à la grave & l'autre au fort, il y en avoit ce qu'il falloit, & mefme M. l'evefque n'a eſté qu'un preſtre à Sᵗ Pierre. Vous fcavez que les Religieux ne font jamais contents & qu'ils ont toufjours des pierres d'attante. Ils difent que ayant achepté la place, il eſt loifible à eux d'en faire à fa volonté, mais l'intheret du tiers fauve, & de la maniere qu'ils acheptent & payent il est facile d'acquerir. »

(1) Cet extrait fut envoyé de France aux Récollets du Canada, car il résulte du contexte que c'est en France qu'eurent lieu ces entretiens des Récollets tant avec l'évêque (M. de Saint-Valier encore alors en France) qu'avec M. de Lagny.

demi-heur de conference avec luy, où entre autre chofe Mr de Lagny luy dit de la part du Roy : 1º que fa Majefté nous accordoit cinq cent livres feulement pour nous dedomager des vafes facrés que les Anglois nous avoient pris à l'Ifle Percée (1); 2º que le Roy nous ordonnoit d'envoier cette année bon nombre de Religieux en Canada; 3º qu'il avoit fait efcrire à Mr l'intendant pour faire paffer gratuitement dans les vaiffeaux ceux des Religieux qui n'y ferviroient pas d'aumofnier felon l'ordre du Roy qui porte que chaque capitaine doit deffraïer un preftre comme aumofnier du vaiffeau; 4º que Sa Majefté eftoit perfuadé que les Récolets font les feuls qui portent veritablement les interefts de Dieu & de la Religion en Canada & qu'elle avoit plus de confiance en nous qu'en touts autres, qu'elle eftoit bien informé des intentions qui y portoient d'autres gens (2); 5º qu'elle nous ordonnoit de fournir des Religieux aux ifles de Plaifance & de St Pierre, qu'ils y trouveront leurs fubfiftance & que l'on fourniroit au refte pour l'etabliffement; 6º qu'à l'égard de ceux de Quebec, le Roy fçavoit bien que nous y fouffrions, que nos appointemens eftoient mediocres & n'eftoient point fuffifants avec la quefte, qu'il n'eftoit pas jufte que l'on f'y entretînt au depens de la province, que nous n'avions qu'à tirer ce que nous pouvions de la quefte & que l'on auroit foin de nous fournir quelques fecours pour nos petits befoins & que mefme on trouveroit moïen de nous affeurer quelques aumofnes reglées fur les lieux. 7º Ledit fieur affuraft de rechef que le Roy eftoit tout affet prevenu à noftre egard, ajouftant que M. l'evefque de Quebec y a beaucoup contribué, car M. de Pontchartrain & moy fommes temoins qu'il a dit au Roy tout ce qu'on peut d'avantageux de vos Pères. Il vous aime & vous fera tout le bien qu'il pourra. Il eft de fon interreft de vous y maintenir. Je fcay là deffus fes intentions. 8º Le difcours retombat fur Plaifance, qu'il dit que fi nous avions là des gens intelligentes ils pourroient deffraïer le poiffon d'une partie de la province, que le poiffon ne f'y vendoit [que] fix livres le quintal & que le Roy nous donneroit fauve les quatorze frans de drois par quintal, que l'on pourroit avoir le port gratis.

« L'entretient fe terminat par tous les offres les plus obli-

---

(1) Voir la relation de cette descente des Anglais et du pillage qu'ils firent de la chapelle des Récollets, au commencement d'août 1690, dans la *Nouvelle relation de la Gaspésie* du P. Chrestien Le Clercq, pp. 8 et suiv.

(2) Les jésuites étaient alors en défaveur à la cour.

geans de protection, asseurant que l'on en envoïoit de grands ordres dans le payis. »

1692. « *Copie collationnée des Lettres patentes en cire verte d'etabliffement du Roy pour Montreal, ifle de Terre Neuve & autres lieux de Canada pour les Recollets.* »

«Louis, par la grâce de Dieu, etc. Notre ami & feal Conseiller en nos confeils, le Sr Evefque de Quebec nous a fait remontrer qu'ayant à Quebec un couvent de religieux recollets de l'ordre de St François, il auroit difpofé une partie defdits religieux dans divers endroits de la Nouvelle-France, ifle de Terre-Neuve & autres lieux de l'Americque feptentrionalle & particulierement à Montreal, à Plaifance, & l'Ifle St-Pierre, defquels religieux les habitans de ces lieux auroient tiré tous les fecours fpirituels qu'on pouvoit attendre de leur zele & de leur pieté, & defirant rendre certains les eftabliffemens aufd. lieux affin de leur donner lieu de f'attacher de plus en plus aux miffions & autres fonctions auxquelles ils font appliquez. A ces caufes, nous avons permis & permettons aufd. Recolets de continuer leur eftabliffement tant en lad. ville de Quebec qu'aux lieux de Villemarie ou Montreal, Plaifance, Ifle de Saint-Pierre & en tous autres lieux où ils feront jugés neceffaires, pourveu neantmoins que ce foit de l'adveu & confentement du Gouverneur & notre lieutenant general aud. pays & des habitans des lieux où ils voudront f'eftablir, dans tous lefquels lieux ils ferviront d'aumoniers pour nos troupes & mefme y feront les fonctions curiales lorsque l'Evefque le jugera neceffaire & leur en donnera le pouvoir, voulant qu'ils reçoivent comme aumône les appointemens deftinez par nos Eftats pour les aumofniers de nofd. trouppes. Comm' auffy nous avons amorty & amortiffons par ces prefentes fignées de noftre main les eglifes, logemens & cloftures des couvents eftablis & qui pourront l'eftre cy après, fans que pour raifon de ce ils foient tenus de nous payer ny à nos fucceffeurs Roys aucunes finances, droits d'amortiffement ou autre indemnité dont nous leur avons dès à préfent fait don & remife par ces prefentes. Si donnons en mandement à nos amez etc. Car tel eft notre plaifir, etc. Données à Verfailles, au mois de mars l'an de grace mil fix cents quatre-vingt douze & de noftre regne le quarante-neuf^e. Signé : Louis, & fur le reply, par le Roy : Signé Phelypeaux & fcellé, etc.

« Collationné à l'original en parchemin par les notaires au Chaſtelet de Paris ſouſſignez le 3ᵉ avril 1693. ROBILLARD, PIOGER.

[« Les lettres patentes cy deſſus ont eſté envoyées en Canada au mois de mars 1693 pour y eſtre enregiſtrées. »]

1693. « *Extrait des regiſtres du Conſeil ſouverain de Quebec ordonnant l'enregiſtrement à ſon greffe des lettres patentes qui précedent* « pour joüir par leſdits Religieux Recollets, du contenu en icelles à la charge par eux quand ils voudront faire quelque nouvel eſtabliſſement ils ſ'adreſſeront au Juge des lieux, pour faire aſſembler les habitants & ſcavoir ſ'ils voudront donner leur conſentement, dont ſera dreſſé acte authentique pour leur ſervir conformément aux d. lettres patentes. » Fait à Quebec au dit Conſeil le douze octobre ſeize cent quatre vingt treize. Signé RENUZET. »

1692. « *Original ſur parchemin, ſcellé & contreſigné, d'un mandement de l'Evêque de Quebec (M. de Sᵗ Vallier) relatif au couvent de Quebec.* »

« Jean, par la grâce de Dieu & du Sᵗ Siege apoſtolique, Eveque de Kebec, à touts preſents & à venir, ſalut en N. S.

« N'ayant rien de plus à cœur que de donner des marques ſenſibles de la ſingulière affection que nous avons pour les frères mineurs recollets de la province de Sᵗ Denys en France etablis dans ce dioceſe, & voulant d'ailleurs leur faire connoiſtre combien nous ſommes touché de la deference qu'ils ont faict paroiſtre à nos advis, en reuniſſant les deux maiſons de Noſtre Dame des Anges & l'hoſpice de Kebec à un ſeul convent regulier, voulants bien ceder par echange & par accommodement leur convent de N. Dame des Anges, proche de Kebec, avec ſes dépendances, pour y placer un hoſpital general que Sa Majeſté a bien voulu etablir par ſes lettres patentes du mois de mars 1692 comm' il eſt porté plus amplement par le contrat du (1)…

« Nous, pour leur temoigner noſtre gratitude & bienveillance, leur avons permis & accordé, permettons & accordons auxd.

---

(1) La date est laissée en blanc sur l'original.

religieux, d'établir leurd. convent regulier dans la ville de Quebec, & d'y vivre en communauté, d'y chanter l'office divin publiquement, & d'y faire touttes les fonctions qu'ils ont coutume de faire en touttes leurs autres maifons & convents de la province de Paris, leur permettant fpecialement, comm' ils nous l'ont demandé, d'expofer le T. S. facrement aux jours des feftes de St François leur fondateur, de Noftre Dame des Anges & de St Antoine de Pade leur titulaire. Nous voulons & defirons qu'ils maintiennent la devotion du cordon du tiers ordre, & qu'ils faffent pour cela tout ce qui leur eft marqué dans la bulle, & fingulierement leur proceffion du très f^t facrement touts les feconds dimanches du mois & qu'ils publient les indulgences qui y font attachées.

« Nous exhortons les peuples de ce diocefe que pour marquer leur reconnoiffance des fervices qu'ils ont receus de ces bons religieux depuis un fi longtemps, ils ayent une devotion particuliere pour f^t François & autres f^{ts} de leur ordre, foubs la protection defquels nous remettons volontiers & avec confiance cette eglife & ce diocefe.

« Voulant de plus que pour conferver la memoire de la ceffion & echange qu'ils ont faict de Noftre Dame des Anges, 1ro titulaire de leurs miffions, pour y placer l'hofpital general, led. hofpital porte & retienne à perpetuité le nom de l'hofpital de N. Dame des Anges, où lesd. religieux pourront venir une fois chaque année proceffionnellement, portants l'image de la T. f^{te} Vierge, chanter une grande meffe, & ce le dimanche de l'octave de N. Dame des Anges, fi bon leur femble, noftre intention etant de leur permettre & non de les y obliger, comm' auffy de dire quand bon leur femblera des meffes baffes, defirans qu'on les y reçoive avec honneur, & qu'on leur fourniffe touts les ornements neceffaires.

« Les fufd. religieux étants les premiers pauvres de noftre diocefe, & qui nous touchent de plus près, à raifon de la perfection de leur etat, nous defirons que led. hofpital faffe une charité touts les ans, fuivant l'eftat où il pourra fe trouver, ce que nous ofons recommander à M^{rs} les adminiftrateurs, que nous prions de tout noftre cœur vouloir bien entrer en noftre efprit, le tout cependant par charité & fans obligation; & comme led. hofpital, à raifon de fa pauvreté prefente, ne fe trouve pas en etat de pouvoir faire des aumofnes, nous voulons bien exercer cette charité & faire fournir auxd. religieux en pain, vin & autres chofes la fomme de cinquante ecus touts les ans.

« Quand au petit hermitage de la portiuncule que lefd. religieux nous ont demandé pour memoirial de la 1re fondation de leurs miſſions, pour y faire leurs retraittes & pour leurs autres commodités, nous leur permettons d'y baſtir une petite chappelle avec un petit clocheton pour y ſonner la ſᵗᵉ meſſe quand il y aura quelque religieux qui l'y voudra dire.

« Or, comme nous deſirons que leſd. religieux jouiſſent paiſiblement & à perpetuité des ſuſd. permiſſions, non ſeulement dans leur convent de la ville de Kebec, mais auſſy de Montreal, les Trois Rivières, quand ils y ſeront etablis & autres lieux, de noſtre diocèſe, nous ſupplions avec toutte ſorte de reſpect & autant qu'il eſt en nous, nos venerables & illuſtriſſimes freres nos ſucceſſeurs eveques, d'entrer dans nos ſentiments envers leſd. religieux, de les favoriſer & faire executer le contenu des preſentes que nous deſirons etre obſervées à perpetuité.

« Faict à Kebec dans n.tre ſeminaire ce quatrieſme Septembre 1692. Signé de noſtre main & contreſigné de noſtre ſecretaire, & ſcellé de notre ſceau.

[Sceau] « JEAN, eveſque de Quebec.

« Par Monſeigneur TROUVÉ. »

1692. « *Extrait du livre de la province & de l'aſſemblée extraordinaire du definitoire tenü dans notre convent royal de Verſailles, le 26 fevrier 1692. Sceance quatrieme.* »

« Le tres Rᵈ P. Provincial nous a fait raport de la propoſition que Monſeigneur l'Eveſque de Quebec a fait en Canada à nos Peres verbalement & qu'il nous a reïterée meme pluſieurs fois depuis qu'il eſt en France d'acheter notre convent de Notre Dame des Anges dans le deſſein d'y eſtablir un hoſpital general; & ce en cas que nous venions à l'abandonner, & de reünir les deux eſtabliſſements en celuy de Quebec.

« Lecture faite de pluſieurs lettres miſſives tant de Monſeigneur de Frontenac que de nos religieux miſſionnaires tendant à la meme fin, en cas de reünion de la ſuſdite; il a eſté dit que la province conſent à la vente & alienation du convent & maiſon de Notre Dame des Anges & terres qui en dependent, pour eſtre la ſomme employée à conſtruire une maiſon reguliere à l'hoſpice de la haute ville de Quebec, & attendu que nous n'avons aucun memoire des inſtructions de l'Etat des lieux, & que d'ailleurs nous avons encor moins de connoiſſance des emplacemens deſtinez pour la maiſon de la ville de Quebec & de la ſureté de l'acquiſition qu'on en pourroit faire, & qu'eü égard à l'eloignement nous ne ſçaurions convenir en France des conditions de vente de notre maiſon de Notre Dame des Anges, ny paſſer par conſequent aucun contract dans les formes par notre ſyndic ny par nous avec Monſeigneur l'eveſque de Quebec,

« Le definitoire aſſemblé a donné & tranſporté, donne & tranſporte autant qu'il eſt en luy toute authorité & pouvoir à Monſeigneur de Frontenac protecteur & pere ſpirituel & ſyndic apoſtolique de nos maiſons & miſſions du Canada, de traiter, tranſiger & contracter avec mond. ſeigneur l'Eveſque en tout ce qui concernera l'alienation dud. convent & des terres en dependantes; lequel contrat de vente ſera envoyé au definitoire des Recollets de la province de St Denis en France pour eſtre accepté, approuvé & ratifié au nom de lad^{te} province & avoir enſuite ſon entier effet;... à condition auſſy que le tout ne ſera executé que led. ſeigneur Eveſque ne nous ait donné par eſcrit la permiſſion d'exercer nos fonctions à notre hoſpice de Quebec comme nous les exerçons maintenant à notre convent de Notre Dame des Anges, & qu'auparavant de contrats il ſera fait deſcente ſur les lieux pour faire inventaire des meubles, tableaux, retable d'autels, uſtancilles qu'il convindra tranſporter à notre profit au convent de la haute ville.

« Et au deſſous eſt eſcrit:

« Cet extrait eſt conforme à ſon original, en foy de quoy nous avons ſigné en notre convent des Recollets de Paris ce 17e jour de mars 1692, Et ſcellé du petit ſceau de notre office, & ont ainſy ſigné aud^t extrait: Frère Louis Lefebvre, miniſtre provincial. F. Hyacinthe Lefebvre, Pere des deux Provinces et ex-provincial. F. Augustin Micault, definiteur, Frère Cœlestin Aubourg, definiteur, F. Alexis Lorain, definiteur, & F. Laurent Lamoureux, definiteur & ſecretaire du definitoire.

« Collationné à Quebec le 16e ſeptembre 1692. Signé: Genaple. »

1692. « *Contrat d'echange entre Monf. l'Evefque & Monf. le gouverneur pour les Recollets. 26 fept. 1692.* »

« Pardevant le notaire gardenotes du Roy en fa prevôté de Quebec en la Nouvelle France fouffigné, furent prefens : haut & puiffant feigneur Meffire Louïs de Buade de Frontenac, Ch.lier comte de Palluau, Conf^r du Roy en fes confeils, fon gouverneur general en tout ce pays de la France feptemtrionale faifant & ftipulant en cette partie au nom & comme fyndic apoftolique des RR. Peres Recollets de ce d^t pays, Pere & protecteur de toutes leurs miffions (Affifté préfence & du confentement des tres reverends Peres Hyacinthe Perrault, commiffaire provincial & gardien de leur convent de Notre Dame des Anges lès Quebec, Daniel du Moulin, Père m^e des novices & eftudians, Seraphin Georgemé, lecteur en theologie & Juconde Drué, preftre & miffionaire, tous religieux Recollets dud. convent) d'une part; Et Monfeigneur l'illuftriffime & reverendiffime Pere en Dieu Meffire Jean Baptifte de la Croix de Saint Vallier, Evefque de cette ville de Quebec, lefquels ont dit : Sçavoir ledit feigneur fyndic apoftolique defd. Peres Recollets, que fur les propofitions cy devant faites par led. feigneur Evefque de reünir les deux maifons defd. Peres en une feule pour la plus grande commodité du public, en echangeant leur convent de Notre Dame des Anges, pour en faire l'hopital general qu'il a plu à Sa Majefté d'etablir par fes lettres patentes en cette ville ; & tranfportant & mettant la communauté dud. convent en leur hofpice fiz à la haute ville au bout de la place d'armes vis à vis du chateau qui feroit & demeureroit changé à l'avenir en un convent regulier où ils feroient toutes leurs fonctions & exércices comme ils font dans tous leurs convents de la province de Paris, & en confequence de l'extrait du decret du definitoire des tres R^{ds} Peres Recollets de ladite province de Paris en date du dix-feptieme de Mars de cette prefente année, demeuré annexé aux prefentes portant que ledit definitoire affemblé le 26e de fevrier precedent, a donné & tranfporté toute authorité & tout pouvoir aud. feigneur fyndic aud^t nom de traiter & contracter avec ledit feigneur evefque de l'alienation dud^t convent de Notre Dame des Anges, pour enfuite en eftre le contract ratifié etc... Et ledit feigneur fyndic apoftolique aud. nom, entrant avec lefdits Religieux fufnommez dans l'utilité, commodité & edifications des peuples, & dans le défir qu'ils ont de contribuer à la gloire de Dieu & aux grandes utilitez que led. hôpital general retirera de fon eftabliffement au lieu dud. convent: fermans les yeux à des veües d'intereft que des perfonnes

d'une autre profeffion & d'une autre regle que la leur pourroient avoir, led. feigneur fyndic apoftolique defd. Peres Recollets de ce Pays, en vertu du pouvoir à luy donné par led.
decret du definitoire de lad. province de Paris, abandonne,
cede, tranfporte & delaisse aud. nom aud. feigneur Evefque
aux fins fufdites, led. convent de Notre Dame des Anges, &
les cent fix arpens de terre en dépendant confiftans en dix
arpens de front fur la petite Riviere St Charles tenant d'un
cofté, etc... [fuit la defcription conforme au titre de poffeffion
en date du 29 mai 1673] & les bâtimens dud. convent confiftant en une eglife avec une chappelle & facriftie derriere
l'autel & un chapitre, un cœur au deffus, un cloiftre en quarré
compofé de fept & huict arcades de chaque coftez, dont l'un
defd. coftez, au fud, eft le long de lad^e églife; le deuxieme
eft fous partie & le long d'un dortoir bafty de pierres contenant vingt-quatre cellules, fous lequel dortoir font les
depence, cuifine, refectoire, & veftibule, & les caves au
deffous, & par deffus un grenier de toute la longueur; le
troifieme defd. coftez dud. cloiftre eft le long d'un bâtiment
de colombages, qui confifte en chambres & offices que
mond^t feigneur le comte de Frontenac a fait bâtir, lequel a
efté appellé à ce fujet « le Bâtiment de Monfieur le Comte »,
& le quatrieme cofté, au nord-eft, eft une fimple allée de
cloiftre fans bâtiment; le tout ainfy qu'il fe comporte...
franc & quitte de toutes charges, droits & redevances quelconques par lettres d'amortiffement de S. M. en date du
9e may 1677... Pour dudit convent en tout fon contenu &
defd^{ts} cent fix arpens de terres en dépendans faire & difpofer
à toufjours à l'avenir par ledit feigneur Evefque & fes fucceffeurs comme bon leur femblera, à l'ufage dud. hôpital general à perpetuité en faveur des pauvres d'iceluy; dans
laquelle eglife & bâtimens fufdits demeurera & fera laiffé au
profit dud. hopital general le retable & le baluftre de l'autel,
les lambris du refectoire & du cœur, les planches qui ferment
les arcades dud. cloiftre, le bois de chaufage, deux tables du
refectoire, les deux confeffionnaux & bancs de l'eglife, les
ferrures & ferrures & tous les chaffis doubles & vitres dud.
convent : Eftant convenu qu'ils remporteront feulement les
meubles & ûtanciles cy après, comme tableaux, armoires,
pupitres du refectoire & du chœur, deux tables du refectoire,
les grabats & tables des chambres, les chaifes, le baluftre de
la chappelle, les bancs du chapitre & le deffus de la chaife
de lad^e eglife. Cet abandon, ceffion, etc... ainfy faits, moyennant la fomme de seize mille livres monoye du pays, pour
une fois payer, pour ayder à rebâtir lefdits religieux au lieu
dud. hofpice en cette ditte ville, & pour acquerir les em-

placemens contigus à ce neceſſaires, de laquelle ſomme, celle de huict mille livres ſera payée comptant par led. ſeigneur eveſque, aud. ſeigneur ſyndic apoſtolique aud. nom, immediatement après la ſignature du preſent contract; & les huict mille livres reſtans incontinent & dès auſſytoſt que led. ſeigneur ſyndic aud. nom, aura fourny ladite ratification dud. definitoire de lad. province de Paris en bonne et deüe ſorme, comme il ſ'oblige & promet rendre & fournir audit ſeigneur eveſque dans un an d'huy au plus tard; moyennant quoy ledit ſeigneur eveſque promet & ſ'oblige en outre bailler & payer encor par chacune des cinq années ſuivantes la ſomme de ſeize cents livres monoye de ce pays, pour ſuvvenir aux frais de la rebâtiſſe dudit convent en cette dite ville, dont le premier payement ſe ſera auſſy dès auſſitôt que ladite ratification dudit definitoire aura eſté remiſe ez mains dudit ſeigneur eveſque : non compris la ſomme de deux mille livres qu'il doit payer en outre tout ce que deſſus pour le prix des ſuſdits meubles; & ce à l'arrivée des vaiſſeaux de France. Et par ce qu'il faut accroiſtre & augmenter le terrain dudit hoſpice pour avoir l'etendue necéſſaire à la rebâtiſſe dudit convent, iceluy ſeigneur eveſque cede, tranſporte, delaiſſe, joint & unit dès maintenant à touſjours aux terres dud. hoſpice & nouveau convent, en propriété, tout le terrain & bâtimens qui ſont deſſus par luy acquis du ſieur de la Durantaye tant en ſon nom que comme Proc^r de dame Françoiſe Duquet ſon épouſe, par contract paſſé devant Carnot & Verani, Conſeillers du Roy, notaires au Chaſtelet de Paris, le vingtième janvier dernier : conſiſtans led^t terrain en un arpent dans lequel eſt compris certain petit emplacement de forme triangulaire mentionné aud. contract d'acquiſition ſuſdaté ; & leſdits bâtiments conſiſtans en deux corps de logis l'un en face en cour & jardin & l'autre en aile entre deux courts, ſans qu'il en ſoit fait plus ample deſcription, & des religieux ſuſnommez, deſquelles maiſons led. ſeigneur Eveſque retirera les meubles & cabanes qu'il y a fait mettre; de plus led. terrain n'eſtant pas encore ſuffiſant, à raiſon des acquiſitions à faire pour un jardin dont leſd^{ts} Peres puiſſent tirer les legumes & racines neceſſaires à leur ſubſiſtance, & que d'ailleurs ils ont beſoin d'un lieu de debarquement pour la petite chaloupe qu'ils ont à voiturer leurs proviſions au lieu des quatre arpens de terre que leſdits Religieux vouloient ſe reſerver de celles de Noſtre Dame des Anges pour y bâtir un petit hermitage & y faire des retraites; led. ſeigneur Eveſque ſ'oblige & engage de donner en outre tout ce que deſſus, après la ſignature du preſent contract, la ſomme de douze cents livres monnoye de ced. pays, une fois payée feulement pour leur faciliter à avoir un terrain près de cette ville fur le bord de l'eau où il leur permet de bâtir & établir led. hermitage pour y faire & leurs dites retraites, & d'y avoir une chappelle avec un petit clocheton pour y fonner la meffe.

« Et pour la fûreté defdits payemens fuffpecifiez & garantie dudit arpent de terre & maifons par luy cedées & unies aux terres dudit hofpice pour ledit nouveau convent, iceluy Seigneur Evefque oblige & hypotheque tous fes propres biens, meubles & immeubles, prefens & à venir, meme ceux dud^t hopital general, comme auffy led^t Seigneur fyndic apoftolique, reciproquement, fe porte & rend caution des fommes de deniers qui lui feront payées par avance, promettant les rendre & reftituer au cas que led. definitoire defdits Peres de la Province de Paris ne vouluft ratifier le prefent contract; à la reftitution defquels deniers il hypothèque toutes lefdittes terres & bâtimens dud. couvent de Notre Dame des Anges, etc. . . . . Promettans etc. obligeans etc. renonçans etc.

« Fait & paffé dans le cabinet de l'appartement de mondit Seigneur le Gouverneur au château de cette ville après midy, le treizieme jour de feptembre l'an MDC quatrevingt douze, prefence de Meffire Jean Bochart, ch^{er} feign^r de Champigny, Noroy & Verneüil, Intendant de Juftice, police & finances en ce pays, & autre en la prefence des fieurs de Franquelin, hydrographe du Roy & Rouffelot, de la Prairie, bourgeois de cette ville qui ont avec lefdits feigneur, gouverneur & evefque & intendant figné à la minute des prefentes.

Signé : Genaple.

« Et avenant le dix-feptieme jour de feptembre MDC quatre vingt douze fut prefent Monfeigneur le comte de Frontenac denommé au contract cy devant, en nom & qualité de fyndic apoftolique, Père & protecteur fpirituel defdits Peres Recollets de ce pays, lequel feigneur èz dits noms a reconnu & confeffé avoir reçu de Monfeigneur de Quebec la fomme de huict mille livres monoye de ce pays pour le premier payement des prix des terres & convent de Notre Dame des Anges, portez par le contract cy devant efcrit, ayant fait delivrer ladite fomme de huict mille livres ez mains d'honnefte femme & procuratrice du fieur Boutteville, marchand en cette ville, receveur & bourfier des aumônes defdits Peres Recollets, fuivant le recepicé que led.

Seigneur fyndic apoftolique en a d'elle, pour eftre ladite fomme de huict mille livres (ainfy que les autres payemens fuivans) employez à la rebatiffe d'un autre convent en cette ville aux termes dudit contract; de l'employ de laquelle fomme & autres payemens cy après fera fourni quitance audit feigneur evefque de Quebec des ouvriers qui auront rebati led. convent ou fourny les materiaux d'iceluy.

« Fait & paffé lefdits jours & an que deffus, en prefence des fieurs Hurault & Rouffelet, bourgeois de cette ville, temoins qni ont avec ledit feigneur, fyndic apoftolique ez dits noms figné à la minute des prefentes.

GENAPLE.

1692. « *Lettre originale de M. de Frontenac aux Recollets de la province de St Denys.*»

« A Quebec, ce 10ᵉ octobre 1692.

« Mes tres Reverends Peres,

« Si vous n'avez point appris la reception de la lettre commune que vous m'avez fait l'honneur de m'efcrire l'année derniere en duplicata au nom de la province, c'eft que la reponfe & les remercîments que je vous faifois de toutes les honneftetez dont elle eftoit pleine, a efté perdue dans le vaiffeau le *St François Xavier,* dont nous n'avons eu aucunes nouvelles, & que nous croyons avoir pery en repaffant en France.

« Celles du Reverend Luc Charon auront eu fans doute le mefme fort & ainfy il n'eft pas etrange que vous n'ayez rien appris de ce qui regarde vos miffions en ce païs que par ce que j'en ay pû efcrire au tres Reverend Pere Valentin le 1ᵉʳ may 1691.

« Je fuis bien aife que quoy que vous n'ayez pas eu de nouvelle confirmation de tout ce que je croyois ne[ceffai]re pour les foutenir vous ayez pris des refolutions auffy judicieufes & auffy eficaces que celles qui me paroiffent non feullement par un auffy grand nombre de bons fujets que vous avez envoyez, & à la tefte defquels vous avez mis un fuperieur d'un merite auffy diftingué, mais encore par la determination que vous avez faite de profitter des bonnes difpofitions que M^r l'Evefque tefmoignoit avoir pour vous,

& en le fatiffaifant fur l'echange qu'il fouhaittoit de voftre couvent de Noftre Dame des Anges pour.etablir fon hofpital general vous affurer un etabliffement ftable & folide dans le milieu de la ville de Quebec, dans lequel vous ne pourriez plus apprehender d'eftre troublez ny inquietez à l'efgard de toutes vos fonctions.

« Je vous fuis tres obligé en mon particulier de la confience que vous avez prife en moy & par l'agrement que vous avez donné au contrat que j'avois fait avec Mad^me Denis & par l'entière difpofition que vous me laiffiez de conclure celuy de l'alienation & de la vente de voftre couvent de Noftre Dame des Anges.

« J'ay eu peuteftre plus de repugnance que pas un des Peres de voftre ordre de vous voir perdre un couvent à la batiffe & l'embelliffement duquel j'avois un peu contribué, mais d'un autre cofté, voyant l'impoffibilité qu'il y avoit de conferver dans le cœur de M^r l'evefque les bons fentiments qu'il avoit pour vous fi l'on refufoit l'echange qu'il propofoit, & confiderant que c'eftoit l'unique moyen de vous procurer une paix permanante, j'ay cru qu'il faloit que je n'ecoutaffe plus l'amour-propre que je pouvois avoir pour mon ouvrage & que vous deviez de voftre cofté auffy fermer les yeux à vos interets temporels pour ne fonger qu'à l'edification & à la commodité de tous les peuples.

« C'eft ce qui a fait qu'auffitoft que le tres Reverend Pere Hiacinthe a efté icy, nous avons travaillé inceffamment à la conclufion de ce projet auquel le retardement auroit apporté tous les jours de nouvelles difficultez.

« Il f'y en eft rencontré beaucoup qu'on a furmontées par adreffe & par une grande patience, & nous avons effayé de tirer de M^r l'Evefque, non pas tout ce que voftre couvent valoit, mais du moins tout ce que le peu de moyen qu'il a pour achever un auffy grand ouvrage que celuy qu'il commance luy permettoit de vous donner.

« Vous apprendrez par le detail que vous en fera le R. Pere Hiacinthe que nous avons mefnagé le terrain pied à pied & que nous n'avons confenty à la conclufion de l'affaire que lorfque nous avons veu que nous ne pouvions faire mieux, & que fi nous perdions cette conjoncture, on ne la recouvreroit jamais avec tant d'avantage.

« S'il paroift dans ce traitté que vous ne vous foyez pas attachez à vos interets, il vous fera toujours glorieux que le public & la pofterité connoiffe que vous ne les avez facrifiez qu'à la gloire de Dieu & au bien de la paix & que vous n'avez pas voulu fuivre l'exemple de beaucoup d'autres ordres relligieux (1), mais le caractère fingulier du voftre qui prend toujours la Providence pour partage & fe trouve par là plus riche & plus accommodé que les autres avec leurs revenus & leur induftrie.

« Nous en voyons un effet tout recent dans voftre etabliffement de Montreal qui f'eft fait comme par miracle, puifqu'on peut dire que c'en eft un de vous y voir en deux mois plus commodément établis que vous ne l'eftes à l'hofpice de Quebec & avec un fi grand emplacement & un fi beau jardin que dans peu vous en pouvez falre un auffy beau couvent qu'il y ait en France dans aucune de vos provinces.

« Il eft vray que le Pere Jofeph Denis a efté le coopérateur de cette merveille, & qu'il a fait voir en ce rencontre que l'étoffe grife peut eftre quelquefois plus fine que la noire.

« Je ne doute point que vous n'ayez à Plaifance un pareil fuccès & qu'ainfi voftre miffion par ces nouveaux etabliffements & celuy des Trois Rivières où l'on a trouvé moyen de vous faire avoir un fort joly emplacement au milieu de la ville, n'aille refleurir plus que jamais, et ne donne envie à vos relligieux de France de venir habiter tant de couvents differents, qui pouront faire une province ou du moins une cuftodie.

« Le veritable moyen de la bien foutenir eft de continuer à y envoyer nombre fuffifant de bons fujets comme vous avez fait cette année. Pour moy, vous ne devez pas douter que je n'y contribue de mon cofté par tous les foins & les fervices qui dependent de moy.

« Vous me randez juftice quand vous eftes perfuadez fur cela de ma bonne volonté & vous m'en ferez une fort grande quand vous me croirez auffy veritablement que je le fuis,
« Mes tres Reverends Pères,

« Voftre tres humble & tres obeiffant ferviteur

[Signé] « FRONTENAC. »

---

(1) Encore une pierre lancée par M. de Frontenac dans le jardin de l'ordre des jésuites, entr'autres.

1693. *Lettre originale de l'Eveque de Quebec (M. de St Valier) au definitoire de la province des Recollets de Paris.*

«A Quebec, le 15ᵉ octobre 1693.

« Il faut que je vous advoue, mes tres R^{ds} Peres, que j'ay leu avec un plaifir fingulier la lettre que vous m'avez fait la grace de m'efcrire cette année. Elle eft pleine des fentimens d'une fi cordialle confiance pour moy qu'elle feroit feule capable de m'en donner de tres conformes à ce que vous pouvez defirer de moy, fi mon cœur n'en eftoit pas defja remply. Je ne püis vous exprimer combien je m'eftime heureux de ce que l'aymable providence de Dieu me fait l'honneur de fe fervir de moy pour reftablir d'une maniere plus folide votre convent & votre eglife de Notre Dame des Anges. J'efperais avoir la confolation de pouvoir vous mander cette année que votre eglife à la haute ville de Quebec feroit abfolument achevée, & elle l'auroit efté fans doute par les foins très particuliers qu'en a pris le Pere Commiffaire que vous nous avez donné & dont je ne fçaurois vous dire tout le bien que je penfe, fans les travaux immenfes par raport à ce pays que Meffieurs de Frontenac & de Champigny ont fait faire en enfermant la ville de Quebec pour la feureté du pays, mais vous aprendrez l'année qui vient que nous y aurons célébré folennellement la fefte de St François & de fon titulaire, & qu'elle eft une des plus belles que vous ayez en France. Il faut efperer que le convent viendra enfuite; en attendant on a tafché de mettre vos Religieux plus commodement qu'ils n'ont efté dans les commencemens par l'augmentation d'un petit batiment.

« Je me fuis fait une fatiffaction particuliere de monter au Montreal & aux Trois Rivieres pour voir les petits etabliffemens que vos Peres y avoient commencé. J'ay trouvé celuy de Montreal bien plus advancé que l'autre, & je dois rendre cette juftice au Pere Jofeph qui en a pris foin qu'il m'a autant furpris qu'édifié. Il a trouvé moyen de faire avec le fecours de la Providence une eglife & une maifon qui dans fa petiteffe contient toutes les commoditez neceffaires à une communauté reguliere; l'on y vit auffi regulierement comme dans nos communautez de France, ce qui contente parfaitement les peuples de cette extremité de mon diocèfe dont la plufpart n'ont jamais rien veu de femblable. Le terrain qu'ils ont acquis eft fi beau qu'il y a de quoy faire un des plus beaux & des plus grands convents; le jardin eft dans fa perfection, & je ne crois pas qu'il y en ait un autre plus beau en Canada; je me fuis fait un plaifir du peu que j'y ay peu contribuer pour avoir part à une auffi bonne œuvre; il f'en faut bien que l'etabliffement des Jefuites foit fi advancé que le voftre.

« Le Pere Luc qui prend foin de celuy des Trois Rivieres n'a peu en faire autant qu'à Montreal à caufe du petit nombre & du peu de moyens des habitans; on ne laiffe pas que d'y avoir une eglife & une maifon où on peut vivre regulierement. Je fouhaite eftre bientoft en eftat de luy pouvoir donner quelques marques de la bienveillance & affection que j'ay pour cet établiffement. Comme vous ne m'avez laiffé rien à defirer fur la ratification que vous nous avez envoyé de France (1) qui eft très ample & mieux couchée que je n'aurois peu la faire moy-mefme, je n'ay qu'à vous remercier de la plenitude du cœur avec laquelle vous eftes entrez dans nos deffeins, ou plutoft dans ceux de Dieu, pour le foulagement & la perfection des peuples de ce diocefe; je n'ay qu'à en defirer la continuation.

« Je laiffe le foin à vos Pères d'icy de vous mander ce qui feroit neceffaire que vous faffiez pour l'utilité de vos miffions d'icy. Je fouhaite que vous agiffiez auffi efficacement qu'il eft neceffaire pour le foutien de ceux qui font pleins d'eftime & d'affection pour vos Peres. Comme l'on ne f'endort pas pour reprefenter vivement les chofes qui ne feroient pas peut-eftre à votre fatiffaction, vous ne devez pas nomplus vous endormir dans la maniere de vous expliquer en faveur de ceux qui vous ayment.

« Auparavant finir, je fuis bien ayfe de vous remercier du foin que vous prenez de foutenir votre miffion de Plaifance. Je crois qu'elle vous donnera dans les fuites de la fatiffaction. Le Gouverneur & les habitans me paroiffent avoir une grande eftime & affection pour vos Peres.

« Le retour du Pere Simon nous a caufé une grande joye. Nous l'avons envoyé commencer une miffion de Sauvages à la Rivière St Jean du cofté de l'Acadie, & il a amené avec luy un de vos jeunes Religieux qu'il formera de bonne heure à la langue. Je crois que cette miffion donnera à la fuite de la confolation. J'ay une penfée de faire un établiffement de vos Peres de ce cofté là pour leur plus grande commodité, & pour l'utilité des peuples de cet autre extrémité de mon diocefe, mais je crois qu'il eft à propos de ne pas tant entreprendre à la fois. Nous attendrons & recevrons

---

(1) Il s'agit évidemment de la ratification donnée à l'avance par le définitoire des Récollets de Paris au projet d'échange du couvent et de l'hôpital que voulait réaliser le prélat.

avec joye les nouveaux missionnaires que vous voudrez nous envoyer comme choisis par des superieurs plein de zele pour la gloire de Dieu, pour le bien de son Eglise, & portez d'une affection tres particuliere pour les intérêts d'un Evesque & d'un diocese que je recommande de tout mon cœur à vos prieres & sts sacrifices.

« Je puis vous assurer que je vous honore tous très particulierement, que je suis penetré des sentimens de reconnoissance pour les services que vous voulez bien rendre aux ames que Dieu nous a confié & que l'on ne peut estre avec plus de considération & de respect que je le suis, dans l'amour de notre Seigneur, Vostre tres humble & tres obeissant serviteur

« JEAN, evesque de Quebec.

« P. S. Je continue à escrire cette année fortement à la cour pour vos etablissements de ce diocese, & le succez assuré que nous en aurons fera de faire entrer le ministre dans les propositions que Mr. le comte de Frontenac m'a promis de luy faire qui procureront des moyens efficaces pour continuer vos batimens.

« *Au definitoire de la province des Recolets de Paris.* »

1693. *Du même au Provincial des Recollets de Paris.*

A Quebec, le 15ᵉ octobre 1693.

« Je me fais un plaisir singulier, mon tres Rᵈ Pere, de vous assurer en particulier de la joye & de la satisfaction que j'ay de voir la plenitude de cœur avec laquelle vous entrez dans les choses que je puis desirer de votre st ordre. Je ne puis m'empescher de vous dire que la maniere cordiale avec laquelle notre Seigneur nous fait agir les uns avec les autres est une marque assurée que nous chercherons à nous faire plaisir le reste de notre vie. Vous n'aurez pas de peine à adjouter foy à la parolle que je vous donne. Je continueray à aider à vos Peres & à les favoriser en tout ce qui pourra dependre de moy. Je prie notre Seigneur de me donner les moyens d'executer tout ce que je desirerois faire pour eux.

« J'espere que vous ne vous expliquerez par moins fortement à Monsieur de Pontchartrain & au Roy, si vous en trouvez l'occaſion, que nous le faiſons de noſtre coſté. Je ſuis preſque aſſuré que nos lettres de Monſieur le comte de Frontenac & de moy produiront cette année à nos Pères des moyens efficaces de pouvoir continuer vos baſtimens en obtenant de la Cour un nombre de congées dont on trouve icy aiſement de l'argent. Nous continurons auſſi de notre coſté à faire le mieux qu'il nous ſera poſſible pour vous convaincre parfaitement de la reconnoiſſance que je conſerve pour les plaiſirs que vous m'avez fait, & du reſpect & de l'attachement ſincere avec lequel je ſuis, dans l'amour de Notre Seigneur,

« Voſtre tres humble & tres obeiſſant ſerviteur,

« JEAN, eveſque de Quebec. »

1693. « *Copie collationnée du Brevet du Roy de confirmation de la conceſſion faite d'une augmentation d'emplacement pour le couvent de la haute ville de Quebec.* »

Aujourd'huy, premier du mois de mars MDC quatre vingt treize, le Roy eſtant à Verſailles, voulant confirmer & ratifier la conceſſion qui a eſté faite le douze novembre MDC quatrevingt douze par les S^{rs} comte de Frontenac gouverneur & ſon lieutenant general & de Champigny Intendant en Canada, aux Peres Recolets de Quebec d'une augmentation de terrain dans la rue St Louis en lad. ville dont ils ont beſoin pour baſtir leur egliſe & convent, Sa Majeſté leur a donné & concédé, donne & concede à nouveau dix-ſept pieds & demy de terrain à l'entrée & en dedans de lad. rue, à prendre du porteau qui fait le coin de leur cloſture d'emplacement donné par la damoiſelle Denis pour l'uſage de leur convent, dont ſera tirée d'un endroit à l'autre une ligne droite pour dreſſer lad. rue, ſur laquelle ils ſe baſtiront & cloront, laquelle ligne a de long vingt-une toizes quatre pieds ſix pouces ou environ de terre en ſuperficie pour jouir pour leſd. Peres Recolets de lad. augmentation de terrain à perpetuité comme de leur propre, ſans qu'ils puiſſent eſtre troublez à l'advenir ny que pour raiſon de ce, Sa Majeſté ny ſes ſucceſſeurs Roys puiſſent pretendre aucune finance ny indemnité, de laquelle elle leur a fait don & remiſe par le preſent brevet qu'elle a voulu ſigner de ſa main & eſtre contreſigné par moy conſeiller ſecrétaire d'Etat & de ſes commandemens & finances. Signé : Louis, & plus bas : Phelypeaux.

« Collationné à l'original en parchemin ce fait rendu par nous, Conf.-notaires du Roy à Paris, fouffignez, cejourd'huy vingt-un mars MDC quatre vingt treize.

« Huzel, Jullien. »

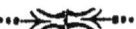

Autre copie, non authentiquée, du même brevet.

Divers plans, entr' autres deux plans du couvent des Recollets aux Trois-Rivières en 1703 & 1707, un plan de l'hofpice de Quebec accordé aux Recollets & un plan du nouveau couvent conftruit aux lieu & place de l'hofpice (1692). »

1692. « *Contract de donation par Chaplain & fa femme aux PP. Recollets.* (1) »

« Pardevant le notaire gardenotes du Roy en fa Prevofté de Quebec en la Nouvelle France fouffigné, furent prefens Jacques Chaplain menuifier, habitant de cette ville & Louife Chiaffon fa femme par luy deuement authorifée à l'effet de tout ce qui enfuit, lefquels ont dit unanimement que regardans l'un & l'autre comme un obftacle invincible à leur falut, la defunion & difcorde en laquelle ils vivent depuis longtemps par une antipathie & contrariété d'humeurs, ils auroient eftimé tous deux que pour leur repos & fatiffaction commune (n'ayant point d'enfans), il leur est avantageux & neceffaire de vivre à part feparement, & à cet effet, vendre & partager egalement le bien de leur communauté pour enfuite fe retirer chacun d'eux où bon lui femblera, & faire & difpofer de fadite part à fa volonté : ledit Chaplain authorifant d'abondant fadite femme à la donation qu'elle fait de la fienne par ces mêmes prefentes afin d'être nourrie & entretenuë le refte de fes jours, & d'eftre prié Dieu pour elle après fon

---

(1) La maison de Chaplain, comme on le voit par le plan des lieux qui figure aux Archives, touchait à l'hospice des Pères Récollets et les gênait dans leur plan de reconstruction de leur couvent. On trouva moyen de faire consentir aux époux Chaplain la présente donation au profit des Pères.

trépas: Pourquoy iceluy Chapelain & fadite femme conjointement & de luy authorifée comme dit eft, ont par cefdites prefentes folidairement & fans divifion à cet egard, fous toutes les renonciations requifes. vendu, cedé, tranfporté & délaiffé du tout dès maintenant à toûjours au profit & pour l'accroiffement du Convent des Reverends Peres Recollets de cette ville avec promeffe de garantir de tous troubles, dettes hypotecques & autres empechemens, à haut & puiffant feigneur Meffire Louis de Buade de Frontenac chevalier, comte de Palluau, gouverneur, etc. à ce prefent & acceptant au nom & comme fyndic apoftolique, père & protecteur fpirituel defdits R^{ds} Pères Recollets,

« Un emplacement de terre de cinquante pieds de front & quarante huict en profondeur, fiz en cette haute ville fur la place d'armes avec une maifon baftie de pierres fur iceluy, couverte de bardeau, à un étage feulement compofé d'une chambre à feu & d'une boutique feparées par une allée entre deux cloifons; sous lequel etage il y a cave & un grenier au deffus, en l'etat que le tout fe comporte, etc.; comme auffi vendent, cedent & tranfportent encor tous les meubles, uftanciles de menage & outils de menuiferie qui font en ladite maifon fans aucune chofe en referver du tout qu'un feul eftably & afutage d'outils;

« ledit emplacement joignant d'un cofté à la terre dudit convent, d'autre cofté à Jean Soullard; d'un bout par devant fur la place d'armes, d'autre bout par derrière à Monfieur Dupont, confeiller au confeil fouverain; etant en la cenfive du domaine du Roy & chargé envers iceluy de deux fols fix deniers de cens..., pour eftre & demeurer à l'avenir lefdits emplacement & maifon unis, joints & annexez en proprieté aux terres dudit convent... Cette vente, ceffion & tranfport ainfy faits moyénant le prix & fomme de cinq mille cinq cents foixante livres: dont la moitié qui en doit eftre payée audit Chaplain pour la part qui luy en revient monte à la fomme de deux mille fept cents quatre vingts livres pour acquiter les dettes paffives de la communauté d'entre luy & fadite femme... après quoy le reftant de ladite part dudit Chaplain montant à la fomme de deux mille deux cents quatre vingts livres luy fera payée inceffamment comptant fous l'obligation & hypotheque defdites chofes fufvendües; & attendu que ledit Chaplain doit f'embarquer fur l'un des premiers vaiffeaux qui partiront pour paffer en France & que fadite moitié du prix luy fera payée en lettre de change tirée fur [le nom en blanc] a efté convenu qu'il fera cependant inceffamment mis affiches en cette ville de ladite vente, à ce que s'il y a quelques creanciers dudit Chaplain qui n'ayent esté par luy déclarez ils ayent à paroitre, afin que s'il s'y en trouve, le payement de la dite lettre de change soit retardée jusqu'à ce qu'il ait produit acquit en forme par lesdits creanciers de leur deû.

« Et quant à l'autre moitié dudit prix de la dite vente appartenant à ladite Chiasson, montant à pareille somme de deux mille deux cents quatre vingts livres, elle en fait donnation pure & simple, irrevocable, entre vifs, par forme d'aumône en faveur desdits R^{ds} Pères Recollets (sous l'authorisation de sondit mary), entre les mains dudit seigneur syndic apost. ce acceptant audit nom : à la charge que par ledit seigneur, ou par lesdits R^{ds} Peres il lui sera incessamment procuré place en l'hopital general de cette ville pour y estre nourrie & entretenüe de toutes choses necessaires sa vie durant comme une des pauvres d'iceluy, & qu'aprez son decez lesdits R^{ds} Peres Recollets prieront Dieu pour le repos de son âme, s'en remetant à leur discretion & piété pour les prieres & messes qu'ils diront pour elle. Transportans, & desaisissans etc. etc.

« Fait & passé audit Quebec dans le cabinet de mondit seigneur le gouverneur audit nom, en son appartement du Chasteau de cette ville apres midy le dix-neufieme jour de septembre l'an MDC quatre vingts douze, presence des sieurs François Hurault & Nicolas Rousselot de la Prairie, bourgeois de cette ville, temoins qui ont avec mondit seign^r le comte de Frontenac audit nom, ledit Chaplain & nous notaire, signé à la minute des presentes & a ladite Chiasson declaré ne sçavoir signer de ce interpellée.

[Signé] « GENAPLE. »

1693. *Autorisation donnée par M. de Frontenac aux PP. recollets d'établir un ermitage sur le bord de l'eau.*

« Louis de Buade, comte de Frontenac, Gouverneur & lieutenant general pour le Roy en toute la France septentrionale.

« Jean Bochart, Chevalier, Seigneur de Champigny, Norroy & Verneuil, Conseiller du Roy en ses conseils, Intendant de Justice, Police & finance en Canada.

« Sur la remontrance à nous faite par le Reverend Pere Hyacinthe Perraut, Commissaire Provincial des Recollets des Miffions de la Nouvelle France & gardien du Convent de Quebec, qu'en vertu du contrat d'efchange qu'ils ont fait avec Monfeigneur l'Evêque de Quebec de leur Convent de Notre Dame des Anges proche de Quebec pour en faire l'hopital general & par Lettres patentes fpeciales dudit Eveque il leur etoit permis d'etablir & de batir un petit lieu de retraite ou hermitage fur le bord de l'eau où ils puffent avoir un petit debarquement de leurs chaloupes & canots & y faire un jardin d'où ils puffent tirer des legumes & racines neceffaires pour leur fubfiftance; f'etants par ledit échange de leur convent privés en faveur des pauvres de ces commodités là qu'ils ne peuvent recouvrer que par ce feul moyen; pourquoy iceluy Pere commiffaire nous requeroit qu'il nous plut leur accorder la permiffion d'établir & batir ledit lieu de retraite & hermitage & leur conceder aux fins fufdittes trois arpents de terre fur le bord de l'eau de celles qui ont eté acquifes par le Roy proche la maifon du Palais,

« Nous, en vertu du pouvoir à nous donné par Sa Majefté & conformément au procès verbal d'arpentage que nous en avons fait faire par Le Rouge & Lajoüe, maitres arpenteurs jurés en ce pays, avons permis & permettons aux dits Peres Recollets d'etablir & de batir leur petit hermitage & y faire un jardin dont ils puffent tirer les legumes & racines convenables à leur fubfiftance, f'etant privés volontairement en faveur des pauvres de ces commodités qu'ils tiroient du jardin de leur ancien convent, le tout à la charge d'obtenir de Sa Majefté ratification de ladite permiffion d'etabliffement & batiment de lieu de retraite & hermitage etc.

« Donné à Quebec le 4ᵉ novembre 1693.

« Signé : Frontenac & Bochart de Champigny, & plus bas eft ecrit : Par Monfeigneur, figné Du Monfeignac, & par Monfeigneur, figné : Plon. »

Collationné par nous, Marquis de Beauharnois, Gouverneur & lieutenant pour le Roy en toute la Nouvelle France fur l'original qui nous a efté reprefenté par le R. P. François, commiffaire provincial des R. P. Recollets de ce pays, à Quebec, le cinq novembre 1739 : Beauharnois.

Par Monfeigneur, De Chevremont.

1695. Brevet de confirmation par le Roy de la conceffion precedente faite le 14ᵉ 9ᵇʳᵉ 1693 par les Gouverneur & Intendant de Canada aux Pères Recollets de Quebec.

«...Sa Majefté a figné de fa main le prefent brevet, le 22ᵉ du mois de mars mil fix cent quatre vingt quinze le Roy etant à Verfailles, & fait contrefigner par fon fecretaire d'Etat & de fes commandement & finances. Signé : Louis & plus bas Phelypeaux. »

Collationné à Quebec le 5 novembre 1739.

[Signé] Beauharnois.

Par Monfeigneur
De Chevremont.

1706. Quittance de 3400 livres confenties à Monfieur de Ramezay par Pierre Couturier, Tailleur de pierres & maçon portant fubrogation aux R. P. Recollets. 19 juin 1706.

«Pardevant Anthoine Adhemar, notʳᵉ royal de l'ifle de Montrëal en la Nouvelle France refidant à Villemarie en cette ifle fouffigné & temoins en fin nommés, fut prefent Pierre Couturier, maiftre tailleur de pierres & maçon demeurant à Ville Marie lequel a reconnu avoir receu comptant de Meffire Claude de Ramezay, chevalier feigneur de la Jeffe, Montigny & Bois Flcurant, etc., Gouverneur pour le Roy de l'ifle de Montreal & autres lieux en deppendans, la fomme de trois mil quatre cens livres du païs... à laquelle fomme fe montent les ouvrages en maffonnerie que ledit Couturier a faits, fournis & fait faire pour M. de Ramefay en une maifon qu'il a fait faire & conftruire de neuf en cette ville, rue Noftre Dame... declarant Mondit fieur de Ramefay que la fomme de 3400 livres cy deffus payée eft la mefme fomme que luy & dame Charlotte Denys fon epoufe ont receue de hault & puiffant feigneur Meffire Philippe de Rigault, marquis de Vaudreuil, etc., fyndic apoftolique des Reverends Pères Recollets... pour le traicté fait entre eux devant led. notaire le 12 de ce mois pour les caufes y contenües au defir duquel il a fait la prefente declaration & en confequence & fur fa requifition, ledit Pierre Couturier a par ces prefentes mis & fubrogé les Reverends Peres Recollets en fon lieu & place, droits, hypotheques, privileges qu'il avoit en vertu des fufdits marchez & ouvrages fur lad. maifon de Monf. de Ramefay, jusqu'à concurrence de la fomme de 3400 livres, etc. Fait à Villemarie l'an 1706 le 19ᵉ jour de juin. »

1717. *Duplicata fur parchemin des Lettres patentes du Roy « pour l'établiffement des Religieux Recolets de la Province de France à l'Ifle Royalle, & reftraindre celuy accordé aux Religieux Recolets de la province de Bretagne. »*

« *Mandement du lieutenant-général de l'Ifle de France pour le* Te Deum *& les réjouiffances à célébrer en France à l'occafion de la victoire du marquis de Montcalm à Carillon, près du lac Champlain & de l'avantage remporté fur les Anglois au port de Sᵗ Malo le 11 feptembre 1758.* (1) »

« Meffieurs, Les avantages remportés par les troupes du Roy au nombre de quatre mille [hommes] fous les ordres de Monfieur le marquis de Moncalm, proche le lac Champelain où ils ont eté attaqués par vingt deux mille Anglois, le nombre de difproportion n'a contribué qu'à combler les François de gloire, qui ont taillé en pièces leur ennemis, leur ont tué plus de fix mille hommes ; les Anglois non contents de troubler les poffeffions d'outre mer du Roy ont fait des efforts prodigieux pour equiper de nombreufes flottes pour venir infefter les coftes ; comptant trouver celle de Saint-Malo peu garnye de troupes, ils y font defcendus, mais l'activité de Monfieur le Duc d'Aiguillon à donner fes ordres, la vigilance des Troupes à les executer, l'ardeur de la nobleffe bretonne à montrer fon zele ont rendu leur tentative inutile ; malgré la fatigue caufée par les marches forcées, ils ont été les attaquer le unze du mois dernier ; comme ils alloient fe rembarquer, le nombre des François

---

(1) Quoiqu'elle n'appartînt pas au dossier dont nous avons tiré les pièces qui précèdent et qu'elle nous transportât à un temps postérieur à celui de cette *Histoire*, nous avons pensé qu'il pouvait être intéressant de savoir l'effet produit en France par la nouvelle de la victoire de Carillon, et nous nous sommes décidé à publier ici cette pièce curieuse, tirée aussi des Archives de Seine-et-Oise qui l'ont reçue du greffe de la Ville de Poissy.

fut remplacé par une valleur invincible; les Anglois foutinrent une heure & demy le chocq, leur feu ainfy que celuy de leur flotte fut violent, mais ils furent forcés de fuir; trois ou quatre mille font reftés fur la place ou noyez; l'artillerie ayant coulé trois de leur vaiffeaux à fonds chargés de foldats il a été fait plus de huit cens prifonniers parmy lefquels plufieurs officiers de la première distinction; le roy pénétré de la plus vive reconnoiffance, à vue des marques les plus fignalez des faveurs de la Providence, veut luy rendre grace & ecrit à Meffieurs les Eveques dans l'étendue du gouvernement de l'Ifle de France dont je fuis lieutenant general de faire chanter le *Te Deum*; nous vous mandons d'y affifter en ceremonie & de donner les ordres neceffaires aux habitans & bourgeois de la ville de Poiffy pour faire tirer le canon & allumer le feu de joye dans la place ordinaire avec les marques de rejouiffance publique & accoutumée en pareille occafion.

« Je fuis, Meffieurs, votre affectionné ferviteur.

[Signé] « le marquis DE GIRONDE (1).
« Par Monfeigneur, MIGNEAUX. »

---

(1) Victor-Marie, marquis de Gironde, né le 28 mai 1725, était alors lieutenant-général pour le roi au gouvernement de l'Isle-de-France, dont il avait été pourvu, sur la démission de son père, au mois de Juillet 1757.

LISTE

DES CENT PREMIERS SOUSCRIPTEURS
à l'*Histoire Chronologique de la Nouvelle France*.

MM.
1. Wallace Colquhoun, d'Edimbourg.
2. H. Alexandre de Brevannes.
3. A. Henry, professeur à Caen.
4. Frank Puaux, directeur de la *Revue Chrétienne*, à Paris.
5. Le professeur Thénard, à Versailles.
6. Samuel Ott, à Clichy-la-Garenne.
7. Arthur de Rougemont, à Nice.
8. Gustave Zeyssolf, à Gertwiller, Alsace.
9. Robert Taylor, à Stroude, Angleterre.
10. Brenton H. Collins, à Dunorlan, Angleterre.
11. Philip, pasteur, pour la Biblioth. protest. de Fleurance (Gers).
12. Chartrand, officier-instructeur à Saint-Hippolyte (Gard).
13. Paul Emion, sous-préfet de Semur (Côte d'Or).
14. Léon Rieder, à Paris.
15. Antony Delannoy, à Warloy-Baillon (Somme).
16. Le commandant Lantheaume, à Brive (Corrèze).
17. Le baron Ferdinand de Turckheim, à Cannes.
18. Schell, pasteur, officier d'Académie, à Gap.
19. Halbout, à Agen.
20. Ernest Ed. Stride, Wimbledon, Angleterre.
21. Alfred André, à Paris.

22. Louis J. A. Papineau, au Manoir de Montebello (P. Q.) Canada.
23. Anonyme, à Arthabaskaville (P. Q.) Canada.
24. F. G. A. Côté, à Ware (Mass.) États-Unis.
25. Th. A. Dorion, à Ware, États-Unis.
26. Ch. Chiniquy, à Sainte-Anne (Illinois), États-Unis.
27. Th. Maillard, à Pamproux (Deux Sèvres).
28. Raoul Jaudin, à San-Francisco (États-Unis).
29. P. Jacot, pasteur à Paris.
30. Rev. L. N. Beaudry, East Albany, (N. Y.) États-Unis.
31. Charles Baltet, à Troyes.
32. H. R. Mousseau, à La Crosse (Wisc.) États-Unis.
33. Le professeur L. J. Bertrand, à Neuilly-sur-Seine.
34. Grand Séminaire de Saint-Sulpice, à Montréal, Canada.
35. Id. (par M. Ferd. Lelandais, bibliothécaire).
36. Georges Vernot, à Versailles.
37. Livingstone Fewsmith, à Chicago, États-Unis.
38. R. B. Desroches, à Détroit, États-Unis.
39. A. Vérité, à Alger.
40. E. Berthe, pasteur-président, à Brest.
41. Michel Réveillaud, à Saint-Mard (Charente-Inférieure).
42. Docteur J. C. Calmeau, à Paris.
43. E. Schemmel, à San-Francisco (Cal.) États-Unis.
44. Philippe Godet, à Neuchâtel, Suisse.
45. L. de Richemond, archiviste à La Rochelle.
46. L. de Léris, à Lyon.
47. Louis de Pury, à Neuchâtel (Suisse).
48. C. E. Amaron, principal du Collège français, à Lowell (Mass.)
49. Le même, pour la Bibliothèque du Collège.
50. Alphonse Pelluet, commissaire de police, à Tunis.
51. Gerald E. Hart, à Montréal, Canada (2 ex.).
52. Le professeur Coussirat, à Montréal.
53. Miss J. Robinson, à Rouen.
54. Mme Ch. Mallet, au château de Montéclin (Seine-et-Oise).
55. F. Gazeau, percepteur à Marans.
56. Ph. Plantamour, au Sécheron, Genève.
57. L. F. de Brezenaud, à Quintenas (Ardèche).
58. L. P. Minault, pasteur à St-Denis-lès-Rebais (Seine-et-Marne).
59. Léon Héritier, à Lyon.
60. Eugène Lerond, avoué à Bar-le-Duc.
61. G. Bourgeois, docteur en droit, pasteur à Mars (Ardèche).
62. Muston, directeur de l'Agence Havas, à Alger.

63. H. Lauga, pasteur à Reims.
64. Docteur Gustave Monod, à Paris.
65. Henri Le Tac, rue Guillaume-le-Conquérant, à Rouen.
66. Emile Lesens, boulevard Cauchoise, à Rouen.
67. Dupoux frères, à Vallon (Ardèche).
68. Herbert Newbon, à Londres.
69. A. B. Cruchet, à Montréal, Canada.
70. Archives du Ministère de l'Agriculture à Ottawa, Canada.
71. Léon Vignols, à Rennes.
72. Ernest Molinié, à Mazamet (Tarn).
73. Colonel Audet, au Secrétariat d'État, à Ottawa, Canada.
74. Sylva Clapin, correspondant du *Monde* de Montréal, à Paris.
75. Benjamin Sulte, à Ottawa, Canada.
76. Rieder, directeur de l'École Alsacienne, à Paris.
77. Colonel G. Clinton Swiney, J. U. S. Club, St-James, Londres.
78. Paul Denjean, à Toulouse.
79. Mme Schneider, à Paris.
80. A. Plamondon, Juge de la Cour sup. de la Prov. de Québec.
81. E. Béroud, libraire à Genève, (2 ex.).
82. Rocheblave, pasteur à Alger.
83. A. Roger et F. Chernoviz, libraires à Paris (2 ex.).
84. A. Lalot, pasteur à Paris.
85. Gabriel Gravier, secr. de la Société norm. de Géogr. à Rouen.
86. Lucien Guibert fils, à Millau.
87. Ch. Bréard, à Paris.
88. Paul Monnerat, libraire à Paris.
89. A. Alexandre, curé des Grandes-Ventes (Seine-Inférieure).
90. L. Feer, de la Bibliothèque nationale, à Paris.
91. Léon Bourgeois, préfet de Police, à Paris.
92. Gustave Petitpont, à Choisy-le-Roi (Seine).
93. Henry T. Hemlie, à Paris.
94. R. P. Edouard, pour les *Annales franciscaines*, Paris.
95. Maurice Chévrier, au Ministère des Affaires étrangères, Paris.
96. Le Comte de Wesdehlen, à Neuchâtel (Suisse).
97. Lechevalier, libraire, à Paris.
98. Alfred Gary, à Neuilly-sur-Seine.
99. Louis Kayser, à Vieux-Thann (Alsace).
100. Jean Réveillaud, à Versailles.

HISTOIRE DU CANADA

ET DES

CANADIENS FRANÇAIS

DEPUIS LA DÉCOUVERTE JUSQU'A NOS JOURS

PAR

Eug. RÉVEILLAUD

Un fort vol. in-8° de 550 pages, avec carte.

Ouvrage autorisé par M. le Ministre de l'Instruction publique pour les bibliothèques scolaires et communales.

Prix: 7 fr. 50

PARIS

GRASSART, Libraire-Éditeur

2, *rue de la Paix.*

On peut également se procurer cet ouvrage chez tous les libraires-commissionnaires.

HISTOIRE DU CANADA

ET DES

CANADIENS FRANÇAIS

DEPUIS LA DÉCOUVERTE JUSQU'A NOS JOURS

PAR

Eug. RÉVEILLAUD

Un fort vol. in-8° de 550 pages, avec carte.

Ouvrage autorisé par M. le Ministre de l'Instruction publique pour les bibliothèques scolaires et communales.

Prix : 7 fr. 50

PARIS

GRASSART, Libraire-Éditeur

2, rue de la Paix.

On peut également se procurer cet ouvrage chez tous les libraires-commissionnaires.

www.ingramcontent.com/pod-product-compliance
Lightning Source LLC
Chambersburg PA
CBHW070754170426
43200CB00007B/780